2000년 전 유대 땅 갈릴리에서 하나님 나라 운동을 펼치셨던 예수께서 지금 우리에게 오신다면 어떻게 하실까? 억울하게 분단되어 같은 민족끼리 처절한 대결을 하고 있는 오늘의 한반도에 오신다면, 경제적 양극화로 고통받는 서민들이 늘어가는 한국에 오신다면, 교회가 양적으로 성장할수록 그 지도자들은 온갖 권력에 심취하고 있는 오늘의 한국교회 현실에 오신다면, 예수께서 어떤 처방을 내리실까? 시장의 탐욕은 더욱 추악해지고 국가의 공정성도 도전받고 정치의 대표성 또한 비판받는 오늘 21세기 상황에 갈릴리 예수께서 오신다면 하나님 나라 운동을 어떻게 펼쳐가실까? 이런 문제에 대해서 차정식 교수는 그의 예리한 신학적 상상력으로 흥미롭게 풀어가고 있다. 독자들은 1세기 갈릴리 예수를 21세기 한국에서 만나는 기쁨을 이 책에서 체험할 수 있을 것이다.

한완상 | 전 통일부총리, 전 대한적십자사 총재

차정식 교수의 신학은 역사공부를 토대로 이룩되었기에 한국의 현실문제를 신학의 중요한 과제로 삼아 접근하려고 노력했다. 과거 복음주의자들이 외면했던 사회참여문제가 1974년의 로잔언약 이후에야 신학의 중요과제로 떠올랐듯이, 저자는 한국의 많은 신학자들이 외면해온 사회문제를 신학의 과제로 삼아 고민하면서 복음적 접근을 시도했다. 이 책은 사회문제에 접근하는 한국 최초의 신학적 성찰이다. 이를 놓고 밤잠을 설치며 고민하는 모든 건강한 시민에게 일독을 권한다.

이만열 | 숙명여대 명예교수, 전 국사편찬위원장

오늘 우리는 급변하는 세상을 살아가고 있다. 눈을 뜨면 새로운 이슈가 우리 앞에 던져져 우리를 고민하게 한다. 과연 그리스도인으로 이런 사회·정치적 이슈들을 어떻게 바라보아야 할지 난감할 때가 많다. 이런 이슈들을 예수님의 관점으로 보게 하는 이 책은 그래서 이 시대를 사는 그리스도인들이 몹시도 기다려온 책이다. 저자의 학문적이면서도 매우 실제적인 안목은 우리의 마음과 눈을 크게 열어줄 것이다. 비록 이 책이 우리가 직면한 모든 문제에 대한 해답서는 아닐지라도 적어도 기독교적 안목을 갖게 하는 일에 매우 중요한 도움이 될 것이라 확신한다. 진지한 그리스도인의 관점으로 세상을 바라보고자 하는 모든 분에게 강력하게 추천한다.

이동원 | 지구촌교회 원로목사, 지구촌 미니스트리 네트워크 대표

신학적·신앙적 사유가 얼마나 풍요로우며 현실 적합성이 뛰어난가를 예증하는 역작이다. 저자가 선보이는 수상록적이며 이야기 구술식의 신학적 사유는 우리 시대의 23가지 쟁점을 중심으로 흩어졌다가 모아지기를 반복하다가 서서히 하나의 절정으로 치닫는다. 결론에서 고백하듯이 저자의 신학은 인습적이거나 고식적이지 않으며 오히려 순례의 도상을 걸어가며 자기균형을 찾아가는 역동적인 움직임이다. 물론 그 역동적인 움직임의 중심에는 나사렛 예수가 선포한 하나님 나라의 복음에 대한 전폭적인 공명과 응답이 있다. 예수의 하나님 나라에 대한 저자의 응답은 여러 물결의 무늬를 그리며 우리 시대의 중심과제들을 파헤치고 해부한다. 저자는 예수 시대의 역사적·신학적 지평과 사유의 빛 아래서 우리 시대의 다양한 쟁점들을 분석하고 재규정하면서도 때로는 즉문즉답보다는 우회적인 해답을 제시하는 데서 멈추기도 한다. 아름다운 우리말 구사와 풍성한 어휘와 구문들을 사용하여 책 읽기의 고단함을 능히 극복하게 해준 저자의 수고에 감사드린다. 신학적 사유의 즐거움을 실감하기를 원하는 평신도들과 신학도들에게 강력히 일독을 권한다.

김회권 | 숭실대 기독교학과 교수

예수가 오늘 우리에게 무슨 의미가 있는가? 수많은 이슈가 뒤엉켜 있는 오늘의 한국사회 속에서, 예수라면 무엇을 가르치시고 어떻게 행하실까? 놀랍게도 더는 이러한 질문을 던지지 않는 그리스도인들과 교회를 향해, 저자는 우리가 발 딛고 사는 세상 속으로 예수를 모셔온다. 진정한 예수 따르미라면, 이 책의 관점과 해석을 꼼꼼히 살펴보고, 공동체 내에서 토론하고 자신은 어찌할 것인지 고민할 것이다. 안타까운 한국교회의 현실 속에서 꽃핀, 저자의 치열하고 진실한 고민에 큰 박수를 보낸다.

김형국 | 나들목교회 대표목사, 신학박사

오늘날 한국의 기독교는 예수에게 도전했던 악마의 질문을 또다시 받고 있다. 그러나 과연 하나님의 말씀이 교회의 대답이 되고 있을까? 차정식 교수는 대립 상황을 화평케 하기보다는 도리어 분열의 불에 기름이 되고만 이 땅의 기독교인들을 향해 성서를 들어 보인다. 그가 성서의 샘에서 길어 올린 샘물은 목마른 이들의 갈증을 해소하고 갈등의 열을 식힌다. 이 책은 기존의 이론 틀로 환원되기를 거부하는 성서적 시사비평의 매우 큰 첫 걸음이다.

김학철 | 연세대 학부대학 교수

예수, 한국사회에 답하다

예수, 한국사회에 답하다

우리 시대의 23가지 쟁점과 성서적 해법

차정식 지음

차 례

머리말 9

01 **예수,** 정치에서 하나님의 의를 찾다 13

02 **예수,** 이념과 세대갈등의 해법을 논하다 31

03 **예수,** 남북의 하나 됨을 말하다 51

04 **예수,** 사대주의와 민족주의 틈새의 진실을 보다 69

05 **예수,** 복지를 복되게 하다 83

06 **예수,** 양극화의 음지를 밝히다 101

07 **예수,** 농촌을 거듭나게 하다 117

08 **예수,** 연고주의를 넘어서는 믿음을 말하다 133

09 **예수,** 해체된 가정을 회복시키다 149

10 **예수,** 서울에서 집 구하다 165

11 **예수,** 교육의 희망을 보다 181

12 **예수**, 사기와 폭력공화국을 꾸짖다 199
13 **예수**, 자살의 늪에 생명줄을 던지다 215
14 **예수**, 열광을 넘어 냉철한 지성을 옹호하다 231
15 **예수**, 생태 보존과 개발의 경계에 서다 249
16 **예수**, 과학의 따뜻한 미래를 전망하다 265
17 **예수**, 다문화의 경계를 가로지르다 281
18 **예수**, 여성을 동무 삼다 301
19 **예수**, 청춘의 치열함을 부추기다 317
20 **예수**, 근본주의를 혁파하다 331
21 **예수**, 종교다원주의 사회에서 신앙을 외치다 349
22 **예수**, 타락한 성전과 성직을 뒤엎다 369
23 **예수**, 신학의 여백을 그리다 385

머리말

혹자는 말한다. 서구의 선진국이 '따분한 천국'인데 비해 한국은 '즐거운 지옥'이라고. 외국에서 오래 살아본 사람이라면 이 말의 속뜻이 무엇인지 대강 눈치 챌 수 있을 것이다. 한국사회는 변화무쌍함의 속도와 정도, 내부적인 착종과 혼돈의 도가니, 거기서 만들어지는 역동적인 창조의 에너지 등에서 다른 나라의 추종을 불허하는 그야말로 '만화경'의 경지를 보여준다. 그러나 아무리 즐겁고 재미있더라도 다수의 삶이 '지옥'에 가깝다면 그것을 대책 없이 즐길 수만도 없는 노릇이다. 지옥 같은 삶을 즐겁다고 하는 역설의 이면에 대한 성찰이 필요하고, 그 결핍에 대한 '구조적' 발상의 전환이 요청된다.

나는 이 나라 이 땅의 일원으로 한국사회가 빚어낸 지옥의 즐거움을 살아내면서 자주 분노하고 좌절하며 슬퍼한다. 씨알 없는 상식 이하의 일들이 돈과 권력과 이런저런 인맥의 무성한 얽힘 속에 버젓이 자행되고, 불의와 부정의 소용돌이가 우리 일상의 관성으로 되풀이되고 있는 까닭이다. 그래서 나는 목사이자 신학자로서 예언자 하박국의 심정에 기대어 모순과 기만 덩어리인 이 사회의 변두리에서 허망하게 되묻곤 한다. 어찌하여 이런 것입니까? 대체 언제까지 이래야 하는 것입니까? 이러한 질문은 내 신앙과 삶의 인도자이며 선구자 되신 예수의 모델에 기대어 대안을 모색하고픈 충동으로 이어지는데, 이 책이 바로 그 충동적 자맥질을 차분한 성찰의 여과장치 속에 풀어놓은 결과이다. 예수라면 어떻게 하실까? 그분이 21세기 한국사회에 오신다면 우리가 앓아온 온갖 골칫덩어리 문제들을 어떻게 살피시고 처단하실까? 이런 질문들은 예전에도 있었고 지금도 여전하며 앞으로도 되물어질 것이다. 이 땅에서 고백되는 기독교 신앙이 우리의 일상적 삶의 국면들과 (거시적으로든 미시적으로든) 무관하지 않기 때문이다.

성서가 해답이라면, 또 예수가 핵심기준이 된다면, 우리는 그 진리의 절대치를 앞세워 이 나라 이 땅을 수차례 뒤집어 개혁하고 하나님 나라에 가깝게 만들 수도 있었을 테다. 그러나 현실은 여전히 초라하다. 이 나라 전체 인구 4분의 1에 육박하는 기독교인들의 숫자에도 불구하고, 밤마다 휘황한 십자가 불빛을 발하는 교회들의 외형적 영광에도 불구하고, 이 땅의 복음은 사회개혁에 철저히 무기력하다. 성서도, 그 주인공 예수도, 해석하기에 따라 전혀 다른 의미와 교훈으로 갈라져서 싸움질하기에 분요한 것이 우리의 자화상이다. 내분과 갈등의 밑바닥에는 탐욕과 기득권이란 성채가 있고, 그 욕망의 아수라장에서는 성서의 교훈과 예수의 하나님 나라 유산도 보수나 진보, 좌파나 우파의 흑백논리 속에 공전할 뿐이다. 그래서 다시 1세기 예수로 돌아가자는 구호도 요란하지만, 그 역시 해석의 자장을 통과해야 하는 지난한 과제일망정 단번에 이 땅의 난제들을 해결해주는 요술방망이가 되는 것은 아니다. 더구나 1세기 팔레스타인의 예수와 21세기의 한국사회 사이에는 건너야 할 시간과 역사, 문화의 간격이 만만치 않다.

이러한 해석학적 한계와 장애를 무릅쓰고 이 책을 내 어설픈 꿈과 소망의 한 가닥 표현으로 내놓는다. 시사적인 논제들은 시시각각 조명이 바뀜에 따라 어제의 진리가 오늘의 해프닝으로 돌변하고 과거의 반역이 현재의 비전으로 재정립되는 세태다. 그렇지만 예수의 하나님 나라는 분명히 오늘날 '생활정치'라고 부르는 섬세한 미시적 관점과 이른바 '대국적 차원'에 해당되는 천지의 대변혁이나 종말론적 기대 등의 거시적 관점을 두루 갖추고 있었다. 나아가 예수는 치우치고 왜곡된 세상살이의 체계와 구조를 바로 고치려는 의욕으로 가난하고 소외된 생명들을 극진히 보살피고 살뜰히 대해주었다. 반면 당시의 정치적·종교적 기득권자들을 향해서는 결기와 분노로 질타하고 '선지자적 비관주의'에 입각하여 그들의 회개를 역설하였다.

오늘날 예수의 목소리가 다시 들린다 한들 탐욕의 기득권이 제정신을 차리고, 몽매한 영혼들이 각성하여 우리 사회의 장애물들을 말끔히 청소해낼 수 있을까. 너무 지독한 회의에 물들어서인지 나는 감히 장담하지 못하겠다. 그래도 내 일천한 몫의 사명을 감당하기 위해 나는 다시 이 땅의 삶의 현장을 면밀히 살피면서 거듭 분석하고 해석하며 평가하는 임무를 다해야 한다. 이 소박한 앎과 삶의 소통을 지향하는 오솔길이 과정으로서의 내 사명을 내 존재의 궁극적 운명으로 견인하는 지렛대다. 내 머릿속의 고뇌와 손가락노동만큼의 작은 결실로 부디 이 땅의 숱한 난제들에 실오라기 같은 한줄기 빛이 전달되기를 기대하는 마음 간절하다.

이 책은 새물결플러스 김요한 목사님과의 동행 가운데 틀을 갖춰 구상되었다. 그는 전주에 내려와 나와 함께 치명자산 오솔길과 한옥마을의 골목길을 걸으면서 길 위의 대화에 꼬박 1박 2일을 투자하였다. 그 대화의 열정이 서늘한 숲의 음덕과 만나 신뢰와 소통으로 이어지고 마침내 이 책으로 열매 맺게 된 것이 참 고맙고 즐겁다. 신학자의 세상읽기와 시사분석은 그리 전문적이지 못한 한계에 겹겹이 싸일 수밖에 없지만, 그 한계를 부디 예수의 지혜와 통찰로 돌파하기를 바란다. 이 책이 육체를 얻어 태어나는 최후의 일각까지 정성스러운 노동으로 편집과 교열을 맡아주신 분들에게 고마움을 전한다. 우리의 성실한 공동 작업으로 이 세상과 한국사회가 손톱만큼이라도 개선되고 진보한다면 더 바랄 게 없겠다.

2012년 1월

차정식

01

예수,

정치에서 하나님의 의를 찾다

| 땅에 정치만큼 곱절진 관심의 대상이 되는 것도 드물다. 4년마다 돌아오는 국회의원 선거는 물론이고 대통령 선거가 진
·민의 시선을 집중시키는 국가적 이벤트가 된 지 오래다. 더욱이 지방자치단체장도 국민투표로 뽑게 된 터라, 잊을 만하면
|거 바람이 휩쓸고 지나간다. 큰 선거판이 휩쓸고 지나간 자리는 서로 할퀴고 물어뜯은 후유증도 그만큼 더 심하다. 당선된
|에도 특정인 몇의 결격사유가 밝혀져 오래 몇 차례씩은 보궐선거를 치른다. 서민들도 자신이 지지하는 정당과 인물에 따라
|거 열풍에 휩싸이곤 한다. 지지세력은 흔히 특정 지역을 기반으로 결집하기 마련이며 후보자들마다 출신 고향과 학교, 각
· 경력과 화려한 공약 등을 화려하게 홍보한다. 자기가 그 자리에 오르기만 하면 세상을 뒤집을 것처럼 요란한 광경을 연출하는
|이 선거철에 마주치는 우리 사회의 대체적 풍속도다.
그러나 정치인들이 시민에게 받는 신뢰도와 존경도는 거의 낙제 수준이다. 시민은 정치권을 냉소적으로 볼 뿐만 아니라 불신
| 대상으로 삼는다. 당리당략과 사리사욕에 급급하여 이권청탁은 물론이고 각종 정치자금 명목으로 챙기는 뇌물성 금전거
|는 이제 정치판의 단골메뉴가 된 듯하다. 유명세를 탈수록 정치인들은 자신의 관한 관리에 들어가는 씀씀이가 커진다. 이
· 고정월급만으로 충당하기가 불가능한 탓에 그들이 받는 금전적 유혹이 적지 않을 것이다. 시민이 정치인들을 불신하는 이
는 이권을 매개로 주고받는 부정한 뇌물수수에만 국한되지 않는다. 더 심각한 문제는 그들이 이 땅의 복잡하게 얽힌 문제
· 해결하는 정치적 노동에는 태만하다는 사실이다. 성실하고 창의적인 도전정신은 보이지 않을뿐더러 도무지 생산성이 없
. 소모비용은 높고 생산성은 낮아 정치인들은 이제 전 국민의 동네북이 되어버렸다. 물론 국민의 분노와 스트레스를 풀어
·기 위한 언론의 과도한 조명과 선정적인 과장이 그들의 이미지를 실제보다 좀더 악랄하게 희화화해온 측면도 없지 않을
|이다. 그렇지만 아무리 그 주류의 허지를 변명하고 옹호해봐도 정치인들에 대한 대사회적 신인도는 여전히 취약하다. 우리
회가 이정 존경받는 정치인을 내놓지 못했기에 국민은 목자 없는 양 떼처럼 새로운 바람에도 쉽사리 민감해지는 것이리라.
)00년도 초 인터넷을 통해 젊은 세대들에게 노무현 바람이 불어 그가 대통령이 되는 데 크게 기여했듯, 또 그 전후로 이런
|런 한시적인 바람이 불어 사람들의 가슴을 들뜨게 하곤 했다. 최근 나타난 안철수 열풍은 생산적 정치 리더십이 실종된 상
|에서 대중 다수가 느끼는 갈증이 어떠한지를 반영하는 또 다른 증거다. 그러나 문제는 그 바람 이후의 일상적 생활정치 현
에서 체감하는 국민 다수의 삶의 질이다. 정치인들이 즐겨 사용하는 상투적 수사(rhetoric) 중에 '국민'과 '시민'이라는 단어
· 있다. 하지만 그들을 선거 동원 수단으로 마음껏 활용하여 당선 혹은 낙선한 후에 그 정치적 리더십이 얼마나 국민의 기

파산하는 정치, 불어오는 바람

이 땅에 정치만큼 검질긴 관심의 대상이 되는 것도 드물다. 4년마다 돌아오는 국회의원 선거는 물론이고 대통령 선거가 전 국민의 시선을 집중시키는 국가적 이벤트가 된 지 오래다. 더욱이 지방자치단체장도 국민투표로 뽑게 된 터라, 잊을 만하면 선거 바람이 휩쓸고 지나간다. 큰 선거판이 휩쓸고 지나간 자리는 서로 할퀴고 물어뜯은 후유증도 그만큼 더 심하다. 당선된 뒤에도 특정인 몇의 결격사유가 밝혀져 으레 몇 차례씩은 보궐선거를 치른다. 서민들도 자신이 지지하는 정당과 인물에 따라 선거 열풍에 휩싸이곤 한다. 지지세력은 흔히 특정 지역을 기반으로 결집하기 마련이며 후보자들마다 출신 고향과 학교, 각종 경력과 활약상 등을 화려하게 홍보한다. 자기가 그 자리에 오르기만 하면 세상을 뒤집을 것처럼 요란한 광경을 연출하는 것이 선거철에 마주치는 우리 사회의 대체적 풍속도다.

그러나 정치인들이 시민에게 받는 신뢰도와 존경도는 거의 낙제 수준이다. 시민은 정치권을 냉소적으로 볼 뿐만 아니라 불신의 대상으로 꼽는다. 당리당략과 사리사욕에 급급하여 이권청탁은 물론이고 각종 정치자금 명목으로 챙기는 뇌물성 금전거래는 이제 정치판의 단골메뉴가 된 듯하다. 유명세를 탈수록 정치인들은 자신의 간판 관리에 들어가는 씀씀이가 커진다. 이를 고정월급만으로 충당하기가 불가능한 탓에 그들이 받는 금전적 유혹이 적지 않을 것이다. 시민이 정치인들을 불신하는 이유는 이권을 매개로 주고받는 부정한 뇌물수수에만 국한되지 않는다. 더 심각한 문제는 그들이 이 땅의 복잡하게 얽힌 문제를 해결하는 정치적 노동에는 태만하다는 사실이다. 성실하고 창의적인 도전정신은 보이지 않을뿐더러 도무지 생산성이 없다. 소모비용은 높고 생산성은 낮아 정치인들은 이제 전 국민의 동네북이 되어버렸다. 물론 국민의 분노와 스트레스를 풀어주기 위한 언론의 과도한 조명과 선정적인 과장이 그들의 이미지를 실체보다 좀더 악랄하게 희화화해온 측면도 없지 않을 것이다. 그렇지만 아무리 그 특유의 처지를 변명하고 옹호해봐도 정치인들에 대한 대사회적 신인도는 여전히 취약하다. 우리 사회가 아직 존경받는 정치인을 내놓지 못했기에 국민은 목자 없는 양 떼처럼 새로운 바람에도 쉽사리 민감해지는 것이리라.

2000년도 초 인터넷을 통해 젊은 세대들에게 노무현 바람이 불어 그가 대통령이 되는 데 크게 기여했듯, 또 그 전후로 이런저런 한시적인 바람이 불어 사람들의 가슴을 들뜨게 하곤 했다. 최근 나타난 안철수 열풍은 생산적 정치 리더십이 실종된 상태에서 대중 다수가 느끼는 갈증이 어떠한지를 반영하는 또 다른 증거다. 그러나 문제는 그 바람 이후의 일상적 생활 정치 현장에서 체감하는 국민 다수의 삶의 질이다. 정치인들이 즐겨 사용하는 상투적 수사(rhetoric) 중에 '국민'과 '시민'이라는 단어가 있다. 하지만 그들을 선거 동원 수단으로 마음껏 활용하여 당선 혹은 낙선한 후에 그 정치적 리더십이 얼마나 국민의 기대에 부응하느냐를 묻지 않을 수 없다. 자기가 지지한 후보자가 당선하여 승리감에 감격했든, 또는 낙선하여 낭패감을 맛보았든, 정치에 대한 불신으로 아예 투표를 하지 않았든, 선거 후 일상에서 체감되는 정치적 실천의 열매가 얼마나 풍성해지느냐가 중요하다. 한국 현대정치사에 정치가로서 진정성을 살려 전 국민적 희열과 감동을 촉발하고, 역사의 발전과 국민 삶의 질적인 도약에 중대한 계기를 제공한 인물은 드물다. 재임 기간이나 퇴임 후에도 오랫동안 존경을 받는 정치 지도자가 있었는지 물어보면 군색한 대답을 피할 수 없는 것이 우리나라의 현실이다. 그만큼 현대정치는 파산을 거듭해왔고 지금도 파산하고 있으며 계속해서 파산할 것이라는 예감이 든다. 동시에 또 다른 메시아주의의 휘장을 걸친 선정적인 바람이 불어왔고 지금도 불고 있으며, 앞으로도 계속 불어올 것으로 기대된다. 선거철의 그 바람조차 없으면 갑갑한 한국정치의 지형에 아무런 희망도 없어 보일 것 같다.

정교분리의 모순논리, 아전인수의 마법

정치판이 추하다는 선입견을 항간에 주입하는 데 기독교의 정교분리 논리가 그 배경에 자리 잡고 있음을 지적하지 않을 수 없다. 국가를 주축으로 이루어지는 세속의 정치를 공중 권세 잡은 마귀의 영역이라 하여 하나님 나라와 철저하게 구별한다거나 하나님이 허락한 공권력으로 무조건 복종해야 한다는 식의 막무가내 논리에 우리가 오랫동안 지배당해온 것이 사실이다. 정교분리의 기원에는 세속정치의 영역과 교회사역의 영역이 서로 간섭하지 말고 피차 하나님의 의를 이루어야 한다는 호혜적인 상호 존중 내지 타협의 원리가 깃들어 있었다. 이는 특히 서구역사에서 기독교의 권력이 압도해온 중세의 그늘을 벗어나 탈교회의 기치를 내걸고 시민정신을 토대로 발전해 간 근대국가의 지향과 충돌하면서 그 접점을 찾는 과정에서 정당화된 시대적 산물이었다. 그런데 그것이 만고불변의 진리처럼 굳어져 독재정치를 합리화하거나 교회의 보신주의적 태도를 변명하는 군색한 논리로 퇴색한 것이 정교분리다.

그러나 한국사회가 민주화의 빛을 쬐기 시작하면서 정치는 점차 보편적인 삶의 원리가 되었다. 독재 권력에 주눅이 들어 있던 보수교회의 지도자들은 이제 민주화의 열매를 맘껏 누리면서 자기들의 이해관계를 정치적으로 호소하는 일이 잦아졌다. 정교분리가 교회의 적극적 사회참여라는 논리로 분칠되면서 이제 정치를 자기들에게 이롭도록 이용하기 시작한 것이다. 지나고 보니 결국 정교분리의 기치는, 강자는 강자 나름으로 제 영역을 수호하고 약자는 약자 나름으로 자신의 위상을 지키기 위해 이용한 현 체제 수호논리 혹은 생존논리의 변용이었던 것이다. 재주는 곰이 넘고 돈은 왕서방이 챙긴다더니 정치 민주화 투쟁에서 피 흘린 생명들은 말이 없는데, 독재의 억압 속에서는 말이 없던 이기적인 입들이 한꺼번에 부활하면서 바야흐로 냉소적인 정치 전성시대를 맞고 있다. 누구나 정치인을 욕하고 정치의 더러움을 냉소하지만 그런 정치에 한 발 걸치고 권력의 단물을 함께 나누고 싶어하는 이율배반의 세상이 되어버린 것이다.

동시에 21세기는 정치의 미시화 현상으로 인해 정교분리의 논리가 무색해지면서 권력의 지각변동이 활발해지고 있다. 따지고 보니 정치는 인간과 인간의 관계에서 파생되는 불가피한 긴장과 갈등의 대치 현실을 어떻게 조율하고 관리하느냐의 문제였던 것이다. 이는 인간을 '정치적 동물'로 정의한 아리스토텔레스의 고전적인 개념으로 소급된다. 이를테면 인간은 다각적인 사회관계를 매개로 어떤 조직이나 단체에 소속되면서 좋든 싫든 정치적 기술의 주체 또는 대상으로 살게 된다는 것이다. 그리하여 정치는 이제 대통령과 국회의원, 각 지자체의 단체장 등 몇몇 소수가 독점하는 영역에서 벗어나 모든 인간집단의 구석구석으로 포석을 드리우며 꾸준히 제 권능을 영토화해온 것으로 파악된다. 이에 따라 국가기관의 정치가 존재하듯이, 학교에는 학교정치, 교회에는 교회정치, 기업에는 기업정치가 치열하게 작동하고 있음에 눈을 뜨게 된 것이다. 사정이 이럴진대 이제 더는 아전인수의 마법으로 정교분리의 고전적 명제를 복창하는 수법으로는 정치의 난맥상을 해결하기는커녕 이해조차 할 수 없는 상황으로 치닫고 있다. 예수가 다시 온다 한들, 이러한 정치 지형에서 어떠한 파당적 논리로 대응할 수 있을지, 보편적인 포용의 논리로 모든 사람을 품을 수 있을지, 명쾌한 그림이 그려지지 않는다. 그러나 창의적인 불화를 무릅쓰고 대안을 내놓고 희망찬 미래를 전망한다면 예수에게서도 정치의 지향과 리더십의 모델을 찾을 수 있다. 다만 그 리더십과 정치의 비전을 오늘날의 현실에 맞지 않는다고 사람들이 외면하기 때문에 정치 냉소주의의 장막이 쉽게 걷히지 않고 있을 뿐이다.

전복과 탈주의 정치

예수가 만사형통을 이루어주는 도깨비방망이면 좋으련만 정치의 영역에서 그는 선택과 옹호를 통한 분명한 지향점을 보여주었다. 정치꾼의 상투적인 수법이 정치적 기득권자들을 은근히 두둔하고 열악한 피치자들을 달래며 위로하는 능란한 기술이라면 예수는 그러한 정치의 달인과 거리가 멀었다. 그랬다면 예수는 누이 좋고 매부 좋은 식의 마당발 정치를 구사하여 갈릴리의 헤롯 안티파스와도 친밀하게 소통하고 로마 총독 빌라도나 대제사장 가야바와도 외교적으로 원만한 관계를 이루었을 것이다. 그러나 예수는 헤롯을 '여우'라고 불렀다. 헬레니즘의 대표도시 세포리스가 예수의 고향 나사렛에서 불과 얼마 안 되는 거리에 있었고 티베리아스 역시 갈릴리 호숫가의 가버나움과 지척이었지만, 복음서에는 예수가 이 도시에 들어갔다는 기록이 없다. 그는 갈릴리 사역 내내 화려한 문명의 공간을 겉돌면서 작고 그늘진 소읍과 시골의 변두리를 돌아다녔다. 이방인들의 땅 데가볼리나 두로와 시돈 등지로 원거리 여행을 다니면서 예수는 권력의 중앙에서 부단히 탈주하는 모습을 보여주었다. 이와 같은 탈주의 동선은 그의 발걸음 자체가 정치적 행보임을 입증하는 증거였다.

로마황제 가이사를 기려 봉헌하듯 건설한 도시 빌립보 가이사랴에서 예수는 이교의 만신전을 뒤로 하고 제자들에게 자기가 누구인지 물었다. "주는 그리스도요, 하나님의 아들"이라는 베드로의 답변 가운데 예수는 자기가 추구하는 하나님 나라의 이념이야말로 로마의 제국적 체제를 넘어 이루어나가야 할 대안적 정치 비전임을 시사하였다. 가야바로 대표되는 예루살렘 성전 권력은 '만민을 위한 기도의 집'을 '강도의 소굴'로 바꾸어놓았다. 예수는 그들의 사리사욕에 포획된 성전이 이제 돌위에 돌 하나 남지 않고 허물어지리라고 예언했다. 솔로몬의 정치적 성취를 들에 핀 백합화 한 송이보다 낮춰 본 예수의 정치적 미학은 이처럼 모든 정치 권력자의 오만방자한 행태를 뒤집지 않고서는 별다른 도리가 없어 보이는 차원에서 이해되어야 한다.

그렇게 예수는 헤롯의 간사한 정치 권력과 빌라도의 제국적 권력을 뒤집었다. 가야바의 성전 권력에 채찍을 휘둘렀으며, 몽매한 대중 위에 군림하며 율법의 지식을 휘둘러온 서기관들과 바리새인들은 위선적인 행위 때문에 예수의 질타를 받아야 했다. 예수는 이렇게 기존의 정치적 역학구도에 균열을 내는 예언자적 비판으로 정치의 일차적 역할을 수행했다. 당대 주류 정치는 소수의 특정인이 다수의 생명 위에 군림하면서 희생과 헌신과 충성을 강요하는 왜곡된 정치의 전형이었다. 따라서 거기에서 벗어나는 것이 급선무였을 것이다. 또한 그 체제의 정당성을 부인하는 것이 절박한 시대적 요청이었을 것이다.

이와 같이 정치는 뒤집지 않으면 새로운 싹이 생겨나지 않는 끈질긴 속성을 먹고 자라며 또 그 이치에 따라 시들고 소멸해간다. 화무십일홍(花無十日紅)이나 권불십년(權不十年) 등의 교훈들은 많지만, 정치꾼들은 불나방처럼 권력의 화신이 되어 집권을 꿈꾸는 것이 정치의 궁극적인 목적이라고 믿는다. 그러나 이는 예수가 지향하고 실천한 정치와는 거리가 멀다. 예수가 지향한 정치는 썩은 토대를 뒤집고 기존 체제를 멀리 탈주해 깡그리 부정하는 데서 출발하였다. 그것은 반복되는 정치적 거짓말에 종말을 고하고 다른 정치 세력으로 대체되는 혁명의 기운에 휩싸이기보다 하나님의 주권적 직할통치 가운데 임하는 하나님 나라의 정치로 발전해나간다.

하나님 나라 정치의 태반

수많은 학자들이 이미 지적했듯이 예수의 하나님 나라는 정치적인 개념이다. 이 말의 뜻이 하나님이 국가 차원에서 소유한 영토나 공간 개념이 아니라 통치 개념에 가깝다는 해석도 뒤따른다. 다만 그 나라의 통치 체제는 공화정이나 귀족정이 아니라 '왕적인 통치'에 해당된다고 봐야 한다. 그게 바로 '나라'에 해당되는 '바실레이아'(*basileia*)의 문자적 함의다. 다시 말해 하나님이 유일하신 왕으로 이 땅에 임하여 정의와 평화의 기치 아래 다스리는 제왕적 통치가 바로 하나님 나라의 개념 가운데 포착되는 것이다. 성서에서 하나님은 이 땅에 생명을 내신 책임을 다하기 위해 관리하고 다스리는 분으로 묘사된다. 따라서 정치는 이를 수행하는 주체의 리더십을 필수적인 요건으로 삼는다.

구약성서에서 하나님은 통치의 권한을 자신이 택한 종들에게 위임하여 제사장, 사사, 왕, 예언자 등의 직분을 부여했다. 출애굽 이후 약속의 땅에 정착하여 국가의 기틀을 갖추기 전에는 모세와 같은 카리스마적 지도자가 통치의 리더십을 행사하였다. 이후 그의 리더십은 여호수아에게 계승되었는데, 이때 정치적 리더십의 주요 목표는 하나님이 맡겨준 언약백성을 약속의 땅으로 온전히 인솔해가는 데 있었다. 아울러, 광야에서의 공동체 생활에 필요한 계명을 선포함으로써 이해관계가 부딪칠 때 그것을 조정하고 문제를 해결하는 것도 당시 리더십의 주된 과제였다. 여호수아는 가나안 땅에 들어간 백성이 지파별로 제 몫의 영토에 정착하기까지의 정복 전쟁에서 군사적 리더십까지 발휘해야 했다.

어느 정도 영토 분할이 이루어져 지파별로 할당된 땅에 정착하여 살게 되면서 사사 시대가 열린다. '판관'이라는 또 다른 번역에서 알 수 있듯이, 당시의 사사는 사법적인 판결 권한이 있어 평상시 성문 앞에서 접수된 민원을 해결해주는 재판관 노릇을 하였고, 유사시에는 전쟁의 리더로 활약했다. 사무엘은 사사 시대의 마지막 수장으로 제사장과 예언자의 기능을 모두 수행하였다. 그러나 그는 사사 시대의 지파연맹체의 단계를 넘어 외침에 대비하여 강력한 정치적 리더십을 요구하는 백성 탓에 왕국의 시대를 중매해야 했다. 그리하여 사울의 실패한 왕권 다음으로 다윗의 왕조 시대가 열린다. 이후 남북으로 분열된 왕국은 숱한 쿠데타와 여러 왕조가 교체되는 정치적 혼란기를 통과하여 결국 북왕조 이스라엘과 다윗왕조의 전통이 계승된 남왕조 유다의 대립 속에서 주변의 강대국에 의해 멸망의 길로 치닫는다. 왕조 시대에 무수한 역사적 발전이 있었음을 부인하기 어렵다. 그럼에도 그 기간의 대부분에 걸쳐 하나님의 대의를 받들기보다 왕 한 사람에게 권력이 집중하여 백성을 공의로 다스리는 정치의 본령이 실종되더니 결국 파멸의 종지부를 찍고 말았다. 이러한 허망한 정치의 공백을 채운 것은 어설픈 외래 종교의 도입을 통한 최면적 위장이었다.

바빌론 포로기 이후 이스라엘의 역사는 그간 절대왕정의

견제와 비판세력으로 활동해온 예언 운동이 시들해진 시기였다. 사람들은 점차 다윗왕국의 전성 시대를 모델로 삼아 메시아적 정치의 비전을 키워나가기 시작했다. 예수가 던진 하나님 나라의 비전은 바로 이러한 역사적 배경에서 태동했다. 솔로몬의 시편 등에 나오는 하나님 나라의 개념은 이와 같은 묵시적 종말사상과 다윗 같은 탁월한 지도자가 다시 도래하여 정치적 억압의 상황을 타파하고 새로운 독립과 해방의 사건을 희구해온 역사적 전통 속에서 사상적 동기를 확보했다. 예수는 하나님 나라 메시지도 그가 처한 역사적 현실 가운데 종말론적 정치성을 급진화하였다.

예수의 목민적 생명정치

예수의 정치는 묵시주의의 환상 속에 역사의 억압적 현실과 상처를 묻어두는 도피적인 방식으로 실천되지 않았다. 반대로 그에게 묵시의 하늘은 이 땅의 구체적인 삶의 자리에 실천적 지혜로 열매 맺어야 하는 것이었다. 그리하여 그는 하나님 나라의 메시지로 사람들이 자기 몫의 생명 가운데 잠재된 새로운 희망의 가능성에 눈뜰 수 있도록 내면적 성찰과 풍성한 결실을 유도하였다. 그중에서 예수가 특히 심혈을 기울인 것은 육체적 질고와 정신적 억압의 족쇄에 매인 생명을 치유하여 그들을 온전하게 회복시켜주는 일이었다. 이는 나아가 가난한 자들에게 광야의 식탁을 차려 먹여주고 그들의 생명이 값진 하나님의 생명임을 진작시켜주는 사역으로 발전해나갔다. 예수는 또한 퇴락한 공동체의 삶이 회복되어 열두 지파의 평화로운 질서가 구축되는 신적 통치의 상징으로 열두 제자를 선발하여 그들을 가르침으로써 하나님 나라 비전이 인간 개개인의 평온과 안돈을 추구하는 단순히 내향적인 심리주의의 산물이 아님을 보여주었다.

하나님 나라는 당시 로마의 제국주의 통치를 대체하는 유일하게 적법한 통치로서 하나님의 왕 되심을 시위하고 그 대리자로서 예수가 메시아 됨을 전파하는 복음의 형식으로 이 땅에 선포되고 실현되었다. 물론 그 복음은 완고한 유대주의의 배타적 장벽을 넘어 낯설고 이질적인 타자들을 향해 포용적이고 개방적으로 확산해나갔다. 그 진취적 동선은 "회개하라 천국이 가까이 왔느니라"는 선포용 메시지처럼 얼핏 들으면 정치적 구호 같은 인상을 주기도 했다. 하지만 예수는 희망을 앞세워 군중을 선동하거나 집단무의식을 이용하여 정치적 야욕을 채우지 않았다. 대신 그는 가장 낮은 자리에서 물질적·정신적·영적 필요에 부응하여 목민적 생활정치에 최우선으로 관심을 두었다. 그것이 당대의 현실을 넘어 오는 저 세대의 미래 지향적 소망으로 발현되었을 때 구원, 영생, 부활 등의 신학적 토론주제로 부각되기도 했다. 하지만 그의 일상적 활동은 주로 병든 사람들을 고치고 위로하여 회복시키는 생명사역이었다. 그렇게 몸을 회복한 이들에게 주어진 선물이 일용할 양식이었고, 먹고사는 동물적 욕망을 넘어 사람 낚는 어부가 되려는 자들에게 주어진 선교적 소명이 예수의 제자로서 추구해야 할 삶의 모습이었다.

예수는 하나님 나라의 정치에서 사람이 핵심적 관심사가 되어야 함을 잘 알았다. 그중에서도 연약하고 사소하고 미미한 존재에 대한 예수의 정치적 관심은 집요할 정도로 일관적이다. 탕자의 비유, 잃어버린 동전을 찾는 비유, 잃어버린 양 한 마리를 찾는 비유 등에서 잘 확인되듯이, 예수는 소외되고 낮고 천한 대상이 하나님 나라의 주인공이 되는 미시정치의 영역에 민감하였다. 비록 그 비유의 메시지는 '구원'이라는 거대담론을 끼고 있었지만, 이야기 주제에 반영된 보편적 현실은 사람들이 일상생활과 노동의 현장에서 경험할 만한 내용들이 대부분이었다. 예수가 당시 민중의 생활 현장에서 한 일은, 듣고 정책에 반영한다든지, 아랫사람에게 지시한다든지, 알아보고 검토해보겠다든지 하는 두루뭉술하고 우회적인 제스처가 아니었다. 그것은 치열한 연민으로 고통스러운 생명에 공명하면서 즉각적인 해결책으로 해방을 실현하는 직접정치였다. 이는 마치 사마리아 사람이 강도 만난 사람을 돕기 위해 자기가 지닌 모든 것을 털어서 구조하는 헌신적인 사랑의 실천 이외에 아무것도 아니었다. 심지어 예수는 죽음이 임박한 시점에도 자신의 몸과 피를 떡과 음료로 나누어주는 마지막 식사의 상징의례를 통해 그야말로 '남김없이' 자신을 공여하는 은혜를 끼쳤다. 그것이 희망을 주는 하나님 나라 정치의 극점이었다. 이는 또한 예수에게 하나님의 아들이란 위격과 메시아적 리더십의 정당성을 부여한 살아 있는 증거였다고 볼 수 있다.

정치의 거듭남을 위하여

현직 정치인들에게 예수의 하나님 나라 정치를 모델로 삼아 정치해달라고 주문한다면 그들은 하나같이 손사래를 치지 않을까. 정치의 궁극적인 목표가 정권 쟁취인 사람들에게 십자가를 최종 목적지로 하는 예수의 이타적인 생명정치는 방향이 전혀 다르다. 혹자는 예수가 종교지도자이기 때문에 세속정치에는 적합한 모델이 아니라고 마뜩잖은 반응을 보일 수도 있다. 그러나 예수를 죽이는 데 헤롯과 가야바가 의기투합하고 빌라도와 가야바가 은근히 담합하였듯이, 정치와 종교는 피차 상통하는 영역이었다. 예수 당대에 정치와 종교를 별도의 상관없는 관심 영역으로 보는 것은 1세기의 세계관을 21세기의 것으로 역주행하는 착오에 불과하다. 예수의 종교적 유산이 오늘날의 기독교에 중요하듯, 그의 하나님 나라가 남긴 정치적 유산 역시 이 시대의 정치적 현실에 유효한 도전이 된다.

이를 적용하기 위해서는 무엇보다 정치인과 정치적 성격이 농후한 고위 공직자들이 받는 혜택을 극소화하는 것이 필요하다. 예수의 끊임없는 탈주 정치를 참조할 때 정치인이 자신의 성채를 짓고 자기가 속한 정파의 이익을 위해 봉사하는 파행만은 방지되어야 한다. 따라서 그들의 각종 고압적인 직책은 사회적 명사가 아니라 사회적 명성 없이도 순전하게 백성을 위해 봉사할 수 있는 헌신적인 소명감으로 충만한 이들에게 돌려줌으로써 정치가의 자리가 정치적 영향력과 경제적 이권을 동시에 추구하는 패권이 되지 않도록 제도적 변혁을 이루어야 한다. 그것은 곧 생활정치의 현장에 대한 밀착된 감각으로 나타나는 것이 자연스럽다. 국회나 정치인의 개인 사무실의 쾌적한 실내 공간은 그들이 머물 수 있는 정치의 합당한 자리가 되는 것을 그쳐야 한다. 민생의 현장에서 그동안 자기들이 성공한 사회적 선물을 되돌려주는 나눔과 베풂의 선행 속에 민심을 듣기만 하는 것이 아니라, 민심이 천심에 합치되는 경우, 예수처럼 한 사람씩 한 단체씩 그가 처한 문제를 즉각 해결해주는 기민한 실천적 동력을 발휘해야 한다. 정치가 식상해지는 이유는 문제의 제기와 청취만 있고 실질적 해결 없이 되풀이되는 고질병 때문이다. 지금도 이러한 기형적인 구조가 반복되고 있다.

예수의 목민적 생활정치를 특징짓는 또 다른 미덕을 살린다면 이 땅에 양극화된 체제의 간극이 좁혀지면서 상극의 대립체제가 상생의 무대로 해체되는 정치를 추구해야 한다. 예수는 부자와 교만한 자들을 끌어내리고 가난하고 힘없는 자들을 신원하는 데 정치의 좌표를 설정하였다. 이처럼 구조의 변혁을 시행할 만한 이들이 영향력을 발휘할 수 있도록 선거에 임하는 자들은 지연과 학연 따위의 기준을 내려놓고 하나님 나라의 정치적 잣대를 들이대야 할 것이다. 정치하는 것을 보기도 전에 어찌 한 인간의 속셈을 알 수 있으랴마는 자세히 보면 그가 내민 구호가 허망한 선동용인지 진정성을 담보한 실현 가능한 약속인지 분별할 수 있을 것이다. 후보자의 말에 담긴 진정성과 살아온 삶의 이력을 보고 그 미래의 열매를 가늠할 수 있다면 그가 내건 공약의 공공적인 가치를 꾸준히 관찰하고 감시함으로써 당선된 이후 그의 정치 활동이 창조적 긴장으로 가득 차게 만들어야 한다. 다른 직업을 가질 때에는 똑똑했던 사람들이 왜 정치에 발을 들이면 파당적인 존재가 되어 다툼과 분쟁의 주동자가 되는지 알 수 없는 노릇이다. 이는 그들의 일거수일투족을 예의주시하고 그들이 외친 정치적 구호가 구체적 실천으로 드러나는지 끝까지 확인하는 공적인 체계가 실종된 탓이다.

사람들은 언론의 정보에만 의지하다 보니 편향된 논리에 휘둘려 온전한 판단을 그르치기도 한다. 기대비용의 모험적 비율을 감안한다면 시행착오의 경험도 감수해야 한다. 그러나 예수의 하나님 나라 정치라는 기준으로 이 땅의 정치적 리더십을 검증하고 판단하면서 객관적인 정보의 축적과 선거라는 제도를 선용해야 한다. 그러면 이 땅의 민주주의는 생활정치의 현장에 밀착되어 공공의 복지를 넓히고 소수와 약자를 인간적으로 대접하며 하나님의 뜻이 이 땅에서 정의와 평화, 사랑과 자비의 가치로 구현되는 결실을 더불어 누리게 할 것이다. 이를 위해 시급한 정치 리더십의 자질은 정치를 극한의 대립과 파당적 각축장으로 만드는 구태를 제어하는 예술적 감각이다. 그 예술의 범주에는 인간관계의 역동적인 조율에 대한 균형감각

뿐 아니라 이 시대의 주류 가치에 목매달며 안달하는 추세에 대한 초월적 도약을 낳을 자기 비움도 포함된다. 세속정치도 이러한 신학적 미학의 자장 안에서 성숙할 수 있다. 그것은 이 땅의 권력을 한시적인 기능공의 노동으로 보는 역발상으로만 가능하다. 마치 자신의 모든 재물을 내려놓고 예수를 따라나서는 선교적 소명의 이치와 같다. 정치 지도자는 권력의 무거운 짐을 내려놓는 데서 상징적인 감화의 권력이 쌓이는 도리에 눈 떠야 한다. 그것이 십자가의 정치이고, 하나님이 예수를 통해 정치를 수행한 지혜로운 방식이다.

02

예수,

이념과 세대갈등의 해법을 논하다

좌파와 우파란 말의 함정

21세기 한국사회를 달구는 쟁점 중에 이념논쟁이란 게 있다. 이 논쟁에서 약방의 감초처럼 등장하는 말이 좌파와 우파다. 거기에 양념처럼 진보와 보수란 말도 따라붙는다. 좌우파란 용어의 역사적 기원은 1789년 프랑스 혁명 이후 귀족세력을 대변하는 왕당파와 부르주아 시민계급을 대변하는 공화파가 국민공회에 모였을 때 차지한 좌석의 배치구도로 소급된다. 좌측에 기존 정치의 혁신을 주장하는 공화파가 앉았고 우측에는 기존 체제의 유지를 옹호하는 왕당파가 앉았는데 이를 간편하게 좌파와 우파로 부르게 된 것이 이 말의 유래다. 이후 1792년 루이 16세를 처형하고 왕당파를 축출한 공화파가 다시 국민공회에서 혁신적인 체제 변혁을 주장한 자코뱅당과 부르주아의 온건한 이해관계를 대변하는 지롱드당으로 분립하여 노선투쟁을 하면서 자코뱅당은 좌측에 앉은 좌파가 되었고 지롱드당은 우측에 앉은 우파로 인식되었다. 이러한 역사적 기원에 의해 좌파는 흔히 기존 체제의 변화와 관련하여 혁명적이고 급진적인 변화를 추구하는 세력으로, 우파는 기존 체제를 고수하면서 점진적이고 보수적인 변화를 옹호하는 세력으로 이해되고 있다. 이후 자본주의 경제체제가 급속도로 발전하고 사회주의 혁명이 발생하면서 정치적 이념과 함께 경제적 요소가 좌우파를 구별하는 데 중요한 기준이 되기 시작했다. 그리하여 좌파가 평등, 분배, 사회주의, 공산주의, 작은 정부에 호의적이라면, 우파는 자유, 성장, 개인주의, 자본주의에 우호적인 입장을 취하는 것이 상례다.

그러나 사회가 다양해지고 복잡해지면서 좌우의 핵심 의제와 주요 이념적 지향만으로는 국가체제와 사회 구성체의 현실을 설명하기 어려워졌다. 이에 따라 좌우파의 간명한 대립구도는 세포분열을 거듭하면서 다채로운 지형으로 분기하였다. 극우파, 극좌파, 중도파 등의 개념이 좌우 사이의 간격을 메우는 보조 개념으로 생성된 것이다. 좌우의 이념논쟁에 보수와 진보 논쟁이 더해지면서 사안은 한층 더 중층적으로 굴절되었다. 좌파=진보, 우파=보수의 상투적인 등치관계가 성립되지 않는 경우가 생겨났기 때문이다. 가령, 좌파세력이 케케묵은 시절의 이론과 이념체계의 틀에 얽매여 새 시대의 진보적 가치를 수용하지 못하면서 극단적으로 보수적인 수구좌파로 비판을 받기도 한다. 우파세력도 민족주의, 자유주의, 애국심, 노블레스 오블리주 등의 전통적 우파적 이념이나 가치와 무관하게 기득권에 집착하고 타락하여 건전한 보수와 거리가 먼 '수구 꼴통', '천민자본주의의 하수인'이라 비난받는 경우가 많다.

한국사회에서 좌우파 논쟁은 단순히 이념상의 문제에 그치지 않고 남북분단과 동족상잔의 비극이라는 전대미문의 사건과 연루되어 한층 더 심각하고 왜곡된 양상으로 전개되었다. 전쟁의 상흔이 여전히 가시지 않은 현실에서 '좌파=좌익'은 곧 전쟁을 일으킨 '빨갱이' 세력으로 동일시되기에 십상이었다. 따라서 이 말의 감정적 충격은 지난 역사의 가장 고통스러운 기억을 덧나게 하는 정치 조종술적 효과를 동반했다. 여전히 분단체제로 지속되어온 남북관계의 경색국면은 이러한 좌우파 논쟁의 왜곡에 균형추를 상실시키는 대외 환경을 제공하였다. 그래서 신자유주의의 이념에 충실했던 김대중·노무현 정부의 10년은 이들 정부가 기초 사회복지에 조금 신경을 썼고 남북관계의 물꼬를 트며 북한의 독재체제와 소통했다는 이유로 매우 편향된 우파세력들의 정치 공세 속에 좌파정부로 낙인 찍혔다. 또 황색 저널리즘에 물든 몇몇 보수신문들이 툭하면 나팔을 불어대면서 한층 확대되고 심화되었다. 그리하여 여전히 민족의 역사적 비극을 상기시키는 '좌파=빨갱이'의 외상을 이용하는 수법은 수구 퇴행적인 이념의 옹호자들에 의해 보수의 정치적 단결을 촉구하면서 그 반대편의 외곽을 치는 상투적 전술이 되어버렸다. 그 가운데, 가령 서구사회에서 당연히 우파로 인식되는 전교조 집단이 국내에서는 좌파 세력으로 인식되고, 서구에서 우파적인 수준의 복지에도 못 미치는 복지정책들이 국내에서는 매우 좌파적인 요소로 둔갑하여 불온시되고 있다. 분단체제의 역사적 상흔은 이처럼 국내의 이념논쟁에까지 영향을 미치면서 왜곡된 상황을 연출해온 것이다.

이념논쟁의 진로

그러나 21세기 들어서는 이러한 정치공세나 왜곡된 선동전략이 쉽게 먹혀들지 않는 추세이다. 그만큼 정치 민주화 이후 국민의 의식수준이 높아졌고, 그동안 체제유지에 혈안이 된 보수적 정치세력의 농간에 사상적 면역이 강화되었기 때문이다. "새는 좌우의 날개로 난다"라는 말처럼 좌우의 이념적 가치가 나름의 효용성이 있음을 이제 알 만한 사람들은 다 알고 있다. 다만 그것을 어떤 역사적 국면에서 어떻게 배합하고 실천해야 좋을지가 핵심 쟁점이다. 서구정치의 추이에서 볼 수 있는, 대중의 지지를 받기 위한 절충과 타협의 시도들이 좌우파의 극단적 대립 국면을 벗어나려는 증거들이다. 가령 보통선거의 도입, 최저임금 보장, 여성과 아동학대 금지, 노동시간 단축 등과 같은 좌파적 주장을 우파세력이 도입했다. 좌파세력은 대의제 민주주의의 유지와 시장경제의 존중 등과 같은 우파적 가치를 수용하고 있다. 자본주의의 결점을 보완하고 사회주의의 장점을 결합시키는 수정자본주의가 대세를 이루고 있다. 정치적으로도 자유민주주의에 사회주의적 요소를 접목시킨 사회민주주의의 시도가 일부 북유럽 국가들을 중심으로 성공 사례로 꼽히고 있다.

무엇보다 인간의 욕망과 품격에 초점을 맞춰 인문학의 시각으로 투사해볼 때 좌파와 우파의 개념은 대번에 썰렁해지는 느낌이 든다. 인간의 존재란 게 양쪽의 이념과 가치로 간단하게 양분될 수 없는 신묘한 구석이 많다는 걸 인정하지 않을 수 없기 때문이다. 더구나 신학적으로 인간은 하나님의 형상을 닮았다고 하지 않는가. 우주적이고 초월적인 하나님의 형상이 깃든 인간이 아닌가. 인간의 삶의 자리가 얼마나 미세하게 분기하는데 사회적 단면을 물과 기름처럼 갈라 '~주의'라는 이념적 딱지를 붙이는 건 철지난 단견이고 정략의 냄새를 풍기는 경직된 선동이다. 디지털 시대를 맞아 이념의 지형이 복잡다단하게 분기하고 좌우파와 보수·진보의 대립구도를 신물 나게 생각하는 사람들이 엄청나게 늘어났다. 그런데도 여전히 옛 시절의 상처와 향수에 젖은 사람들은 때만 되면 마녀사냥하듯 좌파와 우파를 말하고 사상검증을 입에 담는다. 분단체제가 원죄인 땅에서 사는 업보 정도로 보고 넘기면 되겠지만, 이로 인해 우리의 국가적 에너지가 소모되고 사회의 여론이 분열되는 것은 치명적인 일이다.

더구나 이러한 이념논쟁은 전후세대, 민주화 이후 세대의 젊은 층이 볼 때는 구태의 산물에 지나지 않는다. 지금은 사회에서의 정착과 생존이 워낙 각박한 세태라 젊은 사람들이 보수화되는 경향도 더러 있지만 대체로 그들은 이념논쟁에 미지근한 반응을 보였다. 기성세대는 대체로 보수화된 기존 체제를 견디면서 지키려는 안정 지향적 감각이 우세한 데 비해 신세대는 새로운 사회변화를 주도하면서 기존 체제를 비판하거나 심지어 저주하며 울분을 토로하곤 한다. 이처럼 시대의 흐름에 따라 복잡하게 전개되어온 좌우 이념의 변용 과정은 세대교체와 함께 다양한 반응을 유발하였다. 1960년대 독재의 타도에 앞장섰던 4·19세대, 민주화 운동을 경험한 386/486세대, 금융대란으로 경제파동의 직격탄을 맞은 IMF세대, 그리고 네트워크와 친숙한 N세대 등 지난 몇십 년간 세대의 변천이 정신없이 전개되어왔다. 이에 따라 이념논쟁도 색다른 반응을 낳으면서 세대갈등의 기폭제가 되기도 하였다. 복지에 대한 논쟁이 심화되면서 기성세대가 움켜쥐고 놓지 않으려 하는 연금 등 각종 복지혜택은 결국 후발세대에게 엄청난 부채로 떠넘겨진다는 위협 앞에서 이념논쟁은 세대갈등으로 번지곤 한다. 특히 청년실업이 심각해지고 '88만 원 세대'라는 말처럼 최저생계비에 못 미치는 아르바이트에 청춘을 바쳐야 하는 열악한 환경에서 젊은 세대의 분노는 비리와 부정의 담합 속에 타락하는 수구적인 기성세대를 향해 폭발 직전에 다다랐다. 2011년 가장 뜨거운 뉴스였던 반값등록금 시위는 젊은이들의 절망과 탄식이 교육당국자를 비롯한 기성세대의 탐욕에 활시위를 당긴 일인 듯 보인다.

그렇다면 이념의 분쟁이 뜨겁지 않던 2000년 전 예수의 시선을 끌어들이면 어떠할까. 이념분쟁과 세대갈등의 현장에서 예수의 사상은 어디쯤 배치될 수 있을까. 좌우파의 이분법이 성글어 예수가 어느 쪽에도 만족스럽게 배치될 수 없다면 그가 지향한 좌우를 넘어선 신학적 이념형은 대체 무엇이었을까. 나아가 오늘날 예수를 믿고 따르는 이들은 좌우의 이념논쟁과 세대갈등 속에서 어떻게 예수의 신학적 이념을 체득하고 구현할 수 있을까. 2000년의 시간을 뛰어넘는 이 여정에서 예수의 사상은 역사적 제약의 한계에서 자유롭지 못할 것이다. 그러나 그 당시에도 서로 다른 사상의 대립과 정치적 지향의 차이에 따른 이념이 있었고 세대 간의 긴장과 갈등은 있었다. 예수는 그 차이의 긴장과 갈등의 숲을 어떤 자세와 믿음으로 헤쳐나갔을까.

좌파 예수의 우파적 관용과 여유

성서에도 좌와 우가 나온다. 신명기와 여호수아 등에 나오는 "좌로나 우로나 치우치지 말라"(신 2:27; 5:32; 17:11; 17:20; 28:14; 수 1:7; 23:6)는 표현은 출애굽의 행로에서 곁길로 빠지지 않고 반듯하게 대로를 따라 직진하는 행진, 야훼 하나님을 섬기거나 그의 말씀을 올곧게 준행하는 신실한 태도, 재판에 임하여 정의로운 판결을 내리는 것 등을 맥락으로 삼고 있다. 이는 왕조 시대에 들어서 다윗의 신앙적 모범을 따라 오로지 하나님을 경외하는 일관된 자세로 범사에 올바르게 행한다는 의미로 유통되었다(대하 34:2). 이 '좌우'의 수사는 마침내 제 삶의 도의적 기준을 세워 악에 물들지 않고 선을 추구하는 이치를 명제화한 잠언으로 굳어져 다음과 같이 제시된다. "좌로나 우로나 치우치지 말고 네 발을 악에서 떠나게 하라"(잠 4:27). 구약성서에 나오는 좌우의 언급은 어떤 정치경제적 이념과 무관하게 하나님이나 율법과의 관계에서 얼마나 일관된 신실함을 보였는지, 또 개인적·사회적 인간관계에서 얼마나 공의로운 삶의 행실과 절도 있는 기품을 보였는지를 가늠하는 기준으로 사용된다. 그러니까 구약성서의 좌우 개념은 치우치거나 어긋나는 것을 가리킨다. 다시 말해 이는 반듯한 것과 비교하여 왜곡되고 굴절된 것을 뜻한다.

그렇다면 좌우로 크게 치우쳐져 있는 상태에서 올바르게 균형을 유지하려면 어떻게 해야 하는 것일까. 가령, 대로를 따라 행진하다가 오른쪽으로 치우쳐 이탈하게 되었으면 당연히 왼쪽으로 방향을 돌려야 할 것이고, 그 반대의 경우도 마찬가지다. 이러한 관점에서 본다면 예수는 오늘날 좌우 이념논쟁의 기준으로 볼 때 명백히 좌파에 가까웠다고 볼 수 있다. 근대국가의 민주주의 이념과 시민적 자유의 개념이 형성되기 이전의 로마제국은 제왕의 권력을 정점으로 모든 신민이 복종하는 구조였다. 거기에는 제도화된 자유도 평등도 없었다. 그 경제체제는 자본주의도 사회주의도 아니었으며, 다만 왕권을 중심으로 한 국가체제의 존속을 위해 모든 경제적·군사적 힘이 충당되어야 했다. 팔레스타인의 식민체제 역시 이런 거대한 국가체제의 하부기관으로 운영되었다. 거기서도 기득권을 쥔 소수의 세력이—이를테면 분봉왕 체제의 헤롯당 일가, 로마총독부, 성전권력을 독점한 대제사장들과 그 주변의 종교지도자들이—다수의 백성 위에 군림하며 호령하는 체제가 들어섰다. 그것은 뭇 생명이 하나님의 형상으로 지음 받은 고귀한 존재라는 창조의 섭리와 한 생명이 천하보다 귀하다는 하나님의 공의와는 매우 다른 편향된 체제였다. 몇 개의 높은 봉우리 밑으로 깔린 축축한 음지와 푹 꺼진 골짜기의 지형처럼 기존의 체제를 보수하려는 소수의 권력층이 있고 그 아래에서 신음하는 다수의 민중이 고된 노역에 종사하는 형편이었던 것이다. 그것은 보수체제의 우파적 독재가 횡행하는 극도로 치우친 하극상의 아수라장이었다고 할 수 있다. 하나님의 권위를 대신한다고 하나님 행세를 하던 무리들이 스스로 특권을 누리며 호의호식하는 상황은 정상적 우파로도 건전한 보수로도 이름 붙일 수 없었다. 아마도 당시의 세태는 기득권의 횡포가 압도적이었을 것으로 조망된다.

이러한 이념 구도에서 하나님의 뜻을 실행하려던 예수가 급진적인 좌파의 이념을 실행한 것은 지극히 정상적인 균형감각이었다. 세례 요한의 메시아 예언대로 예수는 높은 봉우리를 깎아내고 낮은 골짜기를 돋우어 평탄한 대로를 만드는 식으로 대동세상을 위한 사역에 하나님 나라의 기치를 내걸었다. 그래서 예수의 복음이 가는 곳에는 부자가 빈손으로 돌려보내지거나 화를 받게 될 종말론적 미래가 선포되고, 가난한 자를 복되다며 위로하는 메시지가 선포되었다. 주의 성령이 임하여 개진하게 될 메시아 사역의 핵심은 희년의 기쁨을 목적으로 가난한 자, 눈이 먼 자, 그리고 포로된 자를 구원하는 일이었다(눅 4:17-19). 실제로 그가 가는 곳에는 사회의 변두리에 소외층으로 전전하거나 토지소산이 없는 극빈층으로 전락하여 유리하는 사람들이 몰려들었다. 그 자리에서 예수는 그들의 병든 몸과 정신을 회복시키며 삶의 무지와 무감각에서 해방시키기 위해 계몽과 교육에 힘썼고, 굶주린 사람들을 먹이는 일에도 열심을 냈다. 반면 그는 헤롯당과 사두개파, 대제사장 그룹, 바리새파와 서기관 등 당시 기득권이었던 지배층과는 철저하게 불화했다. 그들은 대체로 예수가 선포한 화를 받아야 할 무리들이었다. 결국 그들은 예수를 죽이려는 음모를 꾸미고 이를 실현함으로써 하나님 나라의 명분과 상극으로 서 있었다.

예수는 하나님 나라의 복음을 전하러 나가는 제자들을 향해 "거저 받았으니 거저 주라"(마 10:8)라고 무상의 복음을 강조했다. 그렇게 거저 분배하는 복음에는 영적인 능력뿐 아니라 한 생명을 총체적으로 회복시키는 물질적·정신적 재원이 모두 포함되어 있었다. 예수가 이야기한 포도원 품꾼의 비유(마 20:1-16)에서 주인은 일꾼들의 노동시간이 각기 달랐음에도 동등한 품삯을 지불한다. 애당초 일을 시작하기 전부터 한 데나리온의 품삯을 약속했다가 시간을 다 채우지 못한 자에게도 한 데나리온을 지불했다면 그보다 훨씬 앞서 들어와 일한 자들에게는 어느 정도 더 보상해주는 것이 자본주의와 사회주의의 경제상식에 맞을 것이다. 설사 공산주의가 더 급진적인 경제이념이라 할지라도 이 주인의 행위를 탄력적인 공산주의의 발상이라고 보기 어렵다. 그런데 그는 자본주의의 뿌리를 드러낸 상태에서 사회주의의 온당한 이념적 기준보다 더 급진적인 방식으로 노동과 함께 노동을 넘어서는 해방의 복음을 전한 것이다.

이렇듯, 예수는 철저히 나눠주는 방식으로 좌파적 급진성을 체질화하였다. 그는 영생에 관심이 있는 부자에게도 그의 재산을 팔아 가난한 자에게 나눠주고 자신을 따르라고 했을 정도로 종말론적 신념에 근거한 분배의 의지가 확고했다. 평등한 인간대접과 분배의 열정이 지극한 경지에 다다른 때에 예수는 심지어 몸과 피까지 다 내어놓는 대속제물을 자처하면서 자신의 목숨까지 분배했다. 그 희생은 자신을 핍박하고 죽이는 사람까지 불쌍히 여기는 차원에서 우파적 관용과 여유로써 하나님의 보편적 사랑을 구현하였다. 그 포용적 여유의 연장선상에서 예수는 '보수'의 특징을 엿보이는 행보를 보이기도 했다. 가령, 그는 유대교의 전통적 가치규범을 무시하지 않았으며, 토라의 권위를 존중하여 그 일점일획의 섬세한 실현을 전망했다.

한편 예수는 유대인의 선민적 위치가 이방인과 구별되는 지점에 있다는 보수적 입장을 수용함으로써 스스로 유대인의 정체를 숨기지 않았다. 달란트 비유(마 25:14-30)에서 보듯, 그를 대변하는 이야기 속 주인은 집 재산을 맡기면서 종들에게 각기 다섯 달란트, 두 달란트, 한 달란트로 차등적 대우를 했다. 이로써 예수는 달란트로 장사를 하거나 은행에 맡겨 이윤을 남기는 식의 경쟁적 투자 행위를 성실한 인간의 노력이란 차원에서 수긍한다. 아울러, 주인은 종들이 보인 공로의 대가에 대해 '착하고 충성된 종'과 '악하고 게으른 종'을 엄격히 구별하고 차등적인 대우로 보상한다. 그는 여성과 어린아이같이 사회적 약자의 생명을 극진하게 사랑하고 보듬어주는 등 좌파적 인권의 감수성을 보여주었다. 그러면서도 다른 한편으로 삭개오와 일부 서기관이나 바리새인까지 폭넓게 접촉하였다. 이와 같이 예수는 그들의 위상에 담긴 사회적 기득권 자체를 타박하지 않고 포용하거나 인정하는 관대한 우파적 소통의 자세를 견지하였다. 예수의 정체를 굳이 좌파로 분류하더라도 이는 경직된 파당의 논리가 아니라 탄력적인 하나님 나라의 운용방식으로 보인다. 이런 점에서 형세에 임하여 좌우를 아우르며 조정해나가는 예수의 특이한 탄력적 행보가 포착된다.

세대논쟁의 해법

예수가 이처럼 좌파적으로 진보의 가치를 섬기고 급진적인 체제 저항의 캠페인에 나선 것은 아마도 그의 나이와 무관하지 않았을 것이다. 예수는 30세의 나이에 공생애에 나섰고, 기존 체제의 핵심 주역들은 이미 노화한 기성세대였다. 예수는 새로운 바람을 일으키며 기존의 지도자들과는 다른 권위로 말하고 행동하였으니 보기에 따라 어느 정도 신세대 같은 분위기를 풍겼을 것이다. 그러나 예수가 이해한 세대의 차이는 개인의 신체적 나이나 집단의 소속과 상관없이 하나님의 종말론적 구원을 기준으로 구별되었다. 복음서에는 예수의 '이 세대' 비판이라고 특정할 만한 일관된 종말론적 어록들이 나온다.

예수의 눈에 비친 '이 세대'는 하나님을 시험하며 표적을 구하는 불신의 세대이고 폭력과 죄악이 가득 찬 심판받을 세대다. '세대'로 번역된 헬라어, '아이온'(*aiōn*)은 더 정확하게 보면 하나님 나라가 임하여 그의 뜻이 이루어지는 기점을 중심으로 갈라지는 특정한 '시대'이다. 따라서 예수가 비판한 '이 세대'는 하나님 나라가 충분히 실현되기 이전의 점이지대로서 빛과 어둠의 싸움이 벌어지는 갈등과 시련의 때이다. 구약의 많은 선지자들이 전망한 대로 예수도 '주의 날'이 임할 앞으로 다가올 시대는 그러한 어두운 세대의 문제와 상관없이 자유로운 구원의 날이 되리라고 전망했다. 예수가 이 땅을 떠난 이후에는 그의 재림과 함께 후천개벽의 새로운 날이 도래하리라는 확신이 이어지고 있다.

오늘날의 세대논쟁은 이러한 우주론적 규모에서 종말론적 논조를 머금고 진행되기보다 불우하게도 현실적 생존의 각박한 다툼 속에 전개되어왔다고 볼 수 있다. 간단히 말해 신구세대 간의 인정투쟁과 상호견제가 기본 틀을 형성하고 있는 것이다. 기성세대는 젊은 세대를 가리켜 예의 없고 이기적이라고 타박한다. 반면 젊은 세대는 본능과 탐욕으로 똘똘 뭉친 현행체제를 지키려는 기성세대의 진부한 타성과 인습적 행태에 진저리를 친다. 이는 오랫동안 반복되는 회귀적 패턴의 재현일 뿐이다. 오랜 역사를 자랑하는 고대 이집트의 문자 유물인 5000년 전쯤의 로제타석에도 "요즘 젊은 것들은 버릇이 없다"는 문구가 새겨져 있다. 주전 196년의 기록에도 같은 문구가 발견되었다. 이렇듯 인류는 누구나 격세유전으로 버릇없는 젊은 세대가 되었다가 다시 그 버릇없는 세대를 낙인찍는 모순적 순환을 계속해왔던 것이다. 그것은 저 스스로 유리한 자리에 앉아 유리한 명분을 독점하면서 못된 젊은이와 늙은이를 양산하는 이상한 체계의 산물이다.

예수는 '이 세대' 비판의 한구석에서 장터의 어린아이들이 혼인식과 장례식 놀이 중 부른 노래가사를 인용하여 편 가르기 세태를 꼬집은 바 있다. 그 가사는 "우리가 너희를 향하여 피리를 불어도 너희가 춤추지 않고 우리가 슬피 울어도 너희가 가슴을 치지 아니하였다"(마 11:17)이다. 예수가 이 비유를 든 것은 기성세대의 종교지도자들이 세례 요한과 예수를 서로 다른 잣대로 정죄하면서 아전인수 식의 기준을 들이댄 모순을 지적하고자 함이었다. 세례 요한은 금식을 생활화하는 금욕적인 사역자였고, 예수는 사람들과 더불어 먹고 마시는 걸 즐기는 향유지향적인 사역을 추구하였다. 그런데 이들의 하나님 나라 운동에 위협을 느낀 종교지도자들은 예수의 기준으로 세례 요한을 정죄하면서 귀신에 들렸다고 매도했다. 또 예수를 향해서는 세례 요한의 기준으로 비방하면서 "포도주를 즐기는 사람이요 세리와 죄인의 친구"라며 비아냥거렸다. 이는 마치 혼인식과 장례식 놀이에서 피리를 불고 먼저 애곡하는 주역을 맡은 자들이 유리한 위치에서 어린아이들에게 자기들을 따라 반응하지 않는다고 나무라는 유치한 장난과 비슷하다는 것이다. 여기서 해석의 관건은 피리소리와 상주의 애곡에 대한 조역 아이들의 반응 여부보다 주역을 먼저 독점한 아이들이 자기들을 따라오라며 재촉하는 무례한 억압과 원성에 있다. 이런 자기중심적 방식으로 구세대가 신세대를 핍박하는 행태야말로 예수가 탄식한 '이 시대'의 전형적인 모순이었다.

이러한 당시 기득권자들의 행태는 아무리 잘해도 트집을 잡고 흠집을 내는 버릇의 원조 격이라 할 만하다. 자신이 구세대로 밀렸든, 신세대로 등장했든, 그 자리에서 '주의 날'이 임하는 하나님 나라의 기준대로 행하면서 선한 일을 도모하여 주변에 유익을 끼치는 것이 바람직한 일이다. 금식하느냐, 잘 먹고 잘 마시느냐와는 상관없다. 그런데도 세대의식에 치우쳐 역지사지를 못하는 자들은 독점적 기득권에 매몰되어 자기를 낮추고 비워 선한 일로 다른 사람을 유익하게 하지도 못하면서 타인의 선행에 흠집을 내고 트집 잡기에 바쁘다. 예수 당시의 바리새인들과 서기관들은 이처럼 세례 요한과 예수를 각기 다른 잣대로 매도하며 깎아내리기에 여념이 없었다. 그래야만 자기들의 기득권이 보존되고 기성세대의 현행체제가 지속될 수 있을 것이라고 생각한 까닭이었다.

박원순 서울시장은 후보 시절부터 화제의 인물이었다. 시민운동가 출신인 그는 변호사로 어렵지 않게 기득권 세대에 편입되어 잘살 수 있었지만, 모든 것을 내려놓고 남이 가지 않는 험난한 길을 걸어왔다. 돈 버는 일과 무관한 시민단체 창설과 발전에 기여했고, 이후 아름다운재단과 희망제작소 등을 만들어 가난한 사람들을 위한 구호활동에 진력했다. 그런데 그가 시장 선거에 출마하자 성희롱 발언 추문으로 일찌감치 국회에서 쫓겨났어야 마땅한 모 의원은 왜 재벌을 감시해야 할 사람이 재벌에게서 기부금을 받았느냐며 큰소리친다. 한때 참여연대에서 함께 일했던 동지애는 잊어버리고 정황을 파악하지도 않은 채 흠집을 내기 위한 악의적인 폭로전으로 기세를 부리는 것이었다. 발언의 당사자는 차떼기까지 하면서 재벌에게서 가장 많은 돈을 뜯어낸 정당의 의원이 아닌가. 사익이나 파당의 이익을 도모하기 위해 여기저기에서 냄새나는 자금을 받아내는 자들이 다수의 국회의원 아닌가. 그것도 막가파식 발언을 일삼는 사람이 의원의 직함을 내세워 제 들보는 보지 못하고 남의 티끌을 찾아내는 데 혈안이 되는 이러한 행태를 예수는 미리 파악하셨던 모양이다. 그는 "지혜는 그 행한 일로 인하여 옳다 함을 얻느니라"(마 11:19)라고 말했다. 타인의 선행과 의로운 일을 모순되고 악의적인 기준으로 트집을 잡거나 흠집을 내지 말고 분수껏 할 수 있는 만큼 착하고 옳은 일을 행하라는 것이다. 그것이 이 세대와 다음 세대가 서로 부당하게 간섭하거나 원망하지 않고 갈등과 불화를 최소화하는 지혜의 길이다.

샬롬 천국을 위하여

대개 바꿀 수 없는 것들은 바꿀 필요가 없다. 누가 특정 세대가 되는 것은 원하는 바와 무관하게 시간이 만들어놓은 현실이다. 누가 어떤 이념을 지향하는 것도 역사 속에서 필연적인 내막이 있게 마련이다. 따라서 중요한 것은 이념과 세대의 자리에서 건실한 가치를 키우면서 다른 이들과의 차이를 존중하고 그 차이로부터 배우며 자신의 한계를 넘어서고자 하는 개방성이다. 개방적 소통이야말로 세대논쟁과 이념갈등을 단순화시키는 모범답안이다. 먼저 예수의 모범을 배우려면 그리스도인들은 이 땅의 현실이 지금의 모양으로 나타나기까지 거쳐온 지난 세월의 공동체적 삶에 대한 치밀한 역사의식이 필요하다. 지난 역사로 인해 대다수의 평민이 복되고 태평스럽게 잘살고 있다면, 우리는 좌파든 우파든 그 전통적인 미덕과 가치를 살려 한 가지라도 넉넉한 열매를 맺으면 된다. 그러나 지금처럼 치우치고 왜곡된 이념의 지형과 세대 간의 갈등을 풀기 위해서라면 우리는 예수처럼 낮은 곳으로 임하여 균형을 회복하는 일에 주력할 필요가 있다.

우리는 좌우로 치우치지 말라는 성서의 교훈을 이념의 맥락에 안이하게 치환시키는 문자주의의 무지를 범하지 말아야 한다. 사위로 들리는 소문을 아무리 확인해보아도 아직 이 땅은 하나님 나라가 임한 태평스러운 삶과는 거리가 멀다. 차라리 예수가 비판한 '이 세대'의 특징에 가깝게 비견되는 현실이다. 세계 15위 경제대국이란 지표가 무색하게도 대한민국의 불평등과 부자유는 이념을 공소하게 만들 만큼 위태로운 지경으로 전락하고 있다. 국민 10%가 국부 75%를 포식하고 있고, 국민 10%가 사유지 86%를 독점하고 있다. 정신질환자가 278만명을 상회하고 교통사고와 후천성 산재로 신체장애자가 된 자들도 215만 명에 이른다. 도박중독자는 360만 명에 달하고, 매춘부는 120만 명, 절대빈곤 아동은 100만 명, 결식 미성년자는 60만 명, 가출 청소년은 50만 명, 주민등록 말소자는 60만 명, 교도소 수감자 10만 명, 신용불량자가 380만 명, 잠재적 신용불량자는 400만 명이나 된다. 무엇보다 요즘 우리 사회의 중추를 휘청거리게 하는 비정규직 노동자가 850만 명이라는 통계는 예수의 좌파 사실을 역사적 필연으로 만든다.

이러한 예수 좌파의 확산을 위한 시대적 요청은 우파의 영역을 도려내기 위한 것이 아니라 하나님의 샬롬을 구현하기 위한 것이다. 메시아 예수의 방식대로 높은 봉우리를 깎아내고 깊이 꺼진 골짜기를 돋우어 하나님의 대로를 평탄하게 하기 위한 종말론적 과제다. 아무리 뒤집어보아도 소수의 특권층이 잘 살고 다수의 서민이 고통스러워하는 세상은 하나님의 샬롬과 무관하다. 하나님 나라는 꼴찌가 첫째 되고 첫째가 꼴찌가 되는 세상이다. 그러한 세상은 물리적인 강압이나 폭력으로 만드는 것이 아니라 하나님의 뜻에 감화한 자들이 자발적으로 동역할 때 가능해진다. 하나님의 샬롬은 어그러짐 없이 연결된 둥근 상생의 체계다.

그런데 그 체계는 에누리 없는 완벽한 고체라기보다 온전해지길 꿈꾸는 액체와 기체같이 흐르고 넘친다. 성령의 바람이 불어오면 개인의 심리에만 변동이 생기는 것이 아니라 사회경제 구조와 나라가 뒤집어지는 게 마땅하다. 우리나라와 이 세대가 아직 그런 전기를 맞지 못한 후진적인 구태를 반복하는 데에는 성령의 바람이 아직 미진하거나 우리가 구한 성령의 바람이 번지수가 잘못되었기 때문일 것이다. 그러므로 좌로도 우로도 불어대는 바람인 성령은 잘못이 없다. 다만 제 몫에 밀착하여 교조적 이념의 거대한 골조만으로 본질을 놓치는 우리의 경직된 심성이 문제다. 그렇게 뭉친 집단욕망이 고착화해놓은 편향된 체제와 구조가 문제다. 서로 밀려가는 세대 간에 긍휼히 여기는 마음과 너그러운 소통 의욕이 없이는 서로의 잣대로 증오하고 멸시하는 버릇이 병이 된다. 그러다가 자기 하는 대로 따라하지 않는다며 남의 인격을 비방하며 헐뜯는 바람잡이들을 우리는 너무 많이 보아왔다. 우리 사회는 자기 이념과 체계, 자기가 속한 종교와 삶의 방식에 복종하지 않는다며 선한 것과 유익한 일까지 매도하고 흠집 내려는 파렴치한을 너무 많이 키워냈다. 이제 예수의 이름으로 청소할 때가 되었다.

03

예수, 남북의 하나 됨을 말하다

우리의 소원은 통일

초등학교 때부터 즐겨 부르던 노래 중에 "우리의 소원은 통일"이란 곡이 있다. 동요로 알고 불렀고, 또 음악 책에도 나와 있어 불렀던 것 같다. 그런데 여전히 이 노래가 불리고 있으니 아직도 통일이 안 되어 소원의 성취가 유보되고 있는 것이다. 1970년대는 박정희 독재정권이 냉전의 분위기를 강화하던 때였으니 통일은 국민의 잃어버린 꿈을 달래는 정치적 구호로 통용되었는지 모르겠다. 물론 7.4 공동성명(1972년 7월 4일) 등 일부 소통의 성과가 있긴 했다. 하지만 틈만 나면 터지는 북한의 도발로 지속적인 남북관계 개선으로 이어지지는 못했다. 남북의 정치적 주도권을 잡은 세력과 당국의 대중여론 조작 차원에서 통일은 들쭉날쭉 파행을 겪어온 것이다. 김대중 정부에서 정상회담(2000년 6월 13-15일)이 성사되면서 "우리의 소원은 통일"은 다시 살아났다. 당시 엄청난 통일 열기를 담은 언론보도에 비춰보건대 바야흐로 통일이 이루어지고 있는 듯했다. 그

어간에 정주영 현대그룹 회장의 소 떼 방북이 있었고(1999년 6월 16일), 그 이전에 노태우 정부의 북방외교정책에 이어진 결실로 남북기본합의서(1991년 12월 13일)가 징검다리 역할을 했다. 김대중 정부를 계승한 노무현 정부에서도 또 다른 남북정상회담(2007년 10월 2-4일)으로 서해안 공동개발 등 훌륭한 합의를 이끌어냈지만 이후 정권이 바뀜에 따라 회담의 성과는 흐지부지되고 말았다.

이명박 정부는 이전에 진전된 남북관계의 성과를 전부 원점으로 되돌리면서 최악의 불통 상황을 맞고 있다. 그 결정적인 계기는 북한의 지속적인 핵실험이었다. 동시에 남한의 군사작전에 실질적인 통제권을 지닌 미국과의 관계가 개선되지 못함으로 인해 발생하는 상호 간 불신의 장벽이 높은 탓도 있었다. 남북관계 전환의 상징적 보루였던 금강산 관광사업도 남한의 한 주민이 관광하러 갔다가 총에 맞아 죽는 사건이 발생한 뒤 닫힌 지 오래되었다. 결국 북한은 현대에서 투자한 온갖 시설을 동결, 폐쇄, 압수하는 일방적인 조치를 취했고, 남한 당국은 수수방관할 수밖에 없는 처지로 내몰리고 있다. 이와 함께 단호한 원칙을 내걸고 북한을 대내외적으로 압박하던 남한 정부의 정책은 북한의 천안함 피격사태와 연평도 포격사건으로 이어졌다. 남북관계 개선을 위해 이명박 정부가 애당초 내건 전제조건은 핵실험 중단과 핵시설 폐기였고, 천안함 사태 이후에는 북한의 도발 인정과 사과가 추가되었다.

이렇게 치고받으면서 한쪽의 부정적인 태도는 다른 한쪽의 부정적인 응답으로 이어졌다. 그러면서 남북관계 자체는 더욱 동결되고 또 배타적인 분위기로 악화되었다. 남한 정부는 5년이라는 한시적인 정권 내에 뭔가 보여줄 실질적인 성과도 없이 헛된 원칙의 구호로 큰소리만 친 격이 되었다. 또한 남한과의 협력체계를 상실한 북한도 심화된 경제난 앞에서 더욱 무리한 강수를 연발하면서 실속을 잃었다. 정치적 변수와 경제적 현실이 맞물리면서 급진적인 소통이 이루어지지 않을까 하는 기대가 없는 것은 아니다. 하지만 북한의 정치 리더십 교체로 인한 정치세력 변화와 남한 사회의 이념갈등, 그리고 만만찮은 국제정세에 둘러싸인 한반도의 관계개선과 통일에 대한 전망이 막막해진 것만은 사실이다.

이명박 대통령은 데살로니가전서의 어투를 빌어 언젠가 통일이 도둑처럼 갑자기 온다며, 북한 정권의 붕괴에 이어지는 종말론적 파국의 상황에 통일을 빗대어 이해했다. 이는 꽉 막힌 남북관계를 종말론적 열망에 기대어 달래고 자위하는 것처럼 여겨질 뿐이다. 여기에 과거 남북화해 분위기 조성에 앞장섰던 한 인사가 통일은 그렇게 아무 준비도 없이 갑자기 오지 않는다고 반박했다.

우리 민족의 숙원인 통일은 내가 초등학교에 다니던 1970년대부터 내 나이 이제 50을 바라보는 21세기에 이르기까지 숱하게 꼬이고 엉켜왔다. 2012년은 1948년 외세의 개입으로 남북이 갈린 지 63년 되고, 1953년 동족상잔의 전쟁을 치르고 휴전을 치른 뒤 58년 된 시점이다. 거의 두 세대가 바뀌고서도 통일은 갈 길 아득한 숲을 헤매고 있다. 이제와서 분단의 빌미를 제공한 36년 동안의 일본 식민주의를 아무리 욕해도 지난 과거를 돌이킬 수는 없다. 해방 이후 분단을 부채질한 미국과 소련의 개입을 아무리 원망해봐도 가장 큰 책임은 역사 속에서 민족의 운명에 무기력했던 우리에게 있음을 부인할 수 없다. 그러면 그 책임을 각자 떠안고 갈라진 상처를 싸매고 회복하는 것이 급선무다. 그런데 정권을 잡은 자들은 그들 나름의 탐욕으로, 일반 백성은 권력의 체계에 순치된 무사안일의 자폐적 고락 속에서 긴 분단 세월의 비극을 묵인하며 여기까지 온 것이다.

그동안 교회별, 교단별 차원에서, 또 대규모 연합집회의 자리에서 통일을 기원하는 성도들의 숱한 간구가 있었음에도 하나님의 화끈한 응답은 아직 나타나지 않고 있다. 그토록 오래 기다려도 통일은커녕 갈지자걸음의 파행을 거듭해온 현실 속에서 하나님은 우리에게 무엇보다 통일에 합당한 백성으로 거듭날 것을 먼저 요청하시는 듯싶다. 남북이 통일되기 전에 먼저 너희 식구와 교회의 통일, 교단 간 통일, 동서지역주의의 벽을 넘어서는 통일이라도 이루어보라고 주문하시는 듯하다. 이처럼 하나 됨의 과제는 여전히 지극하다. 예수라면 어떻게 하실까. 예수가 한 민족의 역사적 숙원에 볼모가 될 수는 없는 노릇이다. 또 우리의 기독교 신앙이 민족주의의 한계 내에 머물 수도 없다. 그래도 세계사에 유례없는 기나긴 남북분단의 고통을 구원론적 차원에서 외면하지 않는다면 뭔가 상쾌한 비법을 가르쳐줄 법도 하지 않은가.

예수가 예루살렘으로 간 까닭은?

남북문제와 통일문제는 이제 더 이상 정치적인 차원의 문제만은 아니다. 그것은 이산가족 상봉의 문제만도 아니다. 통일이 휴전선을 제거하는 것만으로 달성되는 목표도 아닐 것이다. 평화회담의 외교적 겉치레와 성명서 한두 건만으로 해소될 수 있는 과제도 아닌 것 같다. 하나님 나라가 확실히 임해야 풀릴 수 있는 문제다. 하나님 나라의 주역 예수는 남북의 지도자들과 백성에게 무슨 말씀을 하고, 어떤 도전적인 주문을 던질 수 있을까.

예수가 살던 1세기의 팔레스타인 땅은 헤롯 대왕의 사후 네 쪽으로 갈라져 그의 자손들이 분봉왕(Tetrarch)으로 임명되어 다스리게 되었다. 먼저 유대와 사마리아 지역의 두 군데 영토는 헤롯 아켈라오(주후 4-6년)에 의해 잠시 다스려졌다. 그의 폭정으로 백성이 로마당국에 탄원한 것이 계기가 되어 쫓겨난 뒤에는 아그립바 1세가 다시 이 지역의 통치권을 회복할 때까지(주후 37-44년) 이 지역은 로마의 수리아 총독 구레뇨에 의해 다스려졌다(눅 2:2). 그런가 하면 헤롯 대왕과 그의 사마리아인 아내 말타스 사이에 태어난 헤롯 안티파스는 갈릴리와 베뢰아(요단과 사해 동편 지역)를 맡아 통치하였다. 나머지 한쪽의 영토인 갈릴리 호수 동북쪽, 데가볼리 동북쪽 지역인 이두레와 드라고닛 지역(눅 3:1)의 분봉왕으로 임명되어 통치한 사람은 헤롯 빌립 2세였다. 그는 헤롯 대왕의 다섯 번째 부인 클레오파트라에게서 태어난 아들인데 예수와는 관계된 것이 없었고 헤롯 가문에서 가장 존경받는 인물로 알려져 있다. 이렇게 네 동강으로 갈라져 있던 팔레스타인을 예수는 자신의 공생애 기간 동안 열심히 돌아다니면서 복음을 전파하였다. 이 지역은 모두 로마의 지배에 의해 나눠진 채 각기 다른 정치적 주체에 의해 다스림을 받았지만, 예수의 하나님 나라 관점에서 그들의 실질적인 통치자는 헤롯 가문의 분봉왕들이 아니었고 본디오 빌라도 총독도 아니었다. 오로지 하나님만이 유일하게, 인위적이고 정략적인 경계를 넘어 언약의 땅을 다스릴 수 있는 왕이었다. 예수가 하나님 나라의 복음을 전파하면서 당시의 이러한 배타적 영토의 경계에 묶이지 않고 통일적인 행보를 하게 된 데에는 유대교의 언약 전통에 잇닿은 그의 신학적 비전이 작용하였을 것으로 보인다.

예수는 나사렛에서 갈릴리 호숫가의 가버나움으로 이사 온 이래 제자들을 뽑고 하나님 나라의 복음사역에 임하면서 헤롯 안티파스의 통치 지역인 갈릴리 일대를 주로 돌아다니면서 활동하였다. 구약성서의 예언에 의하면 이 지역은 이방인의 압제가 머무는 암흑의 땅이었다. 예수는 소외된 갈릴리에 빛으로 임하여 죽음의 환경에 처한 수많은 사람들에게 생명의 빛을 비췄다. 이와 같은 하나님 나라의 사역을 실천하면서 예수의 동선은 갈릴리 호수를 중심으로 경계를 가로지르는 활달한 행보로 이어졌다. 그는 단순히 유대인과 유대교의 범위 안에 머물지 않았다. 예수는 갈릴리 동편에 데가볼리로 들어가 이방인들과도 접촉하였고, 북서쪽으로는 페니키아 영토인 두로와 시돈까지 올라가 그 지역의 사람들에게 복음을 전했다. 로마황제의 영광이 깃든 빌립보 가이사랴에 이르러서는 베드로의 고백을 통해 이 땅의 통치 질서를 넘어 만민을 구원할 하나님의 아들과 메시아로서의 정체를 드러내기도 하였다. 또한 그는 사마리아의 우물가에서 남편을 여섯 번이나 바꾸어가면서 기구한 인생을 살아온 여인과의 대화를 통해 그 일대에 복음화의 씨를 뿌리기도 하였다. 예수에게 사마리아와 그 지역민은 더 이상 이류 백성이 아니었다. 강도 만나 초죽음이 된 사람을 구해준 선한 사마리아인의 비유가 대표적 증거다. 이렇듯, 예수는 낯선 타자의 선행이 어떻게 좋은 이웃의 기준이 될 수 있는지 교훈하면서 하나님 나라의 소통적이며 통일 지향적인 비전을 설파하였다.

예수의 개방적인 활동과 율법의 문자적 규례에 얽매이지 않는 담대한 행보는 당시 유대교의 종교적 기득권자들에게 거친 반발을 샀다. 바리새인과 서기관, 사두개인과 헤롯당 사람들, 특히 예루살렘 성전의 종교권력자인 대제사장 집단과의 갈등은 마침내 예수를 죽음의 위협으로 몰아넣기에 이르렀다. 그런데 예수는 사역 마지막, 유월절 즈음하여 희망의 땅 갈릴리를 떠나 예루살렘으로 발길을 옮겼다. 이는 자기의 몸을 사지로 내모는 무모한 선택이었다. 예루살렘에는 예수에게 우호적인 후원자들도 있었지만 동시에 적대자들이 우글거리는 사지와 다를 바 없었다. 그럼에도 그는 예루살렘으로 내려갔다. 그

곳에서도 여러 사람과 만나면서 논쟁을 벌이거나 가르침을 베풀었다. 치유사역도 이어졌다. 성전이 강도의 소굴로 전락한 것에 분개하면서 성전을 정화하는 상징적 행동과 함께 그곳의 담당 세력들을 뒤집어지게 하는 일대의 소동도 벌이게 되었다.

어느 날 예수는 성전과 예루살렘 도성을 모두 내려다볼 수 있는 곳에서 통곡하는 심정으로 탄식했다. "예루살렘아 예루살렘아 선지자들을 죽이고 네게 파송된 자들을 돌로 치는 자여 암탉이 그 새끼를 날개 아래에 모음 같이 내가 네 자녀를 모으려 한 일이 몇 번이더냐. 그러나 너희가 원하지 아니하였도다"(마 23:37). 예수는 암탉이 병아리 새끼를 품는 심정으로 예루살렘으로 내려간 것이었다. 찢기고 상한 약속의 땅에 목자 없이 헤매는 백성을 품에 안고자 하는 모성적 온정의 발로였다. 예수는 그렇게 이스라엘 백성의 하나 됨과 나아가 온 인류의 하나 됨을 위해 십자가를 졌다. 그의 십자가는 단순히 하늘과 땅의 단절을 이어주는 수직적 소통의 관계를 표상할 뿐 아니라 이 땅에 분열된 사람들을 하나로 이어주는 수평적 평화의 갈망을 지시한다. 예수는 그 소원을 말로만 외치지 않았다. 거창한 이념이나 일시적인 구호의 차원에 하나 됨의 비전을 의탁하지도 않았다. 그는 위험한 사지로 들어가면서까지, 암탉이 병아리를 품으려는 온정과 열린 희망의 자세를 끝까지 지켰던 것이다.

황금률의 상호주의

예수의 가르침 가운데 남북관계 개선과 통일에 중요한 교훈을 주는 말씀이 있다. 그 말씀은 제목만으로도 그 위상과 비중이 얼마나 대단한지 짐작할 수 있는데, 이른바 '황금률'(Golden Rule)이 그것이다. 이 어록의 한글개역성서의 번역은 다음과 같다. "무엇이든지 남에게 대접을 받고자 하는 대로 너희도 남을 대접하라. 이것이 율법이요 선지자니라"(마 7:12). 율법이요 선지자라는 것은 구약성서의 토라와 예언서에 나오는 모든 가르침을 핵심적으로 응축한 단 한 가지의 원리라는 뜻이다. 그런데 여기서 '대접'으로 번역된 단어는 우리말 어감이 음식 접대를 연상시키기 때문에 원문의 포괄적 개념과도 어긋나고 더군다나 부정확하다. 원문의 뜻을 살려 직역하면 황금률의 내용은 이러하다. "사람들이 너희에게 해주기를 원하는 대로 그와 같이 너희 또한 그들에게 해주어라."

이 말씀은 사람이 욕망의 존재임을 전제한다. 자존심을 지닌 존재라는 인식도 깔려 있다. 그것이 바로 원하고 바란다는 말(*thelēte*)을 통해 표현되고 있다. 이는 욕망이면서 동시에 의지를 나타내는 개념이다. 사람들에게는 누구나 남들에게 좋은 것을 대접받고자 하는 욕망이 있다. 그것은 한마디로 자신의 존재 자체를 존중받고자 하는 인정의 욕구다. 욕망은 곧 남들이 자신을 위해 무언가를 해주기를 갈구하는 의지의 표현이기도 하다. 그러한 욕망과 의지가 타인과의 관계에서 선순환하면 유익하지만, 반대로 그것이 차단되거나 이기적 의도로 혼합되면 악순환되기 십상이다. 그렇게 남들이 자신에게 해주기를 원하는 대로, 자신 역시 타인들을 동일한 태도로 대하라는 것이다. 이러한 선순환의 구도가 현실화된다는 전제 아래 예수의 황금률은 철저한 상호적 혜택을 강조하는 것처럼 보인다. 사실이 또한 그렇다. 황금률은 이상적인 기대조건이 충족되는 모든 인간관계에서 서로에게 유익이 되고 혜택을 끼치는 바람직한 상호주의 윤리의 기초다.

그런데 곰곰이 살펴보면 타인들이 자신에게 해주기를 바라는 것은 아직 실행되기 이전의 기대사항이다. 반면 자신이 남에게 해주는 것은 바람의 차원에 머물지 않고 행동으로 실천하라는 명령의 어조로 제시된다. 요컨대, 남들이 자신에게 해주기를 원하는 바대로 선한 동기를 품고 남들에게 먼저 실천하라는 것이다. 이러한 명령을 그대로 행하면 손해 볼 가능성이 크다. 왜냐하면 남들이 내게 해주기를 원하는 것은 그야말로 소원이거나 기대치인데, 내가 남들에게 해주는 것은 의무사항이기 때문이다. 여기서 엄밀한 호혜적 상호주의는 황금률의 윤리적 기준과 다소간 불화를 감수해야 한다. 왜냐하면 내가 선한 동기로 조건 없이 남들을 선대할 때 남들이 내 기대치에 맞게 선한 것으로 반응하며 내가 한 것만큼 되돌려줄지는 미지수이기 때문이다. 현실에서 은혜가 은혜로 되돌아오기는커녕 무시되거나 은혜를 원수로 되갚는 경우도 적지 않다. 그래서 소극적 또는 부정적 황금률로의 퇴행이 가능하다. 이는 공자가 설파한 대로,

자기가 원하지 않는 것을 남들에게도 하지 말라는 교훈으로 압축된다. 이 역시 상호주의지만 안전한 상호주의에 머물 뿐, 믿음을 동반한 모험의 요소가 없다. 이러한 퇴행적 차원에서는 안전하지만 관계가 개선되지는 않는다.

따라서 예수의 황금률은 자신이 베푼 선한 행위에 대해 불리한 응답을 받을 각오를 하면서까지 남들에게 자신의 최대치 이상형으로 선행을 베풀라는 것이다. 이는 결국 하나님의 마음을 닮아가는 신앙의 본령에 해당된다. 하나님은 보편적 은혜를 베풀 때 선인과 악인, 의인과 불의한 자의 경계를 나누지 않는다. 나아가 그들이 하나님께 감사할지 경배할지의 결과를 따지지 않고, 비를 내리고 햇볕을 비추어준다. 그것은 어찌 보면 손해 보는 장사일 수 있지만 그것을 감수하는 것이 하나님의 은혜이고 예수의 황금률에 담긴 핵심적인 교훈이다. 그러나 은혜를 원수로 갚는 일이 생긴다 할지라도 이미 베풀어진 은혜와 사랑의 공력이 없어지는 것은 아니다. 그 증인으로 하나님이 우리 편에 서 있기 때문이다.

언젠가부터 남북관계에서 상호주의라는 말이 '퍼주기'식 대북관계를 비판하는 수사로 거론되기 시작했다. 그러나 그것이 하나 주고 하나 받는 식의 기계론적 상호주의에 머물러버리니까 관계 자체가 삐걱거리는 상황이 반복되고 있다. 남한에서 북한 인민의 굶주리는 현실을 불쌍히 여겨 숱하게 베풀고 나눠주었는데 고마워하기는커녕 핵실험 등으로 도발하고 있으니 더는 상종할 수 없다는 논리가 보수적인 국민의 마음이다. 그래서 정권이 바뀌면서 보수층의 논리를 대변하여 대통령을 비롯한 관련 당국자들이 강수를 두었다. 핵실험을 포기하고 금강산 사고에 대해 조치를 취하면 북한에 과감하게 투자를 하겠으니 일단 겸손하게 숙이고 응답하라는 요구였다. 그러나 겸손한 외교적 자세는 강요한다고 될 일이 아니다. 설사 그런 제스처를 보인다고 할지라도 거기에 진정성이 있을 리 만무하다. 강고한 남한의 자세에 대한 북한의 응답은 '순종'과 '순응'이 아니었다. 북한은 천안함, 연평도 사건으로 대답했다. 한두 방 크게 당하자 남한도 더욱 완강한 태도로 북의 체제를 압박해오면서 남북관계가 갑갑하게 방치된 것이 지금까지의 행로다.

이러한 현실에 황금률의 원리를 대입하여 예수의 메시지를 읽어내는 것은 21세기 국제정치와 외교의 상황에 뜬금없는 변죽일 뿐인가. 역사를 보면 과감하게 자신의 장벽을 허물고 상대방을 포용하는 세력이 일단은 지는 것 같지만 궁극적으로는 이겼다. 총과 칼로 일어나는 세력이 결국 무력으로 망하듯이, 자본으로 입지를 다지려 한다면 이 또한 관계의 진정성을 망각하며 신뢰를 무너뜨리지 않겠는가. 황금률은 이러한 역사의 경험과 인간관계의 욕망론적 시종을 다 아우른 예수의 혜안을 담고 있다. 햇볕정책이 철저히 실패했다고 하지만 그것은 그 정책을 뒤집어 일관된 신뢰의 관계를 깨버린 세력이 할 말이 아니다. 차라리 그 정책을 실패로 만들기로 작정하여 그런 결과가 나왔다고 고백하는 것이 오히려 정직할 것이다. 햇볕정책도 시행과정에서의 착오가 왜 없었겠는가. 그러나 정책 자체를 구결해서 얻은 평화라고 비방하지 못할 것은 그로 인해 천하보다 귀한 수많은 생명이 죽지 않게 되었기 때문이다.

황금률에 근거한 햇볕정책이나 평화교류정책이 손해 보는 장사라는 것을 모르는 사람은 아무도 없다. 물론 인민을 볼모로 잡는 북한 지도부의 잔인한 작전은 당장에 해결을 봐야 한다. 그들의 회개가 절박함을 인정하지 않을 사람도 아무도 없을 것이다. 그런데 하나님은 바로 그 부조리 체제 안에 사는 악한들에게까지 오늘 이 순간도 햇볕을 내리고 비를 뿌려주시니 그분이야말로 가장 밑지는 장사를 하고 있는 셈이다. 하나님의 마음을 대변하듯 예수는 남들이 너희에게 해주기를 원하는 대로 지금 당장 얻는 것이 없을지라도 너희들이 먼저 그들에게 해주라고 권고한다. 그것이 율법과 선지자의 강령이라고 강조하면서 말이다.

경계를 넘고 장벽을 뚫고

예수가 세상을 떠나기 전 이 땅에 남게 되는 제자들을 위해 중보하며 기도한 핵심은 그들이 하나 되게 해달라는 것이었다. 그의 유명한 대제사장 기도(요 17장)는 온전히 이러한 간절한 어조의 중보기도로 채워져 있다. 그는 먼저 아버지와 아들의 하나 됨이 바로 이 땅의 제자들이 하나 됨을 추구해야 할 신학적 명분처럼 말한다. 신적인 소통과 연대가 이 땅의 제자들의 소통과 연대를 정당화하는 모범적 근거로 제시되고 있는 것이다. 그리하여 예수는 제자들이 서로가 서로 안에 거하면서 하나 되는 길을 제시하고, 먼 훗날까지 내다보면서 그 제자들의 제자들이 하나의 온전한 통일공동체를 이루어 살아가는 미래를 위해 간구한다. 제자들에게 전수한 복음의 능력으로 그들이 하나 되고 이 땅의 만백성이 하나 되는 것은 그의 중요한 유언이었다. 이러한 신학적 유산에 근거해 에베소서는 예수의 십자가 죽음이 이방인과 유대인의 막힌 장벽을 허물고 하나 되게 하였다고 해석한다. 즉 그가 십자가에 달려 죄인을 속량한 궁극적인 목적이 "하늘에 있는 것이나 땅에 있는 것이 다 그리스도 안에서 통일되게 하려 하심이라"(엡 1:10)는 것이다. 따라서 남북통일은 이제 우리 민족만의 숙원이 아니라 이 땅의 신학적 과제이며 나아가 하늘의 뜻을 이루어나가는 하나님의 소원이다.

통일은 위기상황 때에만 모이는 민족복음화 집회 차원으로 전전해야 할 문제가 아니다. 그것은 기도의 힘으로 하나님의 능력이 나타나기를 간구하는 차원에 머물기만 해서는 안 된다. 남북통일을 향한 하나님의 뜻은 이미 예수의 황금률 속에 그 핵심이 선포되었고 그의 유언과 십자가 사역으로 충분히 확인되었다. 아무리 하나님이 자신의 뜻을 이루어나가시려 해도 그 뜻대로 살아가면서 그 뜻을 이루고자 실천하는 사람들이 없으면 그 장벽을 허물 수 없다. 우리 내부의 훼방 요소가 통일을 가로막는 요인으로 작용한다는 것이다. 그것은 우리 안의 반통일적 불신과 순종의 결여다. 예수의 가르침대로 살지 못하고 살지 않으려는 수구적인 자세, 즉 냉전 이념적 포로의식과 파당논리, 불신과 이기주의, 철저한 정략적 상호주의 등이 현실적인 장애물이다. 이러한 장애물에 우리의 현대사는 많은 상처를 받아왔다. 남북의 이산가족도 남북관계가 변화함에 따라 희비가 교차했다. 불신의 악순환 속에서 당혹스러워지는 대상은 모든 남북한의 구성원들이다. 그러한 사실은 놀랄 일이 아니다. 결국 예수의 가르침과 버성기고 하나님의 경륜에 못 미치는 자들이 벌이는 일들은 뿌린 대로 거두는 결과 외에는 아무런 성과도 기대할 수 없기 때문이다.

남북관계에서 더 이상의 기적은 기대하기 어렵다. 기적은 일어날 만한 데서 일어나기 마련이다. 그러나 이토록 진전이 없는 관계의 극한지점에서 도둑이 오듯이 통일이 어느 날 문득 올 것 같지 않다. 성서의 종말론은 유아론적으로 호도되거나 독점되지 말아야 한다. 그것은 차라리 우주의 종말이 내일 찾아와도 오늘 한 그루의 어린 사과나무를 심는 심정으로 대체되어야 한다. 북한은 특수한 유사왕조체제이다. 이슬람 국가까지 번진 민주화 시위도, 독재체제 타도의 군중집회도 북한에 사는 우리 동포들의 현실과는 아직 거리가 멀다. 그들 중 상당수는 굶어 죽었고 살아남은 다수의 가난한 사람들은 일용할 양식을 구하기 위해 기진맥진한 채 죽지 못해 버티고 있는 형편이다. 김일성, 김정일, 김정은으로 3대째 권력을 세습하는 이들 가문에 대한 심판은 역사 안이나 밖에서 이루어질 문제로 하나님께 맡겨야 할 일이지 우리가 나선다고 당장 해결되는 게 아니다. 문제 해소의 관건은 일단 꽉 막힌 남북의 문을 열어 다시 교류와 소통을 활성화하는 일이다. 그것이 남북한의 경제발전에도 도움이 되지만 신뢰의 재구축을 위해서도 긴요한 과제다.

김정일 국방위원장의 사망으로 전 세계적으로 유례없는 젊은 나이의 국가지도자가 북한에 탄생하였다. 20대 젊은 아들 김정은에게 3대째 권력이 이양된 상황에서 '조문정국' 이후 남북관계의 행로는 안개숲을 걷는 형국이다. 쿠데타 같은 급변사태의 가능성이나 정보의 부재와 이에 따른 불길한 미래가 점쳐지기도 한다. 이와 같이 우리 민족의 절박한 미래에 대해 역술가의 점괘를 들어야 하는 형국이 심히 답답하고 서글프다. 역사의 미로에 대한 경험적 감각이 작동하는 한, 남북한의 통일은 낭만적인 구호로 결코 달성될 수 없다. 그러나 통일의 원칙은 이미 예수가 제시해놓았다. 하나님의 뜻도 그리스도의 사역 안에서 선명하게 밝혀진 상태다. 어떻게 이 땅의 그리스도인들과 정치 지도자들이 그 가르침을 받들어 행하는가가 중요하다. 또 관련 당국에서 그 뜻에 걸맞은 정책으로 현재의 교착된 상황을 반전시키느냐에 남북통일과 통일한국의 미래가 달려 있다.

04

예수, 사대주의와 민족주의 틈새의 진실을 보다

친일과 친미의 서글픈 유산

역사는 기억의 무덤인가 보다. 아니, 어떤 역사의 흐름이 그런 역류의 반동을 조장한다고 보는 게 맞을 것이다. 일본 제국주의 침탈의 역사에서 해방된 지 66년이 흘러 이제 그 기억이 무뎌지자 이른바 객관적 평가라는 명분으로 친일이라는 망령도 부활하는 기세다. '친일'을 문자 그대로의 의미만 보면 일본과 친하다는 말이니 이웃나라와의 우정을 유지하는 의미로서의 친일은 긍정적인 일이다. 친미도 마찬가지다. 해묵은 감정으로 굳이 호혜적 외교관계를 그르칠 필요가 없다. 그러나 역사적 개념으로서의 친일은 얘기가 다르다. 거기에는 공동체의 아픔이 있다. 친일의 피해의식을 극복하자는 그럴듯한 명분에는 우리 민족이 당한 굴욕적인 역사를 없는 것으로 치부하려는 유혹이 도사린다. 게다가 제 영달을 위해 나라를 팔고 동족의 고혈을 짜내며 수탈과 핍박의 선봉에 선 친일부역자들의 기억을 지우고 싶어하는 정략적 음모가 꿈틀거린다.

이즈음 수정사관이 등장하여 일본 제국주의 침탈기 36년을 새롭게 조명하려는 시도가 활발해졌다. 주로 수치의 객관성을 중요하게 여기는 계량사학의 방법에 의존하여 이 기간 내에 이룬 경제발전을 인정하려는 분위기가 기조를 이룬다. 총독부 등에서 남긴 통계자료를 분석하여 당시 역사를 객관적으로 조명하고 친일마저도 나름의 긍정적 의미가 있음을 평가하려고 안간힘을 쓰는 게 보인다. 일본 식민시대에 대하여 수탈과 투쟁 일변도로 치우친 관점을 조정해보려는 학문적 의도를 강조하기에 이 사관의 명분은 얼핏 가상해 보인다. 그러나 역사학의 계량적 산술 속에는 고통의 역사적 진정성에 대한 평가가 실종되기 쉽다. 나아가 식민통치 기간에 제국의 권력기관이 철도를 놓아주고 자본주의 경제의 맹아를 살려준 은택에 감읍해야 할 것처럼 분위기를 띄우기도 한다. 이러한 동향은 그들이 왜 그러한 개발을 시도했는지, 그것이 어떤 약탈의 도구로 악용되었는지, 그것이 진정 선의의 고안이었는지 등과 같은 더 중요한 질문을 사장하고 있다.

일본 식민통치의 종료와 함께 미국을 등에 업은 남한 정부가 소련과 손잡은 북한 정부와 별도로 분단체제를 형성하면서 남한 사회는 친미의 천국이 되어버렸다. 구한말 친일과 친청, 친러 등으로 대립하던 한반도의 명운이 이제 친미와 친소로 갈라져 마침내 동족상잔의 비극까지 낳았다. 북한의 김일성 체제의 도발로 시작된 이 전쟁은 무기력한 체제선전에 골몰하던 남한을 속수무책으로 만들면서 결국 미군과 중공군까지 끌어들였고 승자도 패자도 없이 엄청난 후유증만 남긴 채 분단의 고착화를 초래하고 말았다. 일본이 철도를 깔아주고 자본주의의 씨를 뿌려주었다고 조명하듯, 우리는 미군 덕분에 자유민주주의 체제가 수호되었다며 친미의 시대적 명분을 당연시해왔다. 미군정 이후 60년이 넘도록 여전히 우리 사회가 친미 사대주의의 외풍에서 자유롭지 못한 상태에서 그 빛과 그림자의 간극도 점차 벌어져온 게 사실이다.

혹자는 민족주의가 '반역'이라고 말한다. 물론 오늘날과 같은 세계화 시대에 민족주의가 끼친 폐해를 준별해보면 '반역'의 요소가 없지 않을 것이다. 한편 일부 한국사 전공자들은 조선시대에 고착된 '사대'는 민족의 자존과 자긍심의 기상을 근저에 깐 고도의 외교적 수완이었을망정 '사대주의'라는 현대의 이념과는 무관했다고 해석하기도 한다. 그렇지만 현직 대통령의 이념 성향이 뼛속까지 친일이며 친미라고 고백했다는 위키리크스의 폭로를 접하노라면 친일과 친미의 잔재가 일제시대를 거쳐 민족해방 이후에도 우리 역사의 서글픈 유산이라는 생각이 든다. 강대국에 아첨을 해야만 살아남고 체제를 유지할 수 있다고 믿는 약소국의 백성으로서 갖는 자괴감 때문일 것이다.

그러나 이로 인한 가시적 대가와 비가시적 비용에 대해서 우리가 지나치게 관대한 것은 아닐까. 특히 해방 이후 남한 사회의 지도층에 포진한 자들 중에 친일분자가 적지 않았다. 미국에 간이라도 빼줄 식민 근성의 후예들이 출세하고 성공하여 여전히 우리 사회를 호령하는 세태를 지당한 것으로 용인하는 자세는 아무리 생각해도 부끄러운 현실이었다. 좀더 근본적인 차원에서 식민주의의 유산으로 남은 사대주의적 삶의 자세가 우리 사회 곳곳에 침투하여 크고 강한 것이 좋다는 무의식을 번식시키고 있다면 이는 반성서적인 요소가 아닐 수 없다. 이에 덩달아 우리 사회에는 서구적 가치 기준에 따라 끊임없이 새로운 것을 갈구하는 '새것 콤플렉스'의 강박도 심한 편이다. 물론 민족주의의 배타적 성향에 대한 반성은 이와 별도로 신학적 통찰과 함께 이행되어야 할 것이다. 예수는 이와 같은 한반도를 둘러싼 정치 외교적 역학관계를 어떻게 재맥락화할 수 있을까. 예수에게도 민족이 있었을 텐데, 그는 민족과 함께 민족을 넘어섰을까. 로마의 식민통치 시대를 살다간 그의 삶은 거대 제국의 식민주의 체제에 어떻게 반응했을까.

진정으로 두려워해야 할 분

개인이든 국가든 약한 자는 외부의 위협에 대응하여 자신을 지키기 위해 강한 자에게 도움을 호소한다. 약한 자가 강한 자의 먹이가 되기 전에 더 강한 자의 힘에 의지하여 강한 자를 제어하려는 것이다. 국제정치의 역학관계에서 약육강식의 논리는 예나 지금이나 다르지 않다. 따라서 강대국에 조공을 바치거나 우방의 관계를 맺어 생존을 도모하는 것이 통상적인 약소국의 처세였다. 이스라엘은 사울 왕이 즉위하면서 겨우 왕국으로서의 모양새를 갖추기는 하였지만 내내 주변 강대국의 외침과 강압에 시달려야 했다. 블레셋과 주변의 소소한 적국뿐 아니라 그 외곽에는 이집트(애굽)와 아시리아(앗수르), 바빌론과 아람, 뒤이어 등장한 페르시아 등의 강대국이 포진하고 있었다. 다윗과 솔로몬 왕을 거치면서 국토의 확장과 함께 국력이 신장되었다고 하지만 여전히 외침에 대응하기에는 버거운 현실이었다. 특히 북이스라엘과 남유다 왕국으로 나라가 분열되면서 국력은 크게 위축되었고 강대국의 등살에 결국은 멸망의 길로 치닫게 되었다.

이렇게 국가의 존망이 위태로울 때 예언자들은 외세에 의존하며 목숨을 의탁하는 사대주의적 처신을 질타하고 오로지 하나님을 의지할 것을 촉구하였다. 애굽에 의지하든, 앗수르에 의지하든, 강대국들의 본심은 제국주의의 정복 야심에 있을 뿐 이스라엘을 존중하고 지켜주는 것과는 전혀 상관이 없었다. 외교적 차원에서 우호적인 관계를 맺었다 해도 언제나 한시적일 뿐이었다. 그것이 국제정치의 냉엄한 현실이었고 지금도 그렇다. 민족자립과 자주국방의 견고한 기틀이 있어야 외교정책도 효율을 발휘할 수 있는 법이다. 그러나 이스라엘의 역사는 강대국의 입김에 시달리다가 결국 그들의 속국이 되는 운명을 맞았다. 예레미야 같은 선지자는 바빌론의 침공이 하나님의 뜻이니 거기에 대항하여 공연히 희생을 늘리지 말고 항복할 것을 종용하다가 매국노 취급을 받다시피 했다. 기본적으로 하나님은 이스라엘이 어떤 강대국에 운명을 맡기기보다 하나님을 의

지하여 한 가지 믿음으로 단합함으로써 국가와 민족의 자존을 지키는 걸 원하셨다. 야훼 하나님은 단순히 하늘의 업무만 관장하는 신이 아니라 일찍이 이스라엘의 태동기에 출애굽 백성을 멸절시키려는 바로의 군대와 맞서 그들을 패퇴시킨 '전사'로서의 위용을 갖고 있었다. 호세아는 하나님을 모르는 강대국을 의지하는 행태를 우상숭배에 빗대어 다음과 같이 말한 바 있다. "우리가 앗수르의 구원을 의지하지 아니하며 말을 타지 아니하며 다시는 우리의 손으로 만든 것을 향하여 너희는 우리의 신이라 하지 아니하오리니 이는 고아가 주로 말미암아 긍휼을 얻음이니이다"(호 14:3). 비록 고아와 같이 연약한 존재라 할지라도 나라를 지키는 힘은 순정한 신앙심과 하나님의 긍휼에서 온다는 점을 분명히 역설한 것이다.

이와 같이 강성한 제국의 외세를 향한 예언자의 결기 어린 자세는 예수에게도 여일하게 나타난다. 예수가 살던 시대는 이미 독립국의 위용을 상실한 채 강대국에 빌붙어서 부스러기 권력을 누리려는 헤롯 왕가의 분봉왕 체제였다. 그들은 식민주의 근성을 가지고 자주 로마황제의 권력에 아부했다. 대표적인 것이 헬레니즘의 양식에 따라 도시를 건설한 뒤 황제의 이름을 붙여 봉헌하는 방식이었다. 가이사랴, 빌립보 가이사랴, 티베리아스, 세포리스 등의 이국적 도시들이 그렇게 만들어졌다. 예수는 이런 이방적인 분위기를 풍기는 도시를 의도적으로 회피하였다. 그런가 하면 만신전이 안치된 빌립보 가이사랴 같은 곳에서는 로마황제의 위엄과 권위를 대신하여 메시아와 하나님의 아들로서의 자신의 존재를 드러냈다.

한편 예수는 이러한 건축을 통해 식민체제에 기생하며 제국의 권력에 부역하던 헤롯을 '여우'라고 칭함으로써(눅 13:32) 제국과 식민지 백성 사이에 줄타기를 하면서 권력을 사유화한 독재자를 간사하고 음흉하다고 폄하하였다. 이처럼 헬레니즘의 이방인 문화로 침투해 들어온 로마제국의 식민주의에 예수는 분봉왕 헤롯을 여우로 비유함으로써 거부의 입장을 드러냈던 것이다. 마찬가지로 로마의 총독부 체제와 긴밀하게 연통하면서 상부상조해왔던 예루살렘의 성전권력자들을 향해서도 예수는 상징적 행동을 통해 그들의 권위에 치명적인 타격을 가했다. 대제사장을 위시한 부역자들은 예수가 보기에 이교도의 종교상업주의에 감염된 나머지 만민을 위한 기도의 집을 '강도의 소굴'로 만든 장본인들이었다. 그들은 강대국에 아첨하여 사유화한 권력을 휘두르면서 사람들 위에 군림하고 폭압을 일삼는 독재자들이었다. 그러니 헤롯이나 가야바 등의 정치종교 권력자들의 위세는 이방의 제국 권력이 행사하는 방식을 모사하여 식민주의의 친화력을 과시하는 꼴이었다. 그러나 예수가 보기에 "이방인의 임금들은 그들을 주관하며 그 집권자들은 은인이라 칭함을 받으나"(눅 22:25) 제자들은 그와 반대로 "큰 자는 젊은 자와 같고 다스리는 자는 섬기는 자"(눅 22:26)가 되는 것이 마땅했다.

따라서 예수의 하나님 나라 관점에서 유일한 제왕의 통치는 하나님의 주권에서 비롯된다. 두려워해야 할 세력은 강대국도, 그 세력에 부화뇌동하는 식민주의자들도 아니다. 국제정치의 구도에서 지혜로운 외교의 현실적 필요를 용인하더라도 일방적으로 아첨하며 일국의 체통과 위엄을 맡겨야 할 상대는 제국의 황제도 강대국의 대통령도 아닌 것이다. 설사 그들이 우방에서 적국으로 돌변하여도 죽고자 하는 자세로 싸워 살 수 있는 희망을 도모하는 것이 신앙인의 자세다. 그것이 부활의 능력을 허락하신 하나님의 뜻이다. 눈앞의 강대국이 무서워 식민체제의 억압을 수용하고 하나님을 두려워하지 않는다면 그것은 영원을 품고 사는 신앙인의 도리가 아니다. 예수는 이렇게 말하지 않았던가. "몸은 죽여도 영혼은 능히 죽이지 못하는 자들을 두려워하지 말고 오직 몸과 영혼을 능히 지옥에 멸하실 수 있는 이를 두려워하라"(마 10:28). 민족이나 국가의 울타리 안에 살면서 몸이 죽는 것을 두려워한 나머지 '영혼'을 빼놓은 사람들이 넘쳐나는 것이 현실이다. 장차 그 영혼에 대해 엄준한 책임을 물게 될 날은 안중에도 없는 듯하다. 그러나 예수는 권력의 한복판에서 유일한 왕이신 하나님의 통치를 선포했다. 그는 진정으로 두려워해야 할 분이 바로 그 하나님이라고 가르쳤다.

민족과 함께 민족을 넘어

예수의 반(反)헬레니즘이 반로마적인 입장의 간접적인 증거였다면 그의 사상적 지표가 유대주의자였는가라는 의문이 생긴다. 이 의문을 바꾸면 예수가 유대인의 선민주의와 유대교에 기초한 당시의 종교적 민족주의에 얼마나 동조 또는 비판했는가라는 질문이 된다. 일단 예수의 태생적 배경으로만 보자면 그가 이러한 언약 신학적 전통에 밀착되어 있었던 것만은 틀림없어 보인다. 예수는 유대인 부모에게서 태어나 양육을 받았다. 추측건대 그는 유대교의 당시 관례에 따라 태어난 지 여드레 만에 할례를 받았을 것이다. 어려서는 유대교의 민족절기를 맞아 예루살렘의 성전에 가서 종교적 의례를 준수한 경험도 슬쩍 비친다(눅 2:41–52). 안식일에는 회당을 찾아 공중예배의 일원으로 참석하기도 하였다. 그는 영생을 묻는 자에게 모세의 십계명을 거론하며 그 해답을 삼았고, 토라의 일점일획도 무효가 되지 않고 다 성취되리라고 확신했다. 산상수훈은 그가 유대인의 정체성을 가지고 우월한 위치에서 열등한 이방인과의 차이를 은근히 암시하는 대목을 보여주기도 한다(마 5:47; 6:7; 6:32). 그는 또한 제자들을 파송할 때 선교의 행로를 설정하면서도 사마리아와 이방인의 지역을 회피하고 이스라엘의 잃어버린 양들에게로 가라면서 동족에게 각별한 관심을 드러냈다(마 10:5–6).

그러나 예수는 민족과 함께 민족을 넘어갔다. 민족을 배제하지 않았지만 민족을 궁극적인 사역의 목표로 삼아 배타적 민족주의자로 나서지 않았던 것이다. 그가 민족을 사랑하는 방식은 바울이 그랬듯이 추상같은 비판으로 그들의 위상을 바로 세우려는 질책과 경고였다. 세례 요한이 아브라함의 자손임을 내세워 외양을 자랑하는 이스라엘 백성을 꾸짖었듯이(마 3:9), 예수 역시 이스라엘 백성이 아브라함의 자손임을 인정하면서 그 자손의 위상에 합당한 행동이 더 중요하다고 판단했다. 이에 따라 예수는 자신을 적대시하는 그들의 불신을 지탄하였다(요 8:37-40). 예수의 판단에 의하면 그들이 혈통의 계보로는 아브라함의 자손일지라도 영적인 실상은 '마귀의 자손'과 다름없다는 것이다(요 8:44). 이처럼 민족을 향한 예수의 입장은 양분되어 나타난다. 한편으로 그는 목자 없이 유리하는 당시의 식민지 백성을 향해 무한한 긍휼과 연민을 보였다. 하지만 그들을 억압하고 이용하던 지배층의 무책임과 횡포에 대해서는 '독사의 자식'과 '회칠한 무덤' 등의 독설을 마다치 않았다.

예수는 유대인의 땅에만 머물지 않고 이방인의 지역으로 나아갔다. 그는 먼저 데가볼리의 군대귀신 들린 자를 회복시켜 줌으로써 로마의 식민정권에 치인 체제의 희생자를 돌보는 일에 이방인이란 이유로 차별을 두지 않았다. 두로에서는 수로보니게 여인을 '개'처럼 취급한 이방인의 부정적 이미지가 도전을 받으면서 이방인을 품고 그들이 하나님 나라에 함께 참여하는 열린 세계로 나아갔다. 그는 고라신과 벳새다에 화를 선포하면서 심판 날에 두로와 시돈의 이방인들이 이러한 지역의 자칭 '선민들'보다 견디기 쉬울 것이라고 말했다(마 11:21-22). 이와 같이 유대인 민족과 함께 그 민족을 넘어 이방 지역의 경계를 집적이며 통과해나간 그의 행보는 다문화 시대를 사는 한국사회를 반성케 하는 신학의 거울이 된다. 동시에 그러한 역사적 유산은 단일민족이라는 신화적 신념에 기초하여 배타적 민족주의의 정서로 똘똘 뭉치길 좋아하는 이 민족의 천박한 자기

중심주의를 바로잡는 데도 소중한 밑절미이다.

민족에 관한 한 그 주체의 확립과 사랑의 실천은 반드시 타자들과의 연대로 나아가야 한다. 민족주의는 사해동포주의와 손잡고 어우러질 때 타락하지 않는다. 예수의 개방적 행보와 이방인 타자와의 소통적 진보에 관하여 사도 바울은 이렇게 설명하였다. "그리스도께서 하나님의 진실하심을 위하여 할례의 추종자가 되셨으니 이는 조상들에게 주신 약속들을 견고하게 하시고 이방인들도 그 긍휼하심으로 말미암아 하나님께 영광을 돌리게 하려 하심이라"(롬 15:8-9). 이렇듯, 자기 동족을 있게 한 옛 조상들과의 약속을 견고하게 지킬 뿐 아니라 이방인들까지 하나님을 영화롭게 하는 공동체 예배와 찬미의 자리에 들 수 있도록 긍휼을 베푸는 일이 얼마든지 동시적으로 가능한 것이다. 예수의 역사적 존재가 그 역설적 증거다.

주체와 타자의 상호주의

나는 일본을 몇 차례 여행하였고 미국에는 공부하러 가서 10년 정도 거주한 경험이 있다. 여행하고 사는 동안 나는 타국의 사람들로부터 친절과 호의를 경험했고 선진국의 좋은 점도 많이 배웠다. 한번은 일본의 신학자와의 식사자리에서 독도가 일본 땅이 아니라 역사적으로 한국 땅이라는 증거를 몇 가지 대면서 차분하게 설명하자 자기도 관심을 가지고 살펴봤는데

독도가 한국 땅이 맞는 것 같다고 하는 것이다. 내 기억 속에 독서를 통해 머물러 있는 선조들이 당한 끔찍한 살육과 핍박의 역사적 상처는 그것대로 극복해야 할 과거이지만 그것이 오늘날 일본 사람들을 대하는 악의적인 행태를 정당화시켜주지는 않는다. 미국도 지금은 쇠락의 조짐을 보이고 있지만 강대국을 건설하는 과정에서 행한 수많은 대외적 범죄행위에도 불구하고 그 나라의 시민들이 보여주는 일상적 성실함은 배울 만한 점이 많다. 나는 때로 이러한 그들의 특질을 두고 몇 가지 정석을 가지고 그 범주 안에서 행복해하는 '숙맥들'(simpletons)의 속성이라고 비판하기도 했다. 그렇지만 남북분단과 국가수립 이후 60년이 지나도 그 '몇 가지 정석'조차 합의하여 만들어내지 못한 채 헤매고 있는 우리의 실상을 보면 남의 티를 지적하기 전에 우리들의 들보를 먼저 생각하게 된다.

당연히 나라와 나라, 민족과 민족, 공동체와 공동체의 관계는 이러한 개인적 경험의 차원과 많이 다르다. 국가 단위를 대표하는 정치 지도자들과 공식적인 채널의 외교관계를 주도하는 일선의 고위 공직자들이 치밀하게 대외정세를 파악하고 신중하게 결정해야 하는 까닭이 여기에 있다. 그것이 미국산 쇠고기 수입 문제든, FTA 협상 문제든, 아니면 일본이나 중국과의 동해나 서해 수역 관련 해상협정 문제든, 어떤 긍지와 자존감을 가지고 사안을 처리하느냐에 따라 국가적 차원의 이해관계는 물론 국민의 개별적 삶의 현장에 중대한 영향을 끼치게 된다. 여기서 우리가 약소국이라는 열등감에 빠져 저자세로 일관하거나 비굴한 아첨을 늘어놓는 식의 사대주의와 식민주의의 태도로는 밝은 미래를 기대하기 어렵다. 실속 없는 회담과 교섭의 외적인 화려함에 치중하는 행사의 반복은 '정상'만을 위한 낭비에 불과하다. 어린아이들을 동원하여 전시성 행사에 국기를 흔들게 하고 교통을 통제하며 권위를 과시해도 거기에 민족과 나라의 실체는 없다. 주체도 없고 자긍심도 없다. 무엇보다 심각하게 예수가 가르친 공복의 겸손한 섬김이 없다. 21세기의 한국사회에서 그런 지도자와 지도력을 존중할 국민은 이제 없을 것이다.

공동체 내부의 결속과 단합을 위해 주체의식이 절박하다면, 바깥의 연약한 타자들을 향해서는 까칠한 가시를 버리고 박애주의의 깃발이 또 절실하겠다. 사실 역사적 개념으로서의 단일민족이란 없다. 신화적 허울을 쓴 이데올로기일 뿐이다. 우리 민족에게는 반만 년 역사를 통해 주변의 여러 종족의 피가 많이 섞였다. 전 국민의 영어배우기 열풍 탓에 정상적인 한국어가 실종되는 이즈음이다. 이러한 반작용의 부담을 떠안고 그래도 우리는 타인의 말을 배우며 타자의 욕망을 헤아리는 섬세한 세계 시민의 일원으로 거듭나야 한다. 그것이 예수를 알고 믿으며 따르는 제자도의 성숙한 길이다. 예수처럼 민족을 사랑하기에 치열하게 비판할 수 있었던 결기가 우리에게 필요하다. 그가 모범을 보인 대로 민족과 함께 민족을 넘어 가장 먼 타자를 껴안을 수 있었던 1세기의 메시아적 도량과 기품은 하나님의 영원한 희망을 체현한 결과였다. 그런 희망이라면 우리도 힘써 배워야 할 것이다.

05

예수,

복지를 복되게 하다

복지결핍 신드롬

'복지' 논쟁이 홍수처럼 쏟아진다. 그 물꼬의 기원에는 무상급식이 중요한 계기로 자리 잡고 있다. 지금까지의 교육정책은 내내 상투적인 틀 속에서 표류했다. 그러던 중 진보적인 기치를 내건 김상곤 교수가 직선 교육감에 당선되었다. 이후 그는 기존의 체제에 파장을 일으킬 만한 발상과 정책으로 금세 유명해졌다. 김 교육감은 보수적인 교육 당국과 내내 충돌하였다. 여태까지의 교육부가 현 정권의 경비견 노릇을 해온 탓에 정치적 압박과 검찰의 법적 제동으로 수난을 겪기도 했다. 하지만 교육개혁의 물결은 막을 수 없게 된 듯하다.

자녀들에게 학교의 점심 급식을 무상으로 제공하자는 단순한 아이디어는 이후 전국적인 관심사로 떠올랐다. 특히 오세훈 서울시장은 모든 학생에게 제공하는 무상급식 반대를 주장해서 주민투표까지 간 끝에 사퇴하는 지경에 이르렀다. 이 해프닝과 맞물려 '무상'과 '복지'라는 말은 이제 전 국민의 귀에 단단히 박혀버렸다. 무상복지에 이어 무상보육, 무상의료 등 '무상' 시리즈라고 할 만한 주제를 가지고 많은 사람들이 복지논쟁을 뜨겁게 달궜다. 그 과정에서 부자감세와 '고소영' 정권으로 표상되던 이명박 정부의 실정과 실기는 그동안 눌려온 국민 다수의 복지결핍 신드롬을 폭발적으로 자극했다. 정부는 대기업과 상류층에 유리한 각종 '감면' 혜택이 낙수(trickle-down) 효과로 전 국민을 윤택하게 하기를 기대했지만 정권의 말기에 이르러 드러난 결과는 정반대로 기존의 양극화 현상을 악화시켰다. 그뿐 아니라 가계와 국가의 부채가 더욱 악화되면서 서민의 삶도 더 짓눌리는 악영향을 초래하고 말았다.

내 개인적 경험만 하더라도 성장지상주의에 목맨 경제체제 아래 사회복지의 미래 지향적 선전효과는 냉소적 반응을 유발할 수밖에 없는 것 같다. 내가 초등학교를 다니던 1970년대 초중반 귀가 따갑도록 들어온 '100억 불 수출, 1000불 소득'의 구호는 어린 동심에 환상 같은 세계였다. 그 구호와 함께 떠오르는 우리나라의 머잖은 미래에는 국민 모두가 사회복지의 천국에서 살 것처럼 느껴졌다. 그러나 장밋빛 청사진은 목표의 조기달성에도 불구하고 복지 천국은커녕 구호의 최종 책임자가 궁정동의 총소리와 함께 세상을 하직하는 비극으로 끝이 났다. 이후에 들어선 5공화국의 정부에서도 수출주도형 성장은 변함없는 국가의 시책으로 고착되었다. 문민정부가 들어서도 신자유주의 세계화의 이념과 함께 매번 높아가는 수출과 국민소득 총량에 비해 복지의 혜택은 별로 체감되지 않았다.

그나마 김대중 정부 들어 '복지'가 정치적 현안으로 부각되고 이후 괄목할 만한 몇 가지 성과가 있었다. 그럼에도 불구하고 여전히 정권 교체기에 터진 IMF 구제금융과 그 후유증 가운데 펼쳐진 '금 모으기 운동'의 애국 캠페인 속에 국민 다수가 누려야 할 보편적 복지의 꿈은 계속 유예되어야 했다. 하나의 위기를 넘으면 항상 또 다른 위기가 찾아왔다. 국민 모두를 부자로 만들어줄 것 같았던 CEO 출신의 대통령이 나와도 사정은 달라지지 않았다. 다수의 영악한 서울 시민들이 자신의 재산 증가와 보전을 위해, 또 다수의 순박한 국민은 혹시나 하는 심정으로 그를 지지했을 것이다. 그러나 결과는 대내외적 불리한 경제환경과 정책실수 등으로 연발 고전하다가 주저앉는 정반대의 형세다. 이명박 정권 말기에 접어들면서 복지경쟁은 이 정권의 주축세력을 밟고 넘어가려는 반대 세력들에 의해 동시다발적으로 불붙는 현실이 되었다.

복지의 미래를 향해 가기에 현실은 그리 녹록지 않아 보인다. 벌써 보수세력 쪽에서는 '보편적 복지'의 무모한 현실과 논리적 허방을 파고들면서 나라 말아먹을 징조라고 대대적인 경계를 하고 나섰다. 이른바 '포퓰리즘'(대중추수주의) 논쟁이 복지논쟁과 맞물려 치열한 공방이 벌어지고 있다. 지금 내놓는 수많은 복지정책을 감당하려면 세금을 대폭 올려야 가능하다면서 국민에게 세금 공포증을 부추기는 추세다. 그 대안으로 '선택적 복지' 또는 '점진적 복지'를 제시하지만 그것을 뒤집어 말하면 큰 틀에서 지금까지 해온 대로 가자는 것이다. 복지의 확충을 주장하면서 국민의 선심을 얻으려는 야당과 현 정부의 비판세력은 낭비되는 정부예산을 철저히 단속하고 불필요한 사회간접자본 투자예산을 일정 부분 삭감하면 복지예산으로 충당하는 일이 가능하다고 주장한다. 그러나 지금까지의 경험에 비추어보면 그것도 그때 가봐야 안다. 대체로 선심성 낭비 예산은 지역의 불요불급한 예산을 소속 국회의원들이나 지자체 단체장들이 표를 의식해서 이리저리 끼워 넣으면서 낭비 거품을 조장해온 것이 지금까지의 관행이었기 때문이다. 가령, 거의 대부분 폐쇄되거나 적자경영을 방관하고 있는 지역의 공항 건설이 다 이러한 유권자와 지역의 정치적 실세들이 담합한 지역이기주의의 산물이라는 것을 알 만한 사람은 다 알고 있다.

그렇게 우리는 복지결핍 신드롬을 앓아온 (또 지금도 앓고 있는) 기만의 경험 속에 외상을 지닌 환자들이다. 미국 리먼 브라더스 파산사태 이후의 금융위기가 잠잠해지니까 이제 유럽발 금융위기로 또다시 경제위기 담론이 정권 말의 언론을 장식하면서 경제성장률 하락을 경고하는 목소리들이 난무한다. 이 위기의 향방에 촉각을 곤두세우면서 경제위기가 국내 시장을 강타하면 복지논쟁도 그 태풍에 덮여갈 것이다. 그렇게 반복하면서 다시 출몰하는 '복지'의 실체는 이 사회에서 도대체 어떤 존재인가. 일부 특권층만이 아닌 다수의 공동체 성원들이 사람답게 복스러운 삶을 누려보자는 소박한 지향일진대 그것은 왜 그렇게 힘든 것일까. 21세기의 한국에 예수가 다시 온다면 그는 복지에 대해 무엇을 말할 수 있을까. 과거에 그가 남긴 말과 삶의 족적은 복지의 미래에 어떤 교정과 지침을 줄 수 있을까.

예수의 복과 복지

흔히 '복지'를 말할 때 가장 많이 언급하는 개념이 재정과 예산이고 법규와 제도이며 또 정책과 기관이다. 인간이 물질적인 존재이고 또 인간의 삶에 물질적인 요소가 필수적이므로 '재정'을 조성하고 '예산'을 확보하지 못하면 복지의 실질적인 수혜가 불가능하다. 또한 복지재정의 투입과 활용을 조정할 법적인 장치나 제도 역시 복지의 실현이 시작부터 끝까지, 또 이후의 결실까지 자세한 절차를 요구한다는 점에서 이 역시 요긴한 부분이다. 나아가 복지의 미래를 내다보면서 새로운 정책을 개발해야 한다는 점에서 정책의 요소도 필요하다. 복지를 실행하는 기관도 중요한 비중을 차지한다. 전국에 얼마나 다양한 사회복지기관이 운영되고 있는지 마치 그것이 없으면 복지의 실천적 현장이 불가능하게 느껴질 판국이다. 그런데 놀랍게도 예수는 이러한 것들 중 한 가지도 제대로 가지지 못한 상태에서 복지의 초석을 놓았다. 사회복지의 역사를 서구적 기원을 중심으로 추적해보면 거기에는 기독교의 사랑에 기초한 구제활동이 근간에 있었고, 나아가 성서의 복지정신이 깊숙이 깔려 있었다. 이 모든 기독교적 배경의 중추가 성서의 중심인물인 예수의 삶과 가르침이라는 것은 부인할 수 없는 사실이다.

전승사적 맥락에서 보면 예수의 복지사상은 구약의 율법에서 강조한 약자보호의 원리를 계승한 것이다. 이는 동시에 고아와 과부의 보호자이신 하나님의 마음을 닮아 이 땅 가운데 그 뜻을 펼친 결과라고 할 수 있다.

예수의 말씀 중에 '복지'라는 말은 없어도 이와 무관치 않은 '복'이란 말은 종종 나온다. 성서 속에서 '복'은 구약성서의 기준에 비추어 주로 삶의 외형적 만족도가 중요한 것처럼 보인다. 그런 맥락에서 쉽게 말하면 복 받은 삶은 부자가 되는 것이고 건강하게 오래 사는 것이며, 또 아리따운 여러 부인을 통해 자손을 많이 두는 것이다. 물론 이러한 외형적인 조건에 하나님과의 관계에서 누리는 내면적인 평강과 기쁨, 가족 구성원들 간의 화목과 사랑이 배제되는 것은 아니다. 아브라함-이삭-야곱의 3세대, 욥, 다윗처럼 입지전적으로 성공한 왕국의 주인공 등이 두루 이런 계통에서 복 받은 가부장적 인물로 예시된다.

이러한 복의 상투적 경우와 비교할 때 예수의 복은 보다 정신적이고 내면적이다. 그는 '복'을 압축하여 마태복음의 산상수훈에서 여덟 가지로 정리하면서(마 5:1-12) 가장 먼저 심령이 가난한 자가 복되다고 선포한다. 이에 대한 해석은 복잡하게 엇갈리는데, 일각에서는 누가복음에 나오는 '가난한 자'의 복과 '부요한 자'의 화를 대립시킨 개념에서 '심령이'라는 마태복음의 추가적 수사가 덧붙어 예수의 진의를 흐렸다고 본다. 그러나 이는 예수의 사유능력을 이분법적인 수준으로 깎아내리는 해석이다. 종말론적인 심판의 어조가 개입되어 있고 사회비

평 차원의 유형론적 대립이 드러나긴 했지만, 예수가 '부자=저주받을 놈', '가난한 자=복 받을 분'이란 식의 단견을 강변했을 리 없기 때문이다. 내가 볼 때 산상수훈의 '심령이 가난한 자'나 지상수훈의 '가난한 자'는 동일하게 인간 삶의 근원에 얽힌 존재의 조건(*humana condicio*) 자체를 묘사한 개념이다. 흙에서 와서 흙으로 돌아가는 인간은 아무리 발버둥 쳐도 가난한 존재일 수밖에 없는 불가피한 조건을 지녔다는 것이다.

사람마다 누구나 예외 없는 조건에도 불구하고 차이가 있다면 인생에 철이 들어 그 사실을 알아채고 실제로 가난한 존재가 되느냐, 깨우치지 못하고 삶에 도취한 부자 아닌 부자로 사느냐이다. 인간적 삶의 존재조건에 눈을 떴으면 반드시 슬퍼하며 애통할 수밖에 없다. 그래서 두 번째 복이 애통하는 자의 복이다. 애통하는 자가 받을 복의 내용으로는 '위로'가 제시된다. 애통할 만큼 하다 보면 눈물의 효과로 마음의 강퍅한 심지가 제거되고 부드러워지니 온유해지는 것은 당연한 수순이다. 온유한 자에게는 땅을 기업으로 받는 상급이 약속된다. 이는 팔복 중에서 유일하게 이 세상적 향유의 요소로 자손과 토지 유산을 가리키는 '기업'의 보존에 그 초점이 맞추어지고 있다.

이어지는 의에 주리고 목마른 자의 복은 회개한 자가 하나님과의 새로운 관계에서 반드시 통과해야 하는 결핍된 생의 관문이다. 결핍된 존재로서 인생은 누구나 하나님과의 관계에서 하나님의 대표적인 속성인 '의'의 기준으로 자신과 세상을 다시 봐야 한다. 그러면 결핍된 존재의 조건을 넘어 배부름으로 응답되리라는 것이다. 여기서부터 복은 개인의 내면적 덕성을 넘어 관계론적 차원을 아우른다. 긍휼히 여기는 자의 복이 이웃과의 관계에서 상호 간의 긍휼을 매개로 하는 가난한 자로서의 연대와 협동을 가리킨다면, 마음이 청결한 자의 복으로 하나님을 본다는 것은 하나님과의 막힘없는 영적인 소통의 관계를 지시한다. 이러한 관계의 재구성을 통해 주어지는 복은 하나님을 보고, 자기 스스로 긍휼히 여김을 받는 것이다.

일곱 번째로 화평케 하는 자의 복은 새롭게 거듭난 존재의 선교적 사명을 가리킨다. 불화와 반목으로 넘치는 타인들의 관계를 평화로 이끄는 선교야말로 모든 선교의 궁극적인 목표가 아니던가. 그러나 세상에 죄가 가득 차 이러한 목표가 저절로 달성되지 않는다. 그래서 마지막 여덟 번째 의를 위하여 자발적으로, 또는 그 의로 인하여 불가피하게 생기는 핍박을 기꺼이 감수하는 것이 또 다른 복의 전제가 된다. 이 일곱 번째와 여덟 번째의 복으로 주어지는 내용은 하나님의 자녀로 일컬어지는 것이요 또 구원의 궁극적 실체인 천국을 소유하는 것이다.

이처럼 예수의 팔복에 나타난 복의 항목들은 한결같이 삶의 궁극적인 관심사를 지향한다. 예산이 부족해도 정책이 미비하고 법제가 취약해도 인간은 누구나 도전할 수 있는 자기 존재의 전적인 재구성이 그 복의 내용이고 목표이다. 그것은 복지의 근본원리로 적용해도 부족함이 없다. 모든 복지 지향적 삶은 그 주체의 올곧은 확립이 필수요건이다. 기계적인 수동성의 존재에 아무리 많은 재정을 투입하고 좋은 법규를 적용해도, 그것은 식물인간에게 꽂아놓은 생명연장 장치 이상이 되기 어렵다. 먼저 주체의 탄생이 있고 난 연후에 그는 하나님과 이웃을 새로이 발견하고 참신한 관계의 지평에서 자기 삶의 긍지와 보람을 느끼며 살 수 있게 된다. 여기에서 예수의 관심은 발견에서 관계로, 관계에서 선교(섬김)의 삶으로 이행된다. 그 과정에서 발생하는 핍박이라는 고난조차 흔쾌히 감수하고 '복'으로 수용될 수 있으니 예수의 복은 환경이라는 변수를 넘어 존재하는 것이 분명하다. 복이 이처럼 내면에서 이타적인 실천으로 나아가듯, 복지 역시 자폐적인 이기주의의 욕망을 넘어 남과 더불어 나누면서 누리는 연대의 실천이 중요하다. 그렇다면 먹을 것이 많은 부자들 역시 존재론적 관계의 측면에서 복지가 필요하다. 멀쩡한 복지 시혜자도 복지의 수혜자가 되어야 한다. 그것이 하나님 나라의 관점에서 추구해야 할 보편적 복지의 역동적 층위이다.

하나님 나라와 사회복지

예수의 팔복은 마지막 복으로 천국을 약속했다. 흔히 '천국'이란 말을 사람이 죽어서 가는 내세의 천당 개념으로 이해하지만 예수는 이런 관점에서 이 말을 사용하지 않았다. 천국의 '천'은 복수 하늘(*tōn ouranōn*)로 하나님을 표상하는 개념이다. '국'은 나라의 실체가 아니라 왕적인 통치(*basileia*)를 가리킨다.

곧 하나님의 주권이 이 땅에 나타나 하나님이 왕으로서 수행하는 통치 자체가 '천국'이란 개념 속에 응축되어 있는 것이다. 마태복음은 '천국'이란 말을 압도적으로 많이 사용했지만, 마가복음이나 다른 복음서에서 예수가 주로 사용한 어휘는 '하나님 나라'였다. 이 두 개념은 미세한 차이에도 불구하고 상호 간에 소통이 가능한 유사어로 알려져 있다. 예수의 가르침을 특징짓는 핵심 어휘로 하나님 나라/천국을 꼽는 데 이의를 제기할 성서학자는 아무도 없다. 그만큼 하나님 나라는 예수에게 중요한 주제였고 사역의 목표였다. 그렇다면 하나님 나라의 관점에서 조명하는 사회복지는 어떻게 조명될 수 있을까. 예수가 이 땅의 역사에 관심을 가지고 정치적인 이념이나 사회구성체의 이상적인 모델을 제시한 것은 아니지만 그의 하나님 나라 어록과 관련 활동을 주목해보면 그 윤곽이 대강 포착된다.

먼저 예수는 하나님 나라 비유를 통해 그 나라가 하나님의 은혜로 말미암아 성장하고 있으며, 누구나 자신의 생명에 내장된 창조의 선물로 성장의 잠재적 씨앗을 품고 있음을 가르쳤다. 그것을 발견하여 열심히 계발하는 자에게 삶의 성장과 성숙에 비례하여 하나님 나라의 가치가 구현될 수 있다고 본 것이다. 예를 들어 예수는 하나님 나라가 겨자씨 한 알과 같다고 비유했다(막 4:30-32). 밀가루 반죽을 부풀리는 누룩에도 비유했다(마 13:33). 그것은 작은 생명의 알갱이가 외관상 사소하고 미미해 보여도 장차 성장하여 자신의 존재를 극대화하는 생명현상의 신비를 빗대어 표현한 것이다.

그런가 하면 하나님 나라는 값비싼 진주를 찾아 자신의 주변을 정리하고 먼 여정을 떠나는 상인의 모험에 비유되기도 하였다(마 13:45-46). 자기 생의 궁극적 관심을 추구하는 치열한 도전정신이 하나님 나라의 맥락에서 정당화된다. 복지는 이처럼 생명의 소중한 값어치를 근간으로 성립된다. 복지는 생명을 가치 있게 만드는 일이고 그 일을 돕는 일이다. 그러기 위해서는 생명의 본래적 가치를 발견하거나 그것의 발견을 도와주는 각성의 기회가 중요하다. 예수는 당시 사람들에게 그 기회를 제공하기 위해 하나님 나라의 담론을 통해 저마다 계발하고 발견함으로써 누려야 할 삶의 분복을 강조한 것이다.

그런데 어느 사회나 생명의 진가를 발견하고 잠재력을 계발하는 데 불리한 위치에 처한 사람들이 늘 있게 마련이다. 그들을 '소외층'이라 부를 수도 있고 '기층 민중'이라 부르기도 하지만 요새는 '서민'이란 말로 통칭된다. 그들은 하루 벌어 하루 먹는 수준의 생활을 영위하기조차 버거워서 인간다운 삶의 혜택을 추구하고 누리기가 어렵다. 그나마 직업이 있는 사람들은 그럭저럭 버티지만 비정규직이나 아르바이트 같은 노동 현장에서 내일의 희망을 키우기란 여간 힘든 게 아니다. 설상가상으로 건강마저 잃는다면 치료비를 감당할 길이 없어 막다른 길로 내몰리기 일쑤다.

예수 당시에 로마의 식민체제 아래 억압당하는 사람들을 위한 국가적·사회적 단위의 보호장치가 부재했던 터라 이런 종류의 취약계층은 부지기수다. 복음서에서는 그런 사람들은 '무리', '군중'이란 의미의 '오클로스'(ochlos)로 표현한다. 더구나 그들은 목자 없이 유리하는 양 떼와 같이 사회의 변두리를 전전하며 떠도는 존재들이었다. 예수가 그들을 향해 베푼 복지의 혜택은 병든 몸을 고쳐주는 치유사역과 망가진 정신과 영혼의 무질서를 갱신하여 회복시켜주는 축귀사역이었다. 예수는 많은 병자들을 치유하면서 일부는 당시의 제도와 법규에서 요구하는 사회적 갱생의 절차를 밟아 재활의 삶을 살도록 이끌어주었다. 악한 영을 쫓아내는 축귀사역을 통해서도 예수는 병든 심신의 치유와 회복이 발생하는 자리에 '하나님 나라'가 임했다고 선포했다. 그러니까 하나님 나라는 무엇보다 한 생명이 제 생명을 주체적으로 건사하며 꿈과 비전을 키울 수 있는 건강한 몸과 마음의 회복 가운데 구현된다는 것이다.

예수가 하나님 나라 사역의 목민적 측면에서 수행한 또 다른 복지활동은 그들의 굶주림을 긍휼히 여기면서 일용할 양식을 나눠주는 일이었다. 그것은 '보리떡 다섯 개와 물고기 두 마리'라는 양식의 나눔을 통해 기적적인 방식으로 베풀어졌다(마 14:13-21). 이 음식 기적 이야기는 이 땅에 풍성하게 베풀어진 하나님의 창조 선물을 특정 소수가 독점하지 말고 모든 사람을 위한 은혜의 선물로 공여되는 것이 마땅함을 보여준 사건이었다. 병든 몸이 회복되고 망가진 정신이 온전해졌으면 하루하루 살기 위해 일용할 양식이 지속적으로 공급되어야 한다. 일용할 양식의 문제는 복지의 사각지대에서 가장 기초적이고 절박한 관심사다. 예수는 굶주리며 유리하는 광야의 생명들을 불쌍히 여기는 마음으로 제자들에게 "너희가 먹을 것을 주라"고 명령했다.

그러나 사람은 먹을 것이 없어도 살 수 없지만 그렇다고 빵이라는 물질적 양식만으로 사는 것은 아니다. 그 다음 단계로 하나님의 말씀을 통해 자신의 인간됨이 하나님의 자녀라는 복된 영광을 향해 구체적으로 실현되어야 한다. 이러한 과제에 부응하여 예수는 앞서 설명한 팔복과 다양한 하나님 나라 비유로 그들을 가르쳤고, 그들의 존재가치에 눈뜨도록 계몽과 각성의 사역에 열심을 내었다. 이는 물질적 차원의 복지와 함께 정신복지에 주력한 예수의 균형감각과 전방위적인 복지사역의 포괄성을 보여준다. 그렇게 예수는 복지라는 말 대신 '하나님 나라'와 '구원'(치유)이란 말을 사용하면서 열심히 병든 사람들을 고쳤고 굶주린 사람들을 먹였다. 나아가 그는 자신의 존재의 근원과 종말론적 미래를 가르치면서 많은 사람들에게 대안적 삶의 비전을 선사했다.

복지의 생활화를 위하여

복지결핍 신드롬으로 드러난 우리나라의 복지갈증 현상은 이제 더는 억압할 수 없는 시대의 요청이 되었다. 정치인들이 아무리 복지의 구호를 외쳐대도, 복지예산의 최고 증대를 선전해도, 복지의 삶이 일상생활 가운데 제대로 체감되지 않는다는 것이다. 가령 전 국민적 관심사로 늘 우리 사회를 뜨겁게 달구는 교육복지의 경우를 보자. 정책의 시행결과 우리 자녀들의 학교생활이 즐거워야 하는데 그 즐거움이 실제로 나타나는 것 같지 않고 오히려 학교공부로 인해 과도한 스트레스를 받는 형국이다. 사정이 이런 터에 아무리 복지 타령을 반복해도 공허해질 수밖에 없는 것이다. 복지의 이상은 크고 원대해야 하지만 그 실천은 한 인간 생명의 구조적 곤경까지 헤아리는 섬세한 돌봄과 배려로 나타나야 한다. 복지는 정치적 구호나 사회적 이념이기 이전에 한 공동체의 모든 성원들이 날마다 살아가는 생활 속의 누림으로 나타나야 하는 것이다.

예수의 목민사역이 그랬다. 그는 한 번도 세상의 정치체제 자체를 문제 삼고 이를 해부하며 사회나 조직의 예산문제를 놓고 따지지 않았다. 그의 관심은 일관되게 사람들이었다. 예수는 나아가 사람들 사이의 왜곡된 관계가 뒤집어지는 역전의 질서 가운데 하나님 나라에 기초한 복지의 미래를 겨냥하기도 했다. 가난한 자들은 위축된 자리에서 팽팽하게 부풀어 올라야 했고, 부자들의 기고만장한 자세가 낮아져야 했다. 그는 부자들에게 활수한 증여와 나눔을 통해 구체적으로 회개하고 결단하여 가난한 자들에게 소유를 나눠준 뒤 자신을 따르라며 제자도의 삶을 요구했다. 그들의 풍부한 소유가 종말을 앞두고 탐욕의 빌미가 되는 것을 경계하여 예수는 어리석은 부자의 비유(눅 12:16–21)를 통해 그 종말을 투시하였고, 부자와 나사로의 비유(눅 16:19–31)를 통해 종말 이후의 위험을 지적하였다. 이러한 연장선상에서 천국에 재물을 쌓아두는 자의 풍요한 미래가 선포되기도 했다(마 6:19-20).

보편적 복지의 이상과 선별적 복지의 현실은 타협 불가능한 평행선이 아니다. 그것이 양자택일의 외곬을 비껴 양자를 포용하는 방향으로 나타날 수 있기 때문이다. 마태복음 20:1-16에서 예수가 들려준 포도원 품꾼의 비유는 적절한 대안적 돌파구가 될 수 있을 것 같다. 포도원 주인이 각기 다른 네 시간대에 들어온 품꾼들에게 동일한 삯으로 한 데나리온을 약속했는데, 맨 나중에 놀고 있는 무직자들도 불러들여 일거리와 품삯을 주었다는 것이다. 이 시간대의 분포가 아침나절부터 일이 마감될 시점까지 넓게 퍼져 있어서 마지막에 들어온 품꾼에게 한 데나리온을 주자 먼저 들어온 자들은 노동의 시간을 계산하여 더 많이 받을 것이라고 기대했을 것이다. 그러나 똑같이 한 데나리온이 지급되자 먼저 들어온 일꾼들이 불평했고, 주인은 "내가 선하므로 네가 악하게 보느냐"라며 불평의 의도를 꼬집었다.

여기서 한 데나리온은 최저 생계비용이다. 하나님은 그 이상의 은혜를 베풀어주지만 그 은혜의 하한선에 턱걸이하고 있는 일용직 노동자들이 우리 사회에 많다. 여기서 누구에게나 해당되는 보편적 복지개념은 주인이 차별 없이 약속한 한 데나리온의 품삯으로 드러난다. 반면 맨 나중에 온 일꾼의 노동량이 품삯의 최소 기준에 미치지 못했음에도 취약한 처지를 배려하여 한 데나리온을 주는 것이 선별적 복지의 혜택이다. 선별적 복지가 보편적 복지의 부분집합이지만, 그 '선별'로써 아무도 약속의 기준에 배제되거나 소외되지 않는다. 그들은 예외 없이 그렇게 일자리를 제공받아 품삯으로 하루의 일용할 양식을 챙기면서 일의 보람을 누렸을 것이다. 여기에 복지의 평등이 있지만 제공하는 당사자의 자유도 존중된다. 그 자유는 복지의 기계적 인식과 산술적 적용을 넘어 모든 자에게 조화롭게 임하도록 만드는 은혜의 균형추이다.

우리나라는 아직도 복지국가의 실현이 요원하다. OECD 국가 중 우리나라 복지예산의 분포가 최하 수준이라는 통계도 우울하지만, 국민의 다수가 체감하는 복지의 질적인 내용이 희미하다는 게 더 답답할 뿐이다. 그렇다고 한없이 세금을 증액하는 것은 또 다른 부담이 된다. 구조적인 변화를 유도하기 위해서는 각종 전시성 사업 등에 낭비하는 예산을 줄이고 세밀한 기준으로 부자의 증세를 통해 공동체의 건강한 균형을 유지하는 방향으로 복지를 실천하려는 노력이 필요하다. 사람의 생명을 수단이 아닌 목적으로 대우하려는 정상적인 인간화의 길을 되찾아야 한다. 잃어버린 양 한 마리를 찾기 위해 아흔아홉 마리의 양을 남겨두고 떠난 목자의 심정을 헤아려야 한다. 이러한 예수의 복지신학을 기준으로 삼을 때 공동체의 한 사람이라도 복지의 혜택에서 배제된다면 그것은 진정한 의미의 복지가 아니다. 한 사람의 죄인이 회개하면 하늘에서 회개할 것 없는 의인 아흔아홉 명으로 인한 것보다 그 기쁨이 더 크다고 한다(눅 15:7). 마찬가지로 이 땅의 소외된 생명 한 사람이 더불어

나눔의 은혜를 통해 복지의 혜택으로 복된 삶의 자리에 든다면 하늘 하나님의 신령한 기쁨이 더욱 넘칠 것이다. 그렇게 복지는 한 사람의 생명도 빼놓지 말고 복된 삶으로 경험되고 생생히 체현되어야 한다.

06

예수, 양극화의 음지를 밝히다

88만 원 세대와 850만 비정규직의 비극

신자유주의의 폐해로 인한 아우성이 하늘을 찌를 듯이 높아만 간다. 시장경제라는 자유의 극대화 가운데 무한경쟁으로 내몰린 다수의 평범한 사람들이 겪는 탄식이 곳곳에서 점점 더 커져가고 있다. 열심히 준비해서 사회진출을 시도해도 비정규직으로 전락한 인구가 850만에 이르렀다. 비정규직은 복지의 기본인 4대 보험의 혜택에서 배제당하는 것은 물론 일반 정규직보다 열악한 대우를 받는다. 그래서 '88만 원 세대'라는 비극적인 말이 탄생했다. 대학을 졸업하고 취직해서 비정규직으로 벌어봤자 이것저것 제하고 나면 100만 원도 안되는 임금으로 생존을 강요당하는 세태를 풍자한 말이다. 그들에게 '젊어서 고생은 사서라도 한다'는 속담은 그야말로 옛말이 되고 말았다. 젊음을 저당 잡힌 채 미래에 대한 희망 없이 버텨야 하는 이 세대는 결혼도 못하고 마땅한 집도 구하지 못한 채 체제가 부여한 각박한 정글 같은 세상을 다람쥐 쳇바퀴처럼 돌 뿐이다.

그들은 탄식과 신음 속에 생명의 화기가 돌지 않는 극지로 몰린다. 그 극지는 곧 사지다. 삭막한 사회의 음지에 머무는 그들은 양지에 사는 사람들의 또 다른 극의 대가로 치러지는 희생제물 같은 존재다. 이것이 점점 더 심해지는 것이 이 시대의 양극화 문제다.

경제이론의 세밀한 분석과 통찰을 빌지 않더라도 양극화의 피해심리는 우리 사회에 점차 확산되는 듯 보인다. 그 증거는 신문만 봐도 쉽게 찾을 수 있다. 얼마 전 농협중앙회가 전산망의 부실 관리로 인한 사건·사고를 연발하고 각종 부정과 비리의 백태를 연출하면서 지탄을 받았다. 한 조간신문에 따르면 이 조직의 대표가 받는 연봉이 12억 원이 넘는다는데, 이 액수는 그들이 돕고 보살펴야 할 농가의 연소득 40배에 달하는 규모란다. 더구나 그 대표는 상근직이 아니다. 누가 어떤 기준으로 공적인 서비스를 담당하는 조직의 대표에게 이러한 연봉을 책정해주었는지 평범한 상식으로는 도저히 이해가 되지 않는다. 그것이 대규모 비정규직 양산과 경제양극화로 삶의 대란을 겪고 있는 이 시대의 사람들에게 공감을 얻을 만한 적절한 대가인지 묻고 싶다.

양극화의 음지는 비단 한국사회의 문제만은 아닌 듯하다. 자본주의 종주국을 자처하는 미국의 파탄을 예고하는 국내외의 전망이 종종 제출된다. 김광기 교수가 쓴 『우리가 아는 미국은 없다』(동아시아)라는 책에 의하면 금융위기 이후 미국에서 노숙자가 30% 이상 증가했다고 한다. 그런가 하면 미국 전체 기업의 주식 83%를 상위 15% 부자들이 가지고 있고, 2001-2007년 미국 소득 증가분의 66%를 상위 1%의 사람들이 모두 가져갔다. 일반회사를 다니는 고위급의 임원과 일반사원 사이의 연봉 차이가 1950-1960년대에는 1:5-30 정도였는데, 1:300-500의 비율로 엄청난 변화를 겪게 되었다. 이는 미국사회 경제양극화의 심화과정에서 중산층이 붕괴하고 있는 징조로 해석된다. 그나마 미국은 각종 사회보장제도와 복지체계가 잘 갖추어져 있는 편이다. 그러나 우리나라에서 실직과 미취업 인구의 처지와 비정규직의 상황은 훨씬 더 열악하다는 게 보편적인 진단이다.

예전부터 극은 늘 있어왔고 또 있을 수밖에 없다. 그러나 양극단의 간극이 너무 벌어져 양쪽이 첨예하게 대립되는 상황에서는 갈등과 불화의 삶이 가속화되어 비극을 초래하는 것이 상례다. 무한경쟁의 시장경제라는 것이 명분과 이론의 장막을 벗어버리면 모두가 다 죽어버리는 적나라한 속내를 드러내게 되는 것이다. 지금 우리 사회가 당면하고 있는 현실이, 비정규직 종사자들이 날마다 현장에서 체감하고 있는 부당한 현실이 이러한 이치의 생생한 증거가 아닌가.

사태가 이런데도 막연하게 몇 가지 허술한 통계수치로 낙관적인 미래를 제시한다거나, 허울뿐인 장밋빛 청사진으로 약자들의 인내를 강요하기에는 시간이 너무 오래 흐른 것 같다. '100억 불 수출, 1000불 소득'식의 철 지난 선동으로는 누구의 마음도 움직일 수 없다. 점점 더 화석화되어가는 민심에 상쾌한 대책을 제시해야 할 정치는 실종되었고, 자본천국의 경제체제는 거대한 공룡처럼 포효하며 제 길을 가고 있는 듯하다. 그야말로 아무도 부인할 수 없는 맘몬 독주의 세상이 되어버린 것이다. 이러한 현장에서 '사람이 빵만으로는 살 수 없다'는 구호는 얼마나 허무맹랑한 소리인가. 우리가 바라고 꿈꾸는 세상이 열악한 현실 너머에 있는 천국이라 강변하며 막막한 인내와 소망을 요구하는 것은 얼마나 파렴치한 일인가. 사실 그러한 메시지의 주인공들은 넉넉한 자본과 소득의 기득권에 안주해 사는 경우가 많다. 예수가 다시 와도 이러한 이웃들의 각박한 생존에는 눈을 감은 채 하늘을 보면서 기도만 할 것인가. 가진 자와 못 가진 자가 모두 맘몬의 노예로 전락한 탓이라며 비난과 저주를 퍼붓고 말 것인가. 예수의 행적과 삶의 여정을 가늠해볼 때 이러한 극단은 불가능한 상상이다. 그는 무엇보다 당시의 그늘진 곳에 있는 불우한 생명을 재활할 수 있게 이끌지 않았던가.

양극화의 출구 1—채무의 해소

2011년 서민들의 가계부채가 기하급수적으로 늘어나 공공부문과 기업, 가계 등 3대 경제주체에서 진 채무총액이 3,283조 원에 이른다고 한다. 현 정부 들어 881조 원이 증가했다고 하니 '부자 되세요'라는 이명박 정권 초기의 구호와는 전혀 상반되는 결과다. 특히 가계부채의 현실은 심각하여 2007년 말 795조 3,000억 원이던 것이 2011년 6월 말에는 1,050조 1,000억 원에 이르렀다. 이러한 부채의 증가분은 소득 증가분을 훨씬 상회하고 있다. 더더욱 심각한 것은 현재 일반 서민들의 채무 지불능력이 사상 최저라는 점이다.

은행에서 빚을 얻으려고 해도 얻지 못하는 사람들이 있다. 담보로 내놓을 만한 부동산이나 기타 재산이 없고 신용도 변변치 못하기 때문이다. 때문에 살인적인 이자율의 위험을 무릅쓰고 사채를 빌려 쓰다가 그 덫에 빠져들어 마침내는 파국을 맞곤 한다. 또 다른 이들은 신용카드의 마법에 휘둘려 한쪽의 빚을 다른 카드로 융자를 받아 갚는다. 그 빚을 상환할 때에는 또 다른 카드를 뽑아 때우는 식의 이른바 '돌려막기'의 악순환에서 불어나는 이자를 견디지 못해 파산하기도 한다. 서울 같은 대도시의 부동산 투기 붐을 노리고 수억씩 은행융자를 받아 아파트를 샀다가 아파트 시장의 정체 내지 하락이 장기화됨에 따라 적잖은 중산층이 융자받은 돈의 이자를 갚느라고 허덕이고 있다. 그런가 하면 대기업 등 거대 자본을 움직이는 일부 회사에서는 은행 돈을 제대로 떼어먹지 못하는 것을 바보로 여길 정도다. 천문학적 규모의 은행융자를 받고 회사가 어려워지면 알맹이 재산은 몰래 처분하고 오리발을 내미는 것이다. '자산=자본+부채'라는 기초 등식이 이 세계의 상식이다 보니 사람들은 빚지는 것을 두려워하지 않고 빚을 지지 않고는 살지 못하는 이상한 체계 속에 속박되어 있다.

예수는 '빚'의 문제를 삶의 실존적 차원에서 근본적인 해방의 대상으로 삼았다. 그에게 '죄'는 곧 넓은 의미의 '채무'였다. 죄의 용서는 채무의 탕감이었고, 그 맥락은 사람과 사람 사이의 재무적 관계뿐 아니라 모든 인정과 은혜의 관계에 두루 적용되었다. 무엇보다 하나님이 인간과의 관계에서 은혜의 빚을 끼치는 불가피한 상황에서 무상으로 공급하는 신적인 은혜는 예수가 보기에 인간들의 관계에서도 용서로 나타났다. 이는 곧 사회경제적인 현장에서 탕감이나 변제의 형식으로 나타나야 할 절박한 필요였다. 우리가 잘 아는 주기도문의 마태복음 버전은 "우리가 우리에게 빚진 자들에게 (그 빚을) 변제해주었듯이, 우리의 빚을 변제해주옵소서"라고 해석될 수 있다. 여기서 분명한 것은 예수가 '죄'의 용서를 가르치면서 '죄'의 개념을 형이상학적 관념이나 단순한 도덕적 위반의 차원에서 이해하지 않았다는 사실이다. 아울러, '용서' 또한 너그러운 마음 씀씀이로 허물을 덮어주는 차원의 추상적인 묵인이나 포용을 넘어 손실을 무릅쓰고 타인에게 양보하는 구체적인 시혜의 실천을 가리켰음을 알 수 있다.

예수의 유명한 '빚' 관련 비유(마 18:21-35)는 우리가 사는 자본제적 양극화의 맘몬 체계를 어떻게 내파하고 해방될 수 있는지에 대해 소박하지만 극명하게 보여준다. 종들과 결산하는 주인은 만 달란트라는 엄청난 금액을 빚진 종에게 냉혹한 추궁을 한다. 그가 지닌 소유는 물론 자신의 몸과 아내와 자식들까지 팔아서 빚을 갚으라는 것이었다. 채무를 갚지 못할 경우 종은 물론 자식들까지 노예로 팔아넘기려는 의도로 보인다. 그때 종은 당장은 갚을 길이 없지만 장차 이를 다 갚으리라고 약속하며 자비를 구한다. 이에 주인은 다시 사랑으로 그를 불쌍히 여겨 종의 빚을 전액 면제해준다. 그런데 다른 종이 이 종에게 백 데나리온의 빚을 당장 갚을 수 없는 터라 참아달라고 애걸하지만 그는 무자비하게도 이 사람을 옥에 가두어버린다. 법대로 처리한 것 같다. 이 모든 자초지종이 알려지면서 주인은 대노하여 그를 옥에 가두어버렸다. 예수의 마음을 대변하는 주인이 던진 메시지는 "내가 너를 불쌍히 여김과 같이 너도 네 동료를 불쌍히 여김이 마땅하지 아니하냐"(마 18:33)였다.

아무리 좋은 제도가 나온다고 해도 빚의 마성에 대한 근본적인 각성이 없으면 백약이 무효하다. 무엇보다 시급한 것은 사람들의 심성이다. 소득에 대비하여 소박하게 살고자 하는 겸손한 마음이 사라져서 개인과 기업과 국가가 이와 같은 빚의 지옥에서 허우적대고 있는 것이다. 다수의 채무 지옥을 발밑에 뭉개면서 극소수가 채권 천국에서 온갖 사치와 향락에 심취한 채 흥청거리는 게 바로 21세기 자본제적 체계에 덜미를 잡힌 이 땅의 양극화 실상이다. 이러한 현실과 직면하여 무엇보다 경제주체 각자의 단호한 결단이 있어야 소생의 희망이 가능할 것이다. 앞서 주인이 불쌍히 여기는 마음으로 모든 빚을 탕감해주기에 앞서 그것을 다 갚겠다는 종의 다짐이 선행했음을 주목해야 한다. 부채로 자산을 부풀리거나 융자받은 돈으로 투기하여 일확천금을 꿈꾸는 사행심리가 먼저 교정되어야겠다. 나아가 최선을 다해 빚더미에서 벗어나려고 애쓰는 자들에게 그들을 불쌍히 여기는 하나님의 긍휼이 우리 사회의 제도에도 반영되어야 한다. 이와 함께 한 인격체의 자유가 한순간의 실패로 인해 평생 채무의 노예로 저당 잡히지 않는 생명에의 극진한 감수성이 절실히 요청된다.

양극화의 출구 2—순수한 증여

우리의 생명이 이 땅에 나서 살게 된 것은 우리의 의도와 무관한 순수한 증여의 선물이다. 인생이 각박해지고 살기가 죽기보다 힘들어지면 삶이 저주처럼 느껴질 수도 있다. 그렇지만 단 한 번의 기회로 빛을 보며 산다는 것은 아무리 힘든 여건에서도 기적적인 경험이 아닐 수 없다. 따라서 증여의 선물로 주어진 삶의 기회가 잘 풀려 넉넉한 재물을 소유하고 윤택한 환경에 있다면 그것은 이웃의 결핍과 박탈에 대한 과잉보상의 측면이 없다고 할 수 없다. 우리가 먹는 모든 일용할 양식 속에, 식물성이든 동물성이든, 생명체의 노동과 생산을 통한 증여 행위가 있었다. 마찬가지로 인간의 모든 인연 역시 이러한 사회적 공생의 체계 속에 살게끔 되어 있다. 양극화 현상은 그러한 공생의 코드가 인간의 탐욕에 짓눌려 작동하지 않는다는 증거다.

공생의 경제란 관점에서 여분의 과잉 소유는 예수의 기준에 따라 엄밀하게 준별하면 일용할 양식 이외의 재물과 재산이다. 예수는 생명을 가지고 태어난 누구에게나 일용할 양식을 받을 존엄한 권리가 있음을 천명하였다. 인간의 필요를 위해 구해야 할 첫 번째 항목으로 '우리에게 일용할 양식을 주옵소서'라고 기도를 가르친 분은 다름 아닌 예수였다. 심지어 공중의 새 한 마리조차 하나님의 창조의 은혜를 덧입어 먹을 것이 제공된다는 믿음이 예수에게 있었다. 따라서 자신의 일용할 양식으로 작동하지 않는 모든 물질은 탐욕의 빌미가 되어 타인의 일용할 양식을 저당 잡힌 결과로 축적되어갈 뿐이다. 같은 마을의 한쪽에는 수많은 곡식을 창고에 쌓아두고 있는데 다른 한쪽에서는 굶어죽는 사람들이 즐비하다면 이는 순수한 증여의 자세로 창조주의 마음을 닮지 못하고 있는 비극의 결과다. 나아가 이는 하나님이 풍성한 창조의 선물로 제공하는 모든 양식과 물질적 혜택을 특정한 소수가 독과점하여 다른 이들의 생명이 보존되고 양육되어야 할 권리를 약탈한 결과이기도 하다. 물론 약탈과 독과점에는 '합법'의 논리가 동원된다. 그러나 외면상의 합법이나 적법이 이면의 탈법과 부조리를 간과할 때 양극화의 출구는 봉쇄되어버린다. 다시 말해 순전한 의도로 자신의 것을 나누려는 맘몬의 철저한 회개 없이는 이타적인 증여의 실종과 함께 세상도 공멸하게 될 것이다. 벌써 오래전부터 지구촌의 경제체제에는 이러한 경보음이 들려오고 있다. 제3세계와 제1세계의 경제수준에서 그 간극이 더 벌어지고, 중산층의 붕괴와 함께 각지의 양극단에 처한 사람들 사이의 폐쇄적 장벽이 높아져 간다. 이처럼 양극화로 인한 상호 간의 소외가 더욱 첨예하게 깊어지는 이즈음, 창조주의 인내는 깊은 시험을 받고 있다. 덩달아 예수의 종말론적 심판의 시간표도 점차 단축되고 있는 형국이다.

예수에게 순전한 증여는 제도의 변혁과 상관없이 단호한 자기 비움의 행동과 함께 즉각적으로 실천되었다. '나를 따르라'는 명령에 제자들은 자기 재산은 물론 가족의 인연까지 포기했다. 세리 삭개오는 예수와의 만남을 통해 자신이 합법적으로 빼앗아온 모든 재산의 절반을 가난한 자들에게 돌려주고 남의 것을 속여 빼앗은 일이 있으면 네 배로 변상하겠노라고 화답했다(눅 19:8). 예수에게 이러한 구체적인 자기 결단과 삶의 변혁은 그야말로 회개에 합당한 열매를 맺는 일이었고 하나님 나라의 구원에 동참하는 구체적인 길이었다. 그러나 그것이 결단코 쉬운 선택은 아니었을 것이다.

반면 복음서는 이러한 경우의 실패 사례로 한 실례를 들려준다(마 19:16-22). 모든 계명을 잘 지키는 모범적인 청년이 예수를 찾아와 영생의 길을 물었다. 청년은 어려서부터 율법을 잘 지켜온 매우 합법적이고 준법적인 인물이었던 것 같다. 그러나 예수는 청년에게서 한 가지 부족한 것을 보았고, 이에 즉시 재산을 팔아 가난한 자들에게 나눠주고 자신을 따르라고 요구한다. 이 명령은 제자도의 부름일 뿐 아니라, 순수한 증여의 즉각적인 실천을 위한 종말론적 요청이었다. 다시 말해 이는 하나님 나라의 구원에 동참하고 그 나라의 개척에 제자로 동참하기 위해 맘몬의 탐욕적 마성이 아닌 일용할 양식을 삶의 기초로 경제적 질서를 재편하라는 명령이었다고 볼 수 있다. 주지하듯, 이 청년은 재물이 많은 이유로 이에 대한 과잉 소유욕과 탐욕의 본성을 제어하지 못한 채 근심하며 돌아갔다.

양극화의 '극'에 담긴 독소적 성질은 하나님 나라의 또 다른 극단적인 결단과 함께 해소될 수 있다. 우리 사회에 인색한 기부문화에 대한 비판의 목소리가 끊이지 않고 천민자본주의와 졸부들의 행태에 대한 냉소 역시 계속해서 나타나고 있다. 부자가 존경받는 자본주의는 이 땅의 역사에 존재한 적이 없었고 막연한 희망사항이다. 이러한 구호는 부자의 '부'에 대한 신학적 성찰 이전의 자기 봉사적인 자위에 불과하다. 미국의 부시 정부가 그랬듯이, 그 철지난 정책에 기댄 이명박 정부가 부자감세를 추진함으로써 그들의 풍요함이 부지런한 투자와 소비를 통한 낙수효과로 저소득층의 취업과 소득분배에 기여하리라는 막연한 환상은 여지없이 박살나버렸다. 각종 통계수치가 반대의 상황을 증언하고 있기 때문이다. 이는 예수의 하나님 나라 유산을 외면해버린 자본주의가 반드시 직면하게 되는 상황이다. 그런 현실 가운데 '증여'라는 선한 단어조차 '편법적'이란 관형어와 함께 부와 권력의 혈통적 세습과 자리승계라는 원시적인 폐단을 낳았다. 그런 무리들이 혹여 예수를 믿는다며 교회에 다니면서 '우리에게 일용할 양식을 주옵소서'라는 주기도문을 외운다면 그것은 소름 끼치는 아이러니가 될 것이다.

각설하고, 모든 증여는 모종의 의도로부터 해방되어야 한다. 목적 없이 무상으로 증여하는 하나님의 은혜를 본받아 우리 역시 잉여 재화를 거룩하게 낭비할 준비를 해야 한다. 예수의 죽음에 즈음하여 한 여인이 옥합을 깨뜨려 값비싼 나드 향유를 예수의 머리에 부음으로 자신의 모든 것을 즉각 온전히 쏟아부었듯이 말이다. 그것이 순전한 증여다. 어떻게 가능한가? 오로지 믿음으로! 오로지 말씀 되신 예수의 가르침에 따라! 오로지 은혜의 이름으로!

일용할 양식과 잉여의 탐욕 사이

예수가 자본주의라는 룰을 지키면서 한국의 양극화 현실에 성실하게 응답한다면 그는 수많은 절차를 통과해야 할 것이다. 거기서 민주주의의 다수결 원칙에 따라 어떤 정책을 결정하려 한다면 예수는 목적지에 다다르기 전에 제도의 장벽에 갇혀 주저앉을지도 모를 일이다. 아니, 그는 주저앉기 전에 회칠한 무덤으로 넘쳐나는 탐욕의 주인공들을 향해 그 잉여의 몫에 대한 성찰과 회개를 요구할 것이다. 그 가운데 삭개오처럼 회개한 부르주아 시민이 몇 명 생겨날 수도 있을지 모르겠다. 그러나 중요한 것은 한 카리스마적인 개인의 감화력이나 치열한 투쟁보다 전체의 근본을 창조의 시발점에서 다시 생각하는 전복적 관점이다. 이른바 발상의 전환이 예수의 하나님 나라 메시지에 포함되어 있다. 우리는 맘몬의 두 얼굴이 일용할 양식의 절대치 필요와 잉여의 탐욕 사이에서 순환하는 이치를 모르지 않는다. 물질자본을 표상하는 맘몬이 회개한 자리가 바로 일용할 양식의 공평한 분배와 풍성한 나눔의 세상인 셈이다. 반면 그 맘몬이 숭배의 대상으로 타락한 자리가 바로 잉여의 향락을 향해 흥청거리는 탐욕의 세상이다.

한국경제가 양극화 체제의 악화 일로로 고착되어가는 것은 리더들의 오판 때문이다. 동시대를 사는 사람들이 인간 이하의 현실 가운데 방치된다고 해도 자기들의 성채는 견고하리라 자만하고 있기 때문이다. 그러나 그렇지 않다. 우리는 한시적인 생명의 연한 가운데 각자에게 부여된 재화를 관리하고 공동체의 삶을 경영하며 '일용할 양식'을 매개로 공존하기 위해 잠시 청지기로 살다갈 뿐이다. 무덤에 산 사람을 생매장하고 온갖 금은보화를 함께 묻어주던 고대의 순장 풍습은 인간의 어리석은 탐욕을 반영해준다. 우리는 신실한 청지기가 되어 작은 재물에 진지하면서 동시에 큰 재물을 활수하게 낭비하는 증여와 탕감의 경제에 눈떠야 한다. 그것이 오늘날 예수의 신학적 경제학의 원리를 구현하는 급진적인 방안이다.

예수의 신학적 경제학은 인간이 욕심을 부리는 존재이고 탐욕에 눈먼 존재라는 현실을 무시하지 않는다. 그가 들려준 달란트 비유(마 25:14-30)는 놀랍게도 하나님 나라를 투자의 원리에 빗대어 밝힌다. 한 달란트를 받아 땅에 묻어둔 게으른 종에게 예수의 심정을 대변하는 주인은 그것을 과감하게 사업에 투자하지 못할 바에야 차라리 은행에 맡겨 이자라도 챙겼더라면 좋았으리라고 꾸중한다. 그리고 그것을 빼앗아 다섯 달란트

받은 자에게 주라는 명령도 빼놓지 않는다. 여기서 주인은 선의의 경쟁을 통해 이 세상의 물리를 터득하고 자기 삶의 잠재력을 계발하며 재화를 재생산하는 데에 성실한 자세로 임하는 이 땅의 경제현실을 재구성해 보여준다. 그런가 하면 포도원의 비유(마 20:1-16)를 통해서는 각기 다른 시간대에 작업장에 들어와 서로 다른 시간을 일한 품꾼들에게 똑같이 한 데나리온을 준 주인의 관대함이 인색함이나 불공평함으로 비칠 수 있는 욕망의 편차를 정직하게 묘사한다.

이렇듯 하나님 나라의 신학적 경제는 역설로 가득 찬 미묘한 틈새의 이치로 작동된다. 그것은 자신의 삶에 내장된 잠재력을 최대한 계발하여 생명을 풍성하게 일구는 도전과 개척, 모험과 투자의 정신을 두루 포함한다. 그리고 그것은 주인의 시혜를 통해 자본을 이미 확보한 범주에 해당된다. 그 시혜가 주인의 순전한 증여로 가능하였기에 결실이 공동체에 두루 나누어져야 함은 물론이다. 반면 포도원에 일용직 노동자로 일감을 받은 품꾼들은 인력시장에서 대기중인 사람들에 비유된다. 그들은 제 몸뚱이 하나로 버텨야 하는 일용직 노동자로서 한 데나리온의 품삯에 덧붙여지는 에누리의 있고 없음에 민감할 수밖에 없다. 여기서 예수의 마음은 뒤늦게 일하여 품삯이 한 데나리온 미만으로 깎여야 마땅한 자에게 관대한 은혜로 여분의 선물을 증여한다. 그것이 예수의 기준에 맞춰 탐지되는 또 다른 공평의 역설이다.

예수의 하나님 나라가 높은 산이 깎이고 낮은 골짜기가 돋우어져 평탄한 대로를 만드는 메시아의 사역을 밑바탕에 깔고 있지만 이러한 대의의 원칙 아래 다양한 양극화 타개의 묘법이 있음을 주목해야 한다. 그 밑자리에서 요청되는 개인과 공동체의 최고 미덕은 무엇보다 불쌍히 여기는 치열한 연민의 자세다. 그 연민이 작동할 때 우리는 더러 무상으로 남의 빚을 탕감하여줌으로써 기울어진 인간의 관계를 정상적인 균형으로 회복시킬 수 있다. 이와 함께 순전한 증여로써 자기의 일용할 양식 이외의 소유물에 매이지 않는 자유로운 영적 지향점을 지닐 때 이를 즉각 처분하여 거룩하게 낭비할 수도 있게 된다.

오늘 저녁에도 먹고살기 팍팍하다는 탄식이 울려 퍼진다. 일용할 양식의 터널은 여전히 컴컴하고, 잉여의 몫에 목숨을 걸다시피 하는 탐욕의 군상들도 허다하다. 그 날카로운 간극이 존속하는 한 양극화의 위기는 상존한다. 그러나 그 위기가 곧 하나님 나라의 기회이기도 하다. 인간의 탐욕이 그려놓은 양극화 지도에 과감하게 균열을 내고 가로지를 수 있는 제자도의 삶은 마치 보급투쟁하는 빨치산의 행보처럼 날렵하게 기동해야 한다. 탐욕의 경제에는 감동이 없다. 인간다운 삶의 미학도 무뎌진다. 반대로 값비싼 재화를 단호하게 낭비하여 조건 없이 증여하고 관대하게 탕감하는 동선에는 하나님 나라에서 발원하는 한 오라기 서광이 비친다. 예수가 그 틈새로 말씀하신다. 여기에 구원이 임하였노라고.

07

예수, 농촌을 거듭나게 하다

죽어라 일해도 팍팍한 살림

가끔 신문에 뙤약볕에 밭일을 하다가 급사하는 농촌의 노인들에 대한 보도가 실릴 때면 괜스레 서글퍼진다. 실제로 농촌을 방문하여 6,70대가 대부분인 농촌 마을 주민의 이야기를 들으면 그들의 고통은 단순하다. 삭신이 쑤시고 온몸이 아픈데도 날마다 일하지 않을 수 없는 형편이라는 것이다. 또 한 가지는, 그렇게 죽어라 일해도 흉작이 되어 소출이 적거나 그나마 토실하게 건진 작물도 제값을 받지 못한 채 팔려나가는 게 서럽다고 한다. 그들은 한반도의 가장 외진 공간에서 외롭고 적막한 땅을 지키는 이 시대의 파수꾼이다. 구조적 고통의 세월을 온몸으로 노동하며 버티면서 옹이진 손과 발을 어디에 내놓지 못해 숨어서 살아온 삼류시민이다. 아무리 일해도 그들의 벌이는 비료 값과 종자 값을 제하면 품삯에도 못 미친다. 이러한 현실을 탄식해도 늘어나는 부채를 감당할 길이 없어 그들의 일상은 눈물겹다. 그래서 또다시 아픈 몸을 이끌고 들판으로 나가야 하는 그들의 존재는 점점 잊혀가는 이 시대의 부끄러운 자화상이다. 알량한 상식과 타산을 익힌 젊은이들은 하나둘 도회지로 떠나버리고 노인들만 남은 농촌사회는 점점 더 황폐해져 간다.

농촌이 이렇게 처음부터 애물단지였던 것은 아니다. 태초에 주어진 인간의 생활환경은 인위적으로 가공되거나 치장되지 않은 자연 그 자체였다. 지상낙원으로 알려진 '에덴'에서의 삶은 풍성함과 신선함, 그리고 쾌적함이 넘쳐났다. 채소와 실과를 종류대로, 먹고 싶은 만큼 바로 먹을 수 있었으니 풍성하고 신선했을 것이다. 땅과 하늘, 물과 공기에 그 어떤 오염도 없었으니 쾌적했을 것이다. 하나님이 태초의 인간들을 위해 만들어주신 에덴은 그렇게 자족할 만한 낙원이었다. 그곳에는 모든 것을 누릴 수 있는 최대의 향유가 있었던 반면 선과 악을 알게 하는 나무의 과실을 먹지 말라는 최소의 금기가 있었을 뿐이다(창 2:16-17). 그 최소한의 금기를 위반한 인류의 조상은 비극적인 실낙원의 대가를 감당해야 했다. 여자에게는 해산의 고통이 지워졌고 남자에게는 땀 흘리며 일해야 먹고살 수 있는 수고가 부과되었다(창 3:16-17). 저주받은 땅은 가시덤불과 엉겅퀴를 냄으로써 죄악에 떨어진 인간들을 푸대접했다(창 3:18). 이렇게 이 땅 최초의 직업은 농업이었고, 실낙원 이래 인간들에게 제공된 최초의 인공적 생활환경은 농촌이었다.

그러나 인류역사가 진전되어나감에 따라 과학기술의 발전과 함께 세상은 뒤집어지기 시작했다. 서구의 산업혁명이 기폭제가 되었고, 전 지구적 단위로 확산되어간 자본주의 체제의 발전이 보편적 배경이 되었다. 대량생산과 대량소비의 자본제적 체제 아래 농촌의 미덕이 된 식량생산은 자본의 가치를 제고하는 요긴한 수단에 밀리기 시작했다. 농촌의 경작지가 도심지로 흡수되었고 거기에 대규모 주택과 상가, 공장들이 들어섰다. 농촌은 점점 더 변두리로 밀려나면서 구성원들까지 인생의 황혼기에 쉬어야 할 연로한 어른들의 범주로 밀려나게 되었다. 이처럼 산업근대화 시대의 도래와 함께 도시화의 폭발적 성장은 서서히 농촌공동체를 좀먹다가 이제는 황량하게 해체하는 파국을 맞고 있다.

우리 시대의 농촌은 의심의 여지없이 생기를 잃어가고 있는 형편이다. 일할 만한 젊은 인구는 거의 다 도시로 떠나 농업의 미래는 점점 더 어두워지고 있다. 농촌에서 예전의 덕스러움과 여유로움을 찾아보기 힘들다. WTO 체제하의 정부 내 유관기관에서도 농촌과 농업은 애물단지가 된 지 오래다. 마침내 미국과의 FTA 체결은 그나마 빈사 상태인 한국 농촌을 설상가상의 환경으로 이끌어놓았다. 농촌을 살리자는 슬로건과 정책들이 많지만 그것의 효력이 농민들의 일상적 삶에 실팍하게 와닿지 않는 게 문제다. 구조적 낙후와 인구감소로 인해 농촌교회들 대부분이 미자립 상태로 허덕인다. 농촌 출신이나 농업이란 직종은 더 이상 자랑이 아니라 '거칠고 세련되지 못함', '교양 없음', '빈곤과 무지', '불결과 비위생' 등과 같은 부정적 이미지로 고착되어버렸다.

그러면 이제 어쩔 것인가. 예수는 농촌사회를 두고 벌어져 온 이 시대의 왜곡과 편견, 차별과 억압을 어떻게 다룰 것인가. 예수가 이 땅에 머무는 동안 농촌에 대하여 무엇을 어떻게 했던가. 도시와 농촌의 단절, 이로 인한 배타적 간극은 어떻게 해야 지속 가능한 희망의 대안 속에 극복될 수 있을까. 오늘날 농촌교회는 이 시대적 과제 앞에 어떻게 대응해야 할까. 농촌과 농경이 우리 사회에서 거듭날 수 있는 묘안은 존재하지 않는 것일까.

예수의 이야기와 농경 이미지

공생애 이전 예수는 부친 요셉의 업을 물려받아 목수일에 종사했을 것이다(마 13:55; 막 6:3). 그러나 공생애 기간 내내 예수가 주로 만난 사람들은 갈릴리의 농사꾼들과 갈릴리 호수 주변에서 고기를 잡는 어부들이었다. 그도 그럴 것이 예수가 다닌 갈릴리의 마을은 번듯한 도시들이라기보다 작은 촌락들이 대부분이었다. 공공기관과 문화시설을 갖춘 세포리스라는 도시가 있었지만, 이 도시는 복음서에 단 한 번도 등장하지 않는다. 갈릴리의 지형은 일부 야산과 광야지대를 빼고 대체로 농사에 적합한 비옥한 토질을 자랑했다. 그러나 거기서 농사짓는 사람들은 소작농으로 지주와 로마제국에 바쳐야 할 세금 때문에 고통이 심했다. 거기에 마름(집사, 청지기)의 횡포도 겹쳤다. 예수가 비유로 말한 땅에서 밭일을 하다가 보화를 발견한 사람(마 13:44)은 남의 땅을 빌려 농사를 지었던 것으로 보인다.

예수의 대표적인 하나님 나라 비유들(막 4장; 마 13장)에서 드러나는 신학적 상상력은 주로 농경 이미지를 매개로 하여 퍼져 나간다. 예수는 하나님 나라를 무슨 형이상학처럼 배배 꼬아서 현학적인 어투로 복음을 전하지 않았다. 그는 일상이 고단한 백성을 배려하여 그들의 삶의 현장에 와 닿는 언어와 비유로 접근해갔다. 씨 뿌리기 비유에 나오는 길가, 돌밭, 가시떨기, 옥토 등의 이미지군은 농경생활의 경험이 배어나는, 그래서 당시 갈릴리의 농부들에게 친근하게 다가오는 것들이었다. 씨를 뿌리고 나서 때가 되면 땅이 저절로 열매를 맺는 이치(막 4:26-29)와 아주 작은 겨자씨가 자랄 만큼 자라나 공중의 새들을 품는다는 이야기(막 4:31-32), 가라지의 비유(마 13:24-30)와 누룩의 비유(마 13:33) 등에 등장하는 모든 메시지의 소품들은 그것을 듣고 깨닫는 사람들에게 아주 평범한 일상의 일부였다. 예수는 그것을 매개로 갈릴리의 농민들에게 그 속에 숨어 있는 하나님 나라의 놀라운 비밀을 발견하도록 그들의 상상력을 부추겼다. 그뿐 아니라 어부 출신이 많았던 제자들에게도 예수는 고기잡이와 연관된 평상적인 삶의 언어들로 하나님 나라를 가르쳤다.

씨와 관련된 비유들이 주로 밀, 보리 등과 같이 곡물을 재배하는 농경적 이미지로 통한다면 포도밭을 비롯한 과수원과 관련된 비유들은 실과를 생산하는 또 다른 농사경험을 반영한다. 밭에서 이루어지는 소작일이 소출의 일부를 노동의 대가로 받는 것이 상례인 것과 달리 과수원 농사는 임금노동의 현장을 독자들에게 비추어준다. 그리하여 우리는 마태복음 20장에서 다른 시간대에 과수원에 들어와 일하고 한 데나리온씩 받은 품꾼들과 공정하면서도 너그러웠던 포도원 주인을 만난다. 그런가 하면 마태복음 21장에서는 포도원을 만들어 농부들에게 세주고 타국에 나갔다가 돌아오자 그들이 주인을 배반하고 그의 종들과 아들을 때려죽인 포도원과 울타리, 그 안의 망대, 즙 짜는 구유 등을 접한다. 그 과수원에는 물론 포도나무뿐 아니라 무화과나무도 나오고(마 24:32; 눅 13:6–9), 이에 더해 소나 나귀, 양과 같은 동물을 치며 사는 목축농도 덩달아 출현한다(눅 13:15; 14:19; 15:1–7). 꽤 넓은 토지를 보유한 지주로 '경영형 부농'이 된 주인과 그의 재산을 관리해주는 마름, 곧 청지기가 등장하는 것(눅 16:1)도 갈릴리의 농경적 배경을 전제로 한다.

이렇게 예수는 갈릴리의 농어촌 백성과 그 생활언어의 교감으로 서로 소통했고, 그들의 상상세계에 동참했으며, 이로써 그들과 더불어 삶을 흔쾌히 나누었다. 예수의 하나님 나라 비유에 왕성하게 발견되는 이러한 농경적 이미지들을 두고 단순히 교육적 효과를 높이기 위한 것이었다는 식의 뻔한 해석으로 그쳐서는 안 된다. 그것은 타자의 언어를 배워 그 언어로 생각하고, 그 삶을 적극적으로 공유했음을 뜻한다. 이로부터 갈릴리의 생활공동체로서 하나님 나라 운동이 탄력을 받을 수 있었던 것이다. 오늘날 농촌의 언어를 느려터지고 진부하고 촌스럽다고 모멸하는 세태 속에 누가 예수처럼 그들의 언어 속에 내 삶의 집을 지을 수 있을까. 생각처럼 그리 쉽지 않은 과제다. 도시민들에게 낯선 타자인 농민들의 얼굴을 극진히 대접하고 나의 삶 속으로 깊숙이 받아들여 함께 용해되지 않으면 늘 겉돌 수밖에 없기 때문이다.

빈들의 사상과 대안적 전망

예수는 당시의 중심지였던 예루살렘을 선교 사역지로 택하지 않았다. 그 대신 당시 '이방인들의 땅'으로 알려진 소외된 변두리 갈릴리를 하나님 나라 운동의 핵심무대로 삼았다. 이는 나사렛이라는 예수의 연고지가 갈릴리 주에 포함되어 있기 때문에 자연스러운 모습일 수도 있겠다. 그러나 더 많은 사람을 상대로 사역을 하기 위해 도회지로 나갈 수도 있었을 것이다. 특히, 당시 정치·경제·사회·문화 등 제반 분야의 중심지였을 뿐 아니라, 유대교의 전당인 성전이 있었던 예루살렘은 매력적인 공간이 될 만했다. 예수가 단순히 종교지도자로 명성을 높이고 출세하고자 했다면 예루살렘은 선택이 아닌 필수였을 것이다. 그러나 그는 다만 성전을 청결하게 하려고, 그리고 그 여파로 붙잡혀 죽음/죽임과 부대끼기 위해 예루살렘을 최후의 무대로 남겨두었을 뿐이다.

갈릴리 지역에서도 예수는 당시 그곳의 대표 도시로서 꽤 명망이 높았던 세포리스나 티베리아스를 사역의 근거지로 삼지 않았다. 복음서에서 그려지는 예수의 선교 동선을 분석해보면 가버나움이라는 자그만 촌락이 중심지로 부각된다. 학자들의 연구에 의하면 가버나움은 예수 당시 인구 1,700명 정도의 전형적인 농촌이었다. 그러다가 이후 점차 도시화하여간 것으로 추정된다. 공관복음서의 일부에서는 가버나움을 도시(*polis*)라고 부르고 있지만(막 1:33; 마 9:1; 눅 4:31), 자료상 더 위로 소급되는 구절(눅 7:1; 10:15)과 요한복음의 표적 자료(요 2:12; 4:46; 6:17, 24)는 도시라는 수식 없이 그냥 '가버나움'이라고만 부른다. 여기에 백부장이 주둔한 사실과 로마식 목욕탕이 발굴된 고고학적 증거를 내세워 가버나움이 꽤 큰 규모의 도시인 양 성급하게 추단되기도 했지만, 그 증거는 예수보다 후대인 2–3세기의 것으로 밝혀졌다. 가버나움에 있었던 회당(막 1:21)과 세관(막 2:14)도 유대인들이 거주하는 곳이면 도시와 농촌 가릴 것 없이 있었기에 가버나움이 도시였음을 뒷받침하는 뚜렷한 증거로 취하기 어렵다. 가버나움을 중심으로 예수는 인근의 농어촌 마을들을 전후좌우로 순행하면서, 때로는 육로로 때로는 뱃길로 움직였다. 그렇게 바지런히 다니면서 많은 사람을 만나 사귀었고 그들을 대상으로 복음을 전하였다.

갈릴리에서의 예수는 항상 많은 군중을 몰고 다니는 대중적인 지도자였다. 예수와 일행은 그들에게 둘러싸여 쉬거나 식사할 겨를이 없을 때도 있었다. 예수가 제자들과 함께 두로와 시돈, 빌립보 가이사랴, 데가볼리 등과 같이 원족의 걸음을 하면서 비교적 먼 곳으로 휘돌아온 것은 자신에 대한 소문이 뜸한 곳을 찾아 좀 쉬고자 하는 의도도 없지 않았을 것이다. 물론 거기에서도 예수에 대한 소문을 듣고 찾아온 사람들이 있어 그들을 상대해야 했지만 말이다.

마가복음에 의하면, 세례자 요한이 목 베여 죽임을 당한 뒤 예수를 따르는 '큰 무리'가 있었다. 그들은 예수가 배를 타고 한적한 곳으로 갔는데도 거기까지 따라오는 열성을 보였다. 예수는 날이 저물기까지 집에 돌아가지 않고 빈들로 자신을 따라온 그들의 "목자 없는 양 같음을 인하여"(막 6:34) 긍휼히 여겼다. 예수는 거기서 그들을 가르쳤고 오병이어의 기적을 베풀어 먹였다. 나는 바로 이 대목에 예수의 농촌선교와 농촌목회의 핵심적인 내용이 담겨 있다고 생각한다. 큰 무리의 군중은 날이 저물어도 갈 곳이 없는 유랑민이었을 가능성이 크다. 그들 다수는 소작농이거나 과수원의 일일노동자로 살면서 일용할 양식 챙기기에도 버거운 하층민들이었을 것이다. 아마 정신적·육체적으로 소외되고 배고픈 농민들이었을 것이다. 안온한 가정과 기름지고 따뜻한 음식이 확보된 자들이 굳이 저물녘 빈들에까지 예수를 따라와 보리떡과 물고기로 저녁 요기를 하려 했겠는가.

예수는 먼저 그들을 불쌍히 여겼다. 여기서 불쌍히 여김은 단순히 성전제의나 회당예배 때 베풀어지는 종교제의적 자비를 가리키지 않는다. 그것은 원문의 표현 '에스플랑크니스쎄'(*esplanchnisthē*) 그대로, 내장이 뒤집어지는 듯한, 애가 끓는 듯한

(이 동사의 명사형 *splanchnon*은 '내장'이란 뜻이다), 다시 말해 그들의 아픔과 슬픔이 자신의 것으로 동일화된 치열한 연민을 뜻한다. 이 순간, 예수의 자아는 '타자화된 나'로서의 자아였다. 그 치열한 연민이 단순히 감정의 격동에 멈추지 않고 생명의 밑바닥을 보양한 증거는 이후 예수가 보여준 행적으로 검증된다. 예수는 '목자 없는 양'과 같은 그들을 불쌍히 여겼고 그 후, 그들의 정신적이고 영적인 필요를 충족시키기 위해 가르쳤다. 그리고 가장 절박한 육체적 곤경인 굶주림을 채우기 위해 오병이어의 기적을 베풀어 풍성히 먹였다. 예수의 농촌목회는 이와 같이 구체적이었고 총체적이었다. 천하보다 귀하다는 한 생명, 농민 영혼의 뿌리에서 가지까지 아우르는 통전적인 선교가 이런 방식으로 이루어졌다.

예수의 행적 가운데 또 다른 중요한 부분에 해당되는 축귀와 병자 치유의 경우에도 종종 표출되는 '치열한 연민'의 사례는 폭넓고 일관되게 확인된다. 예수는 그들을 치유하기 이전에 먼저 그들을 불쌍히 여겼다. 그들의 아픔을 쳐다만 보지 않고 가까이서 어루만진 것이다. 마침내, 그들의 아픔을 자신의 아픔으로, 그들의 삶을 자신의 삶으로 깊숙이 끌어안은 것이다. 이렇게 예수의 사역은 단지 굶주리고 병든 민중을 향한 예수 개인적 차원을 넘어 당시 황폐해진 갈릴리의 농촌사회를 갱신하고 활성화하기 위한 하나님 나라 선교신학의 바탕이었다고 볼 수 있다.

거듭난 농촌의 미래를 위하여

TV나 인터넷을 통해 보는 도시의 소비문화는 농촌주민의 박탈심리를 가속화시키고 있다. IMF 구제금융 사태 이후 '귀농'을 통한 재활사역이 붐을 이루는 것처럼 보도되었지만 그것은 빙산의 일각에 불과하다. 오늘날 농촌은 농촌 내에서 또 다른 양극화를 경험하고 있다. 극소수의 기업농들이 창의적인 아이디어와 선진농경의 기술을 동원하여 성공사례를 발표하지만 다수의 영세농은 힘들게 하루하루를 버티고 있다. 경치 좋은 곳에는 도심지의 여유 있는 사람들이 들어와 분위기를 내고 꾸민 전원주택이 많아지면서 가난한 토착민과의 관계에서 상호간의 부조화와 격절로 인한 위화감을 자극하고 있다.

현재 한국 농촌사회를 뜨겁게 달구고 있는 한미 FTA 조약의 핵심은 해외의 농축수산물 등을 싼값에 수입하여 국민의 먹거리를 다양하고 풍성하게 공급해주면서 국내의 자동차, 반도체 산업 등 2차 산업의 대외수출에 유리한 여건을 제공하자는 것이다. 이로 인한 농촌경제의 피해를 예상하고 이를 무마하기 위한 떡고물 같은 약속도 제시된다. 그러나 '떡고물'의 보상이 더욱 황폐해질 우리나라의 농촌경제와 거기에 종사하는 사람들의 자긍심과 생활의욕을 깊이 배려하는 것 같지 않다. 나아가 그러한 대기업 위주의 경제정책이 내부 기반이 취약하고 영세한 이 땅의 농축산어업의 자생력에 대한 장기적인 대안을 품고 있지도 않다.

여기서 농촌사회는 다시 정부 당국과 이익단체의 선처에 동정을 구할 수 없다. 지금까지 수많은 시책과 대책에 따라 순박하게 마음을 주었던 그들의 처참한 현재가 바로 역사적 교훈 자체다. 물론 자기혁신에 굼뜨고 자기계발의 지속적인 도전에 느린 내부 공동체의 보수적인 고집과 관성도 진지하게 성찰해야 할 대상이다. 무기력증에 시달리며 '미자립'이라는 꼬리표에 얹혀사는 농어촌 교회공동체의 불명예도 환경을 탓하며 세월을 보내기에 현실은 너무 급박하다. 그러니 모든 것을 힘들다고 포기하기보다 예수의 모델에 따라 다시 시작하며 차근차근 근본을 바로 세우는 결단과 실천이 요청된다. 이 시대의 양식 있는 시민과 기독교 지성들은 자신의 삶이 날마다 취하는 일용할 양식에 일차적 근거가 있음을 직시하여 양식의 생산공정과 유통경로에 대한 겸손한 성찰과 함께 이 땅의 농촌을 재건하는 기획에 관심을 기울여야 한다.

첫째, 예수가 굳이 갈릴리를 사역의 무대로 택한 데서 교훈을 얻어야 한다. 갈릴리는 배척과 소외의 땅이었지만 희망의 땅이 되었다. 예수는 갈릴리에서 기만과 탐욕으로 찌든 도시적 삶을 반성하고 새로운 대안적 가치의 삶을 만드는 선교의 기적을 일구어냈다. 오늘날 농어촌은 우리 시대의 가장 피폐한 공간인 동시에 자본주의적 탐욕의 노예로 사는 도시적 삶의 양식을 해체하고 새로운 대안가치를 창출할 수 있는 비교적 덜 오염된 공간이다. 거기에는 탐욕의 성채를 쌓는 이 시대의 맘몬주의를 벗어나 끊임없이 걸을 수 있는 길 위의 신학이 있다. 밑바닥까지 내려가 지독한 죽음의 맛을 본 뒤에라도 새로 태어나 다시 시작할 수 있는 빈들이 아직 거기에 남아 있다.

둘째, 농경적 이미지로 충만한 예수의 가르침 방식을 교훈 삼아 우리의 언어를 바꾸는 것에 고심해야 한다. 농촌목회의 언어는 농민의 생활언어로 변용되는 것이 좋다. 상투화된 제의적 언어, 목회자 위주의 자기 봉사적 권위주의의 언어, 세속의 티끌로부터 탈피하여 저 홀로 정결해지려는 도시적 위생의 언어로서는 기존 체제의 온존에는 기여할 수 있을지 몰라도 농촌 선교와 목회의 새로운 지평을 열기에는 역부족이다. 우리의 일상언어, 신앙언어, 가르침의 언어 등에 있어 말을 뒤집어 반성하지 않으면 생각이 바뀔 수 없고, 생각이 바뀌지 않으면 기존 스타일에 고착된 삶의 양식에서 변화될 수 없는 것이다. 더구나, 그렇게 고착된 언어체계를 통해서는 농민들의 생활세계와 적극적으로 대화하며 하나님 나라를 위한 영적인 연대를 구축하기 난망하지 않겠는가?

셋째, 예수가 당시 소외된 농민들을 향해 보여준 '치열한 연민'의 자세를 가져야 한다. 농민들과 목회자의 속내는 이를 매개로 깊숙이 연동되고 진정한 소통을 이루어야 한다. 그래야 농촌사역이 도시의 목회로 나아가기 위한 한시적 체류지나 디딤돌이 아니라 평생의 소명과 사명이 될 수 있다. 이를 위해서는 농민들의 삶을 나의 운명 한가운데로 영접해야 한다. 그들의 일상을 나의 일상 속에 품고 극진히 대접해야 하는 것이다. 이 시대의 농어민 다수가 상대적 박탈자요 소외자임을 자각하여 그들을 더는 목자 없이 방황하는 양처럼 내버려둬서는 안 된다. 오래 묵은 상처를 싸매고 치유하려면 애끓는 슬픔과 내장이 뒤집어지는 듯한 안쓰러움이 동반되어야 한다.

넷째, 그 연민이 단순히 시혜적 자비가 되지 않기 위해서는 교회가 농민들의 삶을 기초부터 세워나가는 데 동참해야 한다. 농촌사역자는 농민들을 겸손히 섬기는 마음가짐으로 부지런히 말씀을 가르쳐야 한다. 이로써 그들의 고단한 현실을 위로하고 용기를 북돋워 격려하며 하나님 나라 백성으로서의 자긍심을 갖도록 도울 수 있어야 한다. 그리하여 그들을 지배하고 있는 낮은 자존감과 열등감이나 피해의식에서 벗어나도록 인도해야 한다. 이를 위해 농촌사역자는 설교자로서 목회자로서 농촌생활의 장점을 적극 부각시키고, 단점은 감싸주는 것이 상책이다. 현실에 대한 반복적인 불평과 원망을 끊지 않고서는 상황을 타개하려는 모든 노력이 무효로 돌아가기 때문이다.

오늘날 농촌사회에서 당면한 또 다른 절박한 문제는 삶의 하부구조가 너무 취약하다는 것이다. 열심히 농사지어도 제값을 받지 못해 수확을 포기해야 하거나 가축을 키워도 사료 값 대기에 벅차 하는 열악한 현실은 어제오늘의 상황이 아니라 오랫동안 반복되는 구조적 문제이다. 오늘날 농촌목회자들에게는 이러한 현실을 명민하게 포착하여 문제를 분석할 수 있는 사회경제적 안목이 요청된다. 그리하여 해결책으로 농촌교회가 도시교회와 자매결연하여 직거래 장터를 활성화한다든지, 수익사업을 개발하여 농촌을 자립 가능한 생활공동체로 만들어나가는 일에도 힘쓸 필요가 있다. 일용할 양식을 구해야 하는 저물녘, 빈들에 방치된 헐벗고 굶주린 사람들을 앞에 두고 예수가 제자들에게 "너희가 먹을 것을 주라"(막 6:36)고 말씀하신 뜻을 깊이 상고해야 한다.

서울을 중심으로 확립된 남한의 일극체제에서 중앙과 지방의 경제력 격차는 날로 심해지고 지방 내에서도 도시와 농촌의 괴리 현상은 변함없이 존속되고 있다. 교회마저도 농촌에 있다는 것이 무슨 원죄라도 되는 것마냥 사역자가 제 일가조차 건사하지 못하는 미자립의 현실은 좀처럼 극복될 조짐이 보이지 않는다. 그러나 예수 당시 예루살렘과 갈릴리가 그러했듯이 오늘날 농촌은 암울한 현실 속에서도 희망의 씨앗을 품고 있다. 예수는 오늘도 자신의 뒤를 이을 농촌목회 후계자를 찾고 있다. 맘몬의 수명이 다한 뒤에도 지속되어야 할 인간생존의 토대인 땅의 미래에 투신할 선량들을 기다리는 것이다. 그는 지금 저 황량한 빈들을 향해 이사야의 어조로 거듭 묻는다. "내가 누구를 보내며 누가 우리를 위하여 갈꼬", "내가 여기 있나이다. 나를 보내소서"(사 6:8). 이렇게 대답할 자 누구인가. 어디 있는가. 과연 있는가.

08

예수, 연고주의를 넘어서는 믿음을 말하다

혈연, 지연, 학연의 끈끈한 연결고리

나는 한국교회의 생명력이 이 사회의 주류 가치와 얼마나 차별화할 수 있느냐에 있다고 믿는 사람이다. 그 차별의 우월감에 빠지지 않고 더 나은 대안을 제시하는 것도 빠뜨리지 말아야 할 사명이다. 한 걸음 더 나아가, 일반사회와 교회 모두에서 근대적 성숙의 척도로서 일차원적 연고주의의 족쇄에서 얼마나 자유로워지느냐가 가장 중요하다고 생각한다. 내가 가족이 없어서가 아니다. 내가 특정지역 출신으로 차별을 받았거나 학연관계가 없어 유별난 소외감을 느껴서도 아니다. 그것이 바로 예수가 보여준 중요한 하나님 나라 사역의 이념적 지표라는 걸 발견하고 거기에 깊이 감화되었기 때문이다. 예수의 제자도는 혈통의 끈을 끊어버리고 자기에게 와서 하나님의 관점에서 대승적 삶의 도리를 배우라는 것이다. 그러기 위해 아브라함처럼 고향과 본토, 친척과 가족까지 떠나야 한다는 것이었다. 물론 사람 낚는 어부가 되기 위해서는 자신의 재산도 내려놓고 몸을 가볍게 하는 것이 필요했다.

내가 지역주의라는 말을 배우고 이 말에 담긴 한국현대사의 상처를 깨친 것은 서른이 조금 넘어 전라북도 시골의 한 신학대학 교수가 되고 나서부터였다. 나는 본래 이 지역 출신의 사람이 아니었다. 그때까지 내 삶의 이력은, 충청북도 청주의 한 변두리에서 태어나 그 도시에서 고등학교까지 마치고 이후 대학 공부를 위해 서울에서 4년을 살았고, 미국 시카고로 건너가 이민 겸 유학 생활을 11년 가까이 거친 것으로 압축된다. 꽤 긴 디아스포라의 여정이 마감되고 나서 전라북도에 둥지를 틀게 된 것이다. 그 뒤로 지역주의 문제가 한국사회의 전근대적 속성을 강화하며 국내의 정치·경제·문화의 발전과 사회적 진보를 가로막는 중대한 문제라는 것을 배워 알게 되었다. 언젠가 이른바 TK 지역의 한 대학에서 목사들을 50여 명 모아놓고 "불과 칼을 던진 예수"라는 주제로 발표를 한 적이 있다. 그때 내 강연이 채 끝나기도 전에 뒤에 앉은 한 목사가 손을 들더니 "지역감정 문제로 얘기하러 오셨다면, 소용이 없습니다. 우리는 거기에 대해 아무런 문제점도 느끼지 않고 있으니까요" 라고 말했다. 순간 나는 아연했고, 목사의 의식수준이 이런 정도이면 그 교회의 교인들은 말할 것도 없다는 생각에 다소 낙담되었다. 나는 이 지역의 모든 목사들이 다 그런 식의 부정적이고 갇힌 의식을 가지고 있다고 믿고 싶지 않다면서 서둘러 강연을 마무리했다.

혹자는 한국의 지역주의가 고구려, 백제, 신라가 경합하던 삼국시대로 거슬러 올라간다고 말하기도 하고, 고려시대 차령 이남의 인재 등용에 못을 박았던 왕건의 훈요십조가 발단이라고 지적하기도 한다. 그러나 현대 한국사회의 현안으로 '지역주의'라는 개념이 조명되고 그것이 역사사회학적 개념으로 정의되기 시작한 배경은 군부독재 시절의 정치적 우민주의의 선동책략으로 소급된다는 것이 정설이다. 자신들의 지지를 인위적으로 강화하기 위해 백성의 지역감정을 이용하기 시작하면서부터 우리는 자기 지역, 자기 고향 출신의 사람들을 신용보증수표로 여기는 풍조에 물들게 되었다. 이런 지역정서에 과도하게 의존하면서 사람을 등용하고 그래야 정권이나 조직의 충성심이 보장된다고 믿는 신념의 뿌리가 참 의아스러울 지경이다. 더구나 기독교 장로 대통령의 인재선발이 고작 '고(고려대), 소(소망교회), 영(영남지역)' 수준으로 퇴화한 현실 앞에서 자못 서글퍼진다. 예수를 어떻게 믿었기에, 대체 어떤 예수를 만났기에 정치적 사고능력의 수준이 이 정도로 추락할까 싶은 것이다.

나도 내 피붙이를 사랑하지만, 그런 동물적 본능만으로 내 인간됨의 도리가 충분하다고 믿지 않는다. 그런데도 우리 사회에서 가족주의의 기세는 날이 갈수록 더욱 완강해져가는 것 같다. 수백 명의 직원이 구조조정에 희생되고 명문대학을 나와도 취업하기 어렵다는 세상에서도 각계 고위직의 유력한 장삼이사들은 낙하산식으로 자식을 취직시키고도 오리발을 내미는 게 현실이다. 한국교회의 가족 이해는 그 신학적 기반에서 전혀 성서적이지 않고 복음적이지도 않다. 예수의 신학적 정신에 물꼬를 대고 있지 않다는 게 내 판단이다. 외려 전통적인 관습 속에 수구화된 유교적인 가부장주의 논리와 가족이념을 대체로 추종하는 것이 내가 관찰하고 경험해온 저간의 엄밀한 현실이다.

한국의 대형교회 조직을 살펴보라. 아내와 자식은 물론이고 사돈에 팔촌까지 그 이권에 달라붙어 있지 않는가. 이런저런 기독교 사학재단의 조직구성도 여기서 오십보백보 수준으로 이른바 '집안끼리 다 해먹는' 판국이다. 이러한 촌극의 밑바탕에는 지독한 혈통가족주의가 작동하고 있다고 볼 수밖에 없다. 자기 아들이나 사위가 아니면 믿을 수 없어 교인들이 피땀 흘려 섬기고 세워온 하나님의 교회를 한 가문의 직계로 세습시키는 세태와 함께 예수를 믿는다는 것은 지독히도 부끄러운 일이다. 기독교인들의 세상이 이 정도니 일반 사회의 연고주의 문화가 얼마나 뿌리 깊은지는 미루어 짐작할 수 있다. 이러한 문제에 대해 아무리 질타해도 개혁은커녕 반성도 미적지근한 데는 그만한 내력이 있는 것이다.

내가 직장인으로 가장 많은 경험을 해본 대학의 학연주의 열풍은 수많은 학인들에게 좌절과 상처의 온상이 되어왔다. 줄을 잘 서야 교수가 된다느니, 아무개 보스의 눈 밖에 나면 교수는커녕 시간강사 자리도 구하기 어렵다는 자조 섞인 탄식은 이제 상식처럼 굳어져버렸다. 최근 도입된 대학의 '평가' 시스템으로 최대한 객관적으로 교수를 선발하고 양성한다고 하지만 여전히 암묵적으로 합의된 사람을 교수로 감투 씌우고 쓸 만한 인재는 물 먹이는 사례가 비일비재하다. 오로지 아무개와 선이 닿고 통한다는 이유만으로, 공식적인 절차를 밟지 않거나 그런 절차를 장식적 연출무대로 여긴 추레한 결과가 판을 치는 형국이 아닌가.

물론 가족 간의 온정이 소중하고 사제지간의 각별한 인연이 귀한 것을 모를 사람은 없다. 어차피 대등한 경쟁시장에서 유력한 아무개와 친밀한 관계라는 것은 보기에 따라 밑천이 될 수도 있다. 동향 출신의 사람을 만나면 반가워지는 것도 인지상정의 이치다. 사람의 인연이 두루 소중할진대 서로 간에 정을 나누면서 돕고 사는 것이 향토사회의 발전에 미덕일 수 있고 우리 사회를 메마르지 않게 하는 자산일 수 있다. 그러나 그것도 정도의 문제다. 한 인간의 먼 여정을 두루 존중하는 입장에서 서로에게 공평한 게임의 룰을 보장하는 객관적 규범이 필요하다. 더구나 우리 사회의 음습한 곳에서 곰팡이처럼 번식해온 전근대적 연고지상주의의 인습이 사회의 발전을 저해한다면 이에 대한 냉엄한 비판과 성찰이 필수적일 것이다. 더구나 그러한 제반 연고주의적 습성이 하나님 나라의 관점에서 사회의 선진화에 장애물이 되는 현실을 예수의 이름으로 마냥 정당화할 수는 없다. 예수는 그러한 연고주의와 반대의 길을 갔기 때문이다. 또 그의 제자들에게 그 길을 가라고 종용하면서 가르치고 친히 모범을 보여주었기 때문이다.

예수와 '하나님의 가족'

예수가 장성하기까지 가정에서 어떤 생활을 했는지 자세히 알 자료가 없다. 현존하는 복음서는 그의 공생애 기간에 집중하여 기록되어 있기 때문이다. 그의 부친 요셉이 목수였고(엄밀하게 해석하면 '장인'이 더 적절하겠지만) 예수 또한 가업을 이어받아 공생애 전까지 이 일에 종사하였다는 점만이 분명해 보인다. 또한 그의 모친 마리아를 통해 야고보, 유다, 요셉 등의 남동생과 여동생들을 두었고, 나아가 갈릴리 호수 연안 마을 가버나움으로 이주하여 공생애의 사역을 시작하기 전까지 나사렛에서 살았다는 사실 등이 알려져 있다. 예수가 쿰란공동체의 성원 혹은 견습생이었다거나 멀리 인도까지 구도여행을 하면서 종교적인 꿈을 키웠다는 얘기는 증거 없는 과도한 추측에 불과하다. 예수는 아마 요셉의 사망으로 인해 장남으로서 가족들의 생계를 책임지기 위해 얼마간 장인의 업에 종사하며 육체노동과 사람들 사이를 중개하는 노동시장 네트워킹에 힘쓰지 않았을까 짐작된다.

그런데 그런 그가 어느 날 갑자기 집을 떠나 떠돌아다니면서 하나님 나라의 복음을 전파하기 시작했다. 그 '어느 날 갑자기'가 있기 전 그의 내면에 얼마나 큰 고뇌와 결단이 있었는지는 알 수 없다. 하지만 그의 출가에는 분명 새로운 삶의 전기를 이루고자 하는 소명의 진정성이 있었다고 볼 수 있다. 예수가 사전에 가족들과 어떤 상의를 했는지 알 수 없지만 추측할 수 있는 점은 가족들에게 분명 노동과 생계의 결손이 있었다는 것이다. 이로 인한 불화의 흔적도 희미하게나마 탐지된다. 가령, 그의 가족들은 예수의 치유와 축귀 사역에 대한 소문을 듣고 그가 미친 것으로 단정하여 예수를 붙잡으러 다녔다(막 3:21). 가족이 찾아오자 주변에서 그 소식을 전하면서 "보소서 당신의 어머니와 동생들과 누이들이 밖에서 찾나이다"(막 3:32)라고 말했다. 이에 예수는 대뜸 결기를 보이면서 대답한다. "누가 내 어머니이며 동생들이냐"(막 3:33). 이윽고 그는 제자들을 둘러보면서 "내 어머니와 내 동생들을 보라. 누구든지 하나님의 뜻대로 행하는 자가 내 형제요 자매요 어머니이니라"(막 3:34-35)라며 충격적인 메시지를 선포했다. 당시의 로마와 유대인 사회는 모두 철저한 가부장사회였다. 가부장사회는 가부장을 중심으로 한 혈통의 유대가 어떤 인간관계보다 중시되는 특질을 갖는다. 그런데 예수는 여기에 철퇴를 가하는 메시지를 전하며 일차원적 혈통가족주의의 샤머니즘 늪에서 나와 하나님 나라의 대의, 곧 하나님의 뜻을 새로운 동무적 인간관계의 매개 요건으로 제시한 것이다.

여기서 하나님의 '뜻'은 인간사회, 나아가 생명세계를 두루 복되고 유익하게 하는 공공적 가치질서를 총괄한다. 하나님이 왕으로 다스리시는 이 세상에서 모두가 평화롭고 정의롭게 살아갈 수 있는 샬롬의 세상이 바로 그 뜻이 지향하는 목표다. 그렇다면 가족주의의 연고적 틀 속에서 핏줄의 이해관계를 따지면서 출세가 최고의 목표가 되는 삶의 가치와 그 반경은 협소하고 폐쇄적이며 배타적인 족쇄요 모든 창의적인 생명의 감옥이다. 예수는 일차원적 연고주의의 족쇄에서 과감하게 탈출하여 하나님의 팔 안에 모이는 가족, 곧 '하나님의 가족'(*familia Dei*)이란 비전을 제시한 것이다. 그래서 그는 때가 되었을 때 과감하게 가족을 떠났다. 그것은 일종의 불화를 무릅쓴 결단이었을 것이다. 예수는 '나를 따르라'는 부름과 함께 제자들에게도 일단 가족을 떠날 것을 전제로 요구하였다.

이러한 대대적인 관계의 해체와 재구성 과정에서 당시 예수의 주변에서 벌어졌을 법한 갈등과 긴장은 어느 정도 예상 가능한 일이었다. 그래서 제자들을 파송하면서 내린 선교명령의 주의사항 중에는 "사람의 원수가 자기 집안 식구니라"(마 10:36)는 말이 나온다. 집안 식구가 원수가 되어버리는 배경에는 예수의 급진적인 종말론적 소명의식이 깔려 있다. "내가 세상에 화평을 주러 온 줄로 생각하지 말라 화평이 아니요 검을 주러 왔노라. 내가 온 것은 사람이 그 아버지와, 딸이 어머니와, 며느리가 시어머니와 불화하게 하려 함이라"(마 10:34-35)는 것이다. 예수를 평화의 사자로 생각했던 사람들에게 이 말은 폭언처럼 들릴 것이다. 그러나 혈통가족주의의 온상에서 찌들어가는 온갖 인습의 노예들에게 이 말은 복음 중의 복음일 것이다.

마태복음에서 칼을 던진 예수는 누가복음에서 불을 던진다. "내가 불을 땅에 던지러 왔노니 이 불이 이미 붙었으면 내가 무엇을 원하리요"(눅 12:49). 이 역시 일차원적 가족의 연고관계가 그 대상이다. 분쟁의 와중에서 창의적인 탈주도 가능해진다. 말을 바꾸면 인습적이고 안정된 관계의 온상에서는 내성과 비평의 균열이 없다. 그러한 성찰이 없는 모든 관계는 근본적으로 불온하거나 곧 불온해진다. 자기동일성의 체계 내에서 자족하는 가운데 소외된 타자들을 무수하게 양산하기 때문이다. 수동적으로 그것을 방치하는 데 머무는 것이 아니라 그 양산을 촉진하거나 타자들 위에 군림하며 때로는 폭력을 가하기도 한다. 그것이 혈통가족주의의 연고체계에 붙박인 온화한 가족의 두 얼굴이다. 예수의 위대함은 그가 먼저 그 관계의 끈끈한 점액질을 과감하게 청산했다는 데 있다. 유교주의적 명분으로 보자면 이러한 불효막심한 경우도 드물 것이다.

갈릴리와 지역주의의 균형추

예수는 누구를 스승으로 모시고 사숙을 하거나 특별 과외를 받은 적이 없었다. 흔히 세례 요한을 예수의 선구자 또는 '멘토'로 보는 학자들도 있지만, 그와의 만남은 그리 지속적이지 않았다. 물론 예수는 감옥에서 죽음을 앞둔 세례 요한을 위해 예의를 갖춘 몇 마디를 남긴 적이 있다. 그는 세례 요한을 일러 시적인 어조로 운을 맞춰 "너희가 무엇을 보려고 광야에 나갔더냐? 바람에 흔들리는 갈대냐 그러면 너희가 무엇을 보려고 나갔더냐? 부드러운 옷 입은 사람이냐 부드러운 옷을 입은 사람들은 왕궁에 있느니라. 그러면 너희가 어찌하여 나갔더냐 선지자를 보기 위함이었더냐? 옳다. 내가 너희에게 이르노니 선지자보다 더 나은 자니라"(마 11:7-9)라고 자문자답하였다. 나아가 그는 세례 요한을 칭송하여 "여자가 낳은 자 중에 세례 요한보다 큰 이가 일어남이 없도다"라고 높였지만, 바로 "그러나 천국에서는 극히 작은 자라도 그보다 크니라"(마 11:11)라며 전복적인 서늘함을 보여준다. 그러니까 천국의 관점에서 보면 세례 요한의 역사적 의의를 존중해야 함에도 불구하고 결국 크고 작음이라는 것이 절대적인 가치가 아니라 상대적임을 역설한 것이다. 비록 세례 요한과 예수의 관계가 오늘날의 사제관계와는 달랐지만, 친밀한 인간관계의 서늘한 기품은 말 한마디에도 확인된다. 세례 요한은 일찍이 예수를 메시아로 인정하면서 자신은 그의 신발 끈을 매는 종의 위상조차 감당하기 어렵다고 겸비한 자세를 보이지 않았던가. 두 사람이 특정한 이권이나 감투 또는 권력을 두고 다투거나 은밀히 담합하여 밀어주고 끌어주었다는 이야기를 들어본 적이 있던가.

예수는 당시 이방인의 땅, 암흑의 골짜기 취급을 받던 갈릴리에서 내내 활동하였다. 그가 유대교의 총화라고 할 수 있는 예루살렘 성전과 같은 중앙무대에서 이름을 알리지 않고 굳이 갈릴리의 소읍과 농촌을 전전하였는지 그 속뜻이 깊어 보인다. 예수는 자신의 죽음과 부활에 대한 예언에서도 제자들에게 갈릴리에서 다시 만날 것을 기약하였다. 예루살렘이 부정한 권력과 타락한 종교로 장식된 죽음의 도시였다면 갈릴리는 예수의 현존과 하나님 나라의 복음으로 말미암아 생명의 전당이 아니었을까. 그는 그곳에서도 로마권력과 그 하청권력의 영향을 받는 헬레니즘의 도시 세포리스와 티베리아스를 단 한 번도 찾지 않은 것으로 보인다. 그는 철저히, 의도적으로 중앙과 버성기며, 중앙의 유혹에서 탈주하면서 광야로, 작은 마을로 선회하였다. 거기서 예수는 사두개인들 같은 성전귀족이나 바리새인들과 서기관들 대신 병들고 지친 민중을 만나 그들의 질고를 치유하며 굶주림을 측은히 여겨 광야에 식탁을 차려 먹였다. 그들이 희망을 가질 수 있도록 주옥같은 비유와 말씀으로 가르쳤다. 혹자는 갈릴리가 예루살렘의 반대편에 선 역차별 지역주의라고 할 수 있을지 모르지만, 이는 차라리 반지역주의의 모태라고 하는 것이 적절하다. 예수는 흑암의 땅에 본거지를 두고 두로와 시돈, 데가볼리 등 더 먼 이방인의 땅으로 돌아다니면서 하나님 나라가 인간문명이 일궈놓은 지역적 경계를 넘어서는 것임을 시위한 것이다. 그래서 궁극적으로 경계 없는 공평한 제왕적 통치의 선물임을 체현하였던 것이다. 그것이 굳이 '체현'인 것은 예수가 이러한 진리를 입술로만 가르치지 않고 직접 끌고 이동하고 부대끼면서 진리를 몸으로 구현해나갔기 때문이다.

지리적 경계만 넘어선 것이 아니다. 예수는 사람들도 다양하게 만났다. 많은 경우 위트와 해학으로 비틀어버렸지만 예수는 그의 적대자들을 부러 피하지는 않았다. 그들과 적극적으로 논쟁하면서 일부는 칭찬도 하였고, 다수는 그 시험의 허방을 까발려 그들의 의도를 부끄럽게 하였다. 예수가 제자로 삼은 사람들 중에는 어부들도 있었지만, 세리와 젤롯당 출신도 있었다. 순진한 어부들뿐 아니라 정치적으로 과격한 자, 당시 민심 재판에 패역한 죄인 취급받은 직종까지 포괄하는 열린 자세로 사람을 대했던 것이다. 예수의 열두 제자들이 친인척이나 특정 지역의 연고에 따른 인간관계에 국한하여 차출되었다고 볼 수 있는 증거는 없다. 외려 그 반대의 다양성이 역사적 실상에 가깝다. 남자들만 열두 제자였다고 예수 역시 가부장체제의 사상적 한계에 머문 것으로 묶어두려는 사람도 있지만, 그는 당시 누구보다 사회적 약자인 여성들과 어린아이들에게 관대하고 포용적인 태도를 취했다. 심지어 "누구든지 하나님의 나라를 어린 아이와 같이 받들지 않는 자는 결단코 그 곳에 들어가지 못하리라"(막 10:15)는 말씀까지 했다.

복음서의 행간을 살펴 읽으면 예수를 따르며 섬기는 여러 여성이 갈릴리에서부터 예루살렘까지 따라와 이름도 빛도 없이 실질적인 제자로서 예수의 복음에 화답한 것을 누구라도 깨달을 수 있다. 가령, "헤롯의 청지기 구사의 아내 요안나와 수산나와 다른 여러 여자가 함께하여 자기들의 소유로"(눅 8:3) 예수와 제자들을 섬겼다. 그들은 이후로도 오랫동안 남성 열두 제자들이 오해하고 실패한 자리에서 (예컨대 십자가 수난과 부활의 현장에서) 대안적인 희망인 양 묵묵히 예수를 따르고 복음의 선구적인 증인이 되었다. 이처럼 갈릴리의 반지역주의와 반연고주의는 바로 이러한 다양한 생명들이 기존의 억압적인 체계를 깨고 녹아드는 복음의 용광로처럼 오늘날의 반예수적 사회와 교회의 비평적 유산으로 남아 있다.

믿음의 진정성을 검증하는 기준

예수는 제자들과 그의 시대를 향하여 믿음이 없음을 통탄한 적이 있다. 그들은 예수의 놀라운 행적과 가르침의 권위를 친히 경험하고도 믿음이 없어 자주 추락하곤 하였다. 이 믿음은 오늘날 예수를 구주로 고백하고 확신하느냐라는 차원에서 협소하게 그 개념이 정해지곤 한다. 나아가 교회에 얼마나 열심히 출석하고 헌금은 얼마나 풍성하게 내며 교회의 정책에 얼마나 신실하게 순종하는지가 믿음의 질적 기준이 되는 듯하다. 목회를 하는 사람으로서 이런 것을 아주 무시할 수 없지만, 나는 한국사회 전체의 성숙과 한국교회의 발본적 갱생을 위해 더 중요한 믿음의 검증 기준을 제시하고 싶다. 그것은 자신이 선 사회적 자리에서 연고주의의 청산이라는 엄정한 원칙을 지키는가이다. 자신의 가족이나 친인척을 '빽'을 앞세워 여기저기 심어두길 좋아하는지 여부, 자기와 동향이라는 이유만으로 특정한 정당의 후보를 찍어주는지 여부, 같은 학교 출신이라는 이유만으로 한통속이 되어 파당을 만들고 거기에 끼지 못하는 자들을 냉대하며 소외시키는지 여부 등등의 잣대로 이 시대의 믿음을 검증해보자는 것이다.

우리는 믿음의 진정성을 검증하는 이 근대적 기준으로 자신이 얼마나 속물처럼 살아왔는지 뼈저리게 통찰하고 회개해야 한다. 글로벌 스탠더드는 저절로 생기지 않는다. 이 기준의 합리적 맥락이 가능하다면, 무엇보다 자기 주변의 인간관계에 적용되어야 한다. 하나님의 뜻이라는 초월적이고 공변된 차원에서 우리가 과연 '하나님의 가족'에 속할 수 있는지 스스로 진지하게 시험해봐야 한다. 특정한 부모 아래, 특정한 나라와 지역에 태어나 살아가는 것이 유세를 부리거나 소외감에 젖어 탄식할 만한 실존의 족쇄인지 그 사고의 틀을 과감하게 깨치고 예수의 기준에 도전해보자는 것이다. 재벌가 자식들은 누릴 수 있는 최대치를 비워내면서 그것이 혼자만의 호강을 위한 배타적 '복'이 아니라 더 많은 사람들을 섬기면서 돌봐야 할 책임과 의무의 토대라는 것을 깨닫기가 그렇게도 힘든 것인가. 권력자의 자식들과 고향과 주변의 친인척과 지인들은 자기들이 발 디딘 땅이나 그 울타리 바깥의 땅이 차별 없이 하나님이 지은 아름다운 창조세계라는 것을 인정하기가 그리도 어려운 것인가. 대형교회 목사들은 자기 자식이 남들만큼 평범하거나 외려 평균치의 상식에도 못 미치는 삶의 감수성을 지녔으면서도 사치스러운 혜택을 받고 특권을 대물림받는 것이 정당하다고 생각하는 것인가. 그러한 왜곡된 기준이 예수의 본질적인 믿음에 반역하는 불순종이라는 사실을 깨닫기가 그처럼 어려운 것인가.

대부분의 사람은 일차원적 인간관계의 연고주의적 체계에 따라 생각하고 판단하는 것이 올바르지 않다는 것을 알 것이다. 그런데도 하나님의 축복을 들먹이면서 여전히 유사한 행태가 우리 사회에서 반복되면서 삶의 근대적 성숙을 가로막는 것은 다정이 병이 된 때문일지 모른다. 동물적 본성을 다스리지 못하는 것은 육의 소욕에 따른 영의 소욕이 실패했을 가능성도 높다. 사자도 제 자식을 튼튼하게 키우기 위해 냉혹한 결단을 내린다고 하지 않던가. 예수가 다시 오신다면 중앙에서 밀려 변두리의 기지촌 같은 곳으로 전전할 것만 같다. 너무 충만하여 버거운 이 땅의 과도한 욕망의 전당이 부담스러워 그는 아마도 머리 둘 곳 없는 길 위에서 노숙할지도 모르겠다. 사소한 차이로 편을 가르고 갈라지고 찢어진 불우한 한반도가 서글퍼 N서울타워 꼭대기에 서서 탄식하며 울부짖을 가능성은 없겠는가.

다시 선거철이 돌아오고 정치인들은 표를 구걸하면서 자신을 찍으면 세상이 달라진다고 요란을 떨어댈 것이다. 정치의 과열된 선전구호가 잠잠해지는 틈새로 우리가 날카롭게 성찰하며 청산해야 할 구태의 총체로 연고주의가 있다. 그 흉물 앞에서 이 땅의 예수는 평화를 말하기 전에 칼과 불을 던지며 떨쳐내야 할 온갖 분쟁의 사슬 한가운데 머물러 있다. 2000년 전 예수가 팔레스타인에 던진 그 불이 이 땅에 붙지 않았기 때문일 것이다.

09

예수,

해체된 가정을 회복시키다

세계 최고의 이혼율

2007년 통계에 의하면 한국의 이혼율은 47.4%로 OECD 국가 중 미국 51%, 스웨덴 48%에 이어 3위를 차지했다. 2009년에는 같은 기준으로 마침내 세계 1위에 등극했고, 이후 계속 1, 2위를 다투고 있다. 이런 영광 아닌 영광 속에 한국사회에서 가족이 급속도로 해체되고 있다는 얘기가 빈말이 아님을 실감한다. 내 주변만 해도 이혼한 친구들과 선후배들이 적지 않다. 다양한 사연과 문제로 고통스럽게 헤어진 경우들이다. 나는 이혼한 사실 자체만 놓고 거기에 교리적인 권위를 개입시켜 일방적으로 정죄하고 싶지 않다. 오히려 특정한 상황에서 이혼의 불가피함을 애써 이해하려는 편이다. 특히 지속적인 가정폭력과 비인간적인 대우에 시달리거나 이에 준하는 갈등 상황에서는 이혼 외에 별다른 대안을 찾기가 어렵다. 그런 극단의 상황에서 함께 사는 것이 지옥과 같고 아무리 애를 써도 희망이 보이지 않을 때 이혼은 차선의 선택일 수 있다.

이혼을 막연히 옹호할 수만 없는 사정도 이해된다. 특히 지금처럼 세계 최고의 이혼율과 함께 급속하게 가정이 해체되면서 한국사회의 근간이 흔들리고 예상하지 못한 곳에서 국가적 위기 국면이 초래될 수 있기 때문이다. 흔히 이혼의 사유로 도시화, 산업화, 핵가족화, 여성의 사회진출과 경제력 신장, 개인주의의 확산 등과 같은 객관적 배경을 꼽지만, 이혼하는 가정마다 그 사유가 객관화될 수 있는 것은 아니다. 매 경우가 나름의 고유한 속사정과 함께 이혼이라는 막다른 곤경에 처하게 된다. 특히 연예인들의 경우 언론에 보도되는 대체적인 이유는 성격차이다. 남녀가 성격이 다른 것이 당연한 일인데 그 성격이 너무 달라 화합하며 함께 살 수 없다는 변명은 모범답안치고는 너무 안이한 대외적인 방어막이다. 남녀 간 기본 성향이 다르고 적어도 20년 이상 살아온 삶의 이력과 가정환경이 다를 텐데, 그것의 차이는 서로 발견하며 더불어 살아야 할 이유가 될망정 헤어져야 할 이유가 되긴 어려운 듯 보인다. 차라리 미래의 행복한 가정에 대한 단꿈과 기대가 현실의 남루함에 치이면서 철저히 깨져버려 살맛을 잃어버렸다고 하는 게 정직하지 않을까.

결혼의 동력이 되는 에로스의 효용 기간이 짧은 것이 이혼의 급증에 중요한 영향을 끼치는 것 같다. 특히 결혼의 조건으로 배우자의 외모나 집안 재력, 교양 수준, 사회적 지위와 연봉 등 소유 지향적인 가치기준과 감각적 흡인 요인이 행복을 보장해줄 것처럼 생각했다가 낭패를 보는 경우도 적지 않다. 간간이 주간지에 회자되는 보도대로 의사 사위를 보려고 딸을 결혼시켰다가 혼수품으로 아파트나 차를 요구해서 초장부터 삐걱거리다가 결국 파탄을 맞았다는 사례가 그렇다. 마찬가지로 사회의 유력인사나 그 자제인 것처럼 위장하여 결혼을 약속하고 적지 않은 돈을 요구하는 사례도 많다. 그러한 극단적인 유혹이 아니더라도 대개 이런저런 조건을 고려하여 결혼했다가 에로스적 화학작용이나 물리적 역학반응이 만기가 된 이후 버텨내기가 어려운 것이다. 그때 인격과 교양, 품성과 지성, 신앙과 존경 등과 같이 오래 함께 걸으면서 성숙해야 할 영역에서 추락하면서 가정은 쉽사리 해체될 위기에 처하곤 한다. 그것은 독특한 매력으로 가치를 제공하는 에로스의 에너지와 함께 생명의 존재 자체에 또 다른 가치를 부여하는 아가페의 동력이 필요함을 암시한다. 아울러, 살의 감각이 둔화되는 자리에 언어의 감각이 살아나 적극적인 대화와 소통으로서 혼인관계가 연애의 과정으로 길게 지속되지 못하는 것도 또 다른 가족해체의 요인이 된다.

물론 가족해체는 부부간의 문제만은 아니다. 자녀가 있을 경우 그들은 부부의 파탄과 함께 공중에 붕 떠서 또 다른 희생대상이 된다. 특히 그들의 출생이 자신의 의지와 무관하다는 사실을 염두에 둘 때 자녀들이 부모의 이혼을 통해 받아야 할 충격과 외상은 이혼의 윤리적 책임문제를 야기한다. 설사 해체되지 않은 채 존속되는 가족관계라 할지라도 가족 내의 폭력이라든가, 부모자식 간의 갈등과 같은 문제들이 얽히고설켜 오늘날 가정의 추락을 가속화하고 있다.

그렇다면 부끄러운 세계최고의 기록을 보유한 21세기 한국 사회의 가정들에게 예수는 무엇을 가르치며 도와줄 수 있을까. 예수 역시 여자의 몸에서 태어나 가정을 경험했을 텐데, 그는 오늘날의 가족과 가정에 대해 무엇을 말할 수 있을까. 예수가 혈통가족주의를 비판하고 하나님의 가족을 대안으로 주장했다고 해서 혈통가족의 존재 자체를 무시한 것은 아니었다. 그는 다만 하나님 나라와 제자도의 종말론적 사명에 근거하여 제자들과 함께 그 상징의 모델을 보여주었을 뿐이다. 아울러 하나님 나라의 급진적인 메시지와 함께 충돌하는 가족 내의 불화와 갈등, 대사회적인 반목과 핍박의 현실을 적나라하게 예견하면서 자신을 따르는 자들에게 주의를 당부하였던 것이다.

축복받은 가나의 결혼식

예수가 제자들에게 가족을 떠나 자신을 따르라고 했을 때 그는 혈통가족의 무의미함과 해체를 주장한 것은 아니었다. 여기에 예수 운동의 출가와 불교의 출가가 그 개념에서 미세한 차이를 보인다. 불교의 출가가 속세에서 생긴 가족의 인연을 끊는 것이라면 예수 운동에서 출가는 가족의 인연을 '하나님의 가족'이라는 더 큰 공동체의 울타리 안으로 모으는 것이다. 그리하여 제자들은 일단 혈통가족을 자신의 생업과 함께 떠났지만, 예수 사건을 경험한 뒤에 그들은 더 큰 공동체의 기틀 위에서 재구성되는 조짐을 보여준다. 물론 그 과정에서 경우에 따라 가족들과의 갈등으로 가족의 해체를 경험한 사례도 없지 않았을 것이다. 그것은 하나님 나라가 혈통가족주의를 넘어야 '하나님의 가족'으로 구현될 수 있음을 감안할 때 일종의 창의적 불화를 통한 갱신의 비용으로 반드시 치러야 할 대가였다.

그러나 혈통가족의 인연을 아예 끊어버리는 것은 하나님이 태초에 인간을 창조할 때의 본래적 의도와는 무관한 일이다. 하나님은 남녀의 성차가 발생하기 이전 하나의 인간으로 아담을 창조했다. 흙으로 질료를 삼았지만, 생령을 불어넣는 순간, 그는 하나님의 형상으로 하나님을 닮은 인간이 되었다. 이내 그가 독처하는 것을 좋게 보지 않은 하나님은 그의 배필로 하와를 창조하여 동거하게 하였다. 다른 전승에 의하면 하나님이 자신의 형상으로 남자와 여자를 (동시에?) 만들었다고 기록되어 있지만, 양쪽 전승 모두 인간이 처음부터 가족을 이루면서 살도록 지음 받았음을 명시한다. 이들 두 사람은 '피' 대신 '갈비뼈'라는 상징적 매개로써 한 몸의 운명공동체를 태생적으로 떠안았다. "내 뼈 중의 뼈요, 살 중의 살이라"(창 2:23)는 아담의 고백은 부부가 일심동체로서 하나의 가족을 형성하는 것이 단순히 영혼의 문제만은 아님을 암시한다. 이어지는 "남자가 부모를 떠나 그의 아내와 합하여 둘이 한 몸을 이룰지로다"(창 2:24)라는 하나님의 선포 역시 혼인을 통한 부부의 인연이 신적인 창조명령의 일부였음을 증명한다.

이러한 창조명령으로서의 혼인을 통해 가족을 이루고 부부 관계를 통해 자식이 태어나는 이치는 예수의 사역을 통해서도 적극 긍정된다. 대표적인 예가 바로 예수가 참여한 가나의 혼인잔치 이야기다(요 2:1-12). 요한복음의 첫 번째 표적으로 기록되는 이 이야기는 아마 예수의 모친 마리아 쪽 친척의 혼인식이었을 것으로 추측된다. 예수는 제자들과 함께 혼인식에 초청받았다. 잔치 분위기가 무르익을 즈음 포도주가 떨어졌고, 마리아는 다급한 사정을 아들 예수에게 말하여 넌지시 도움을 요청한다. 예수는 메시아로서 자신의 정체를 드러내야 할 때가 이르지 않음을 이유로 도움을 거절하는 듯하다가 뜻을 돌이켜 포도주 기적을 일으킨다. 정결예식을 위해 비치된 여섯 개의 돌항아리에 물을 채우고 그것을 떠다주라는 예수의 명령에 하인들이 순종했을 때 그것이 질 좋은 포도주로 변하는 기적이 발생한 것이다. 포도주는 혼인잔치의 분위기를 띄우는 필수적인 요소다. 또 그것은 혼인식의 분위기에 걸맞은 기쁨을 표상하기도 한다. 원시기독교 전통에서 포도주는 예수가 마지막 만찬에서 자신의 피를 나타내는 것으로 사용하면서 대속의 은혜를 나타내는 특별한 상징적 매개로 자리 잡게 되었다.

자신의 때가 이르지 않았다는 판단을 굽히고 이러한 기적을 행한 것은 그 '표적'의 의미에 집중하여 주목해야 할 사건이다. 그것이 자신의 신상과 공적사역에 생길 부담을 떠안으면서까지 이행된 자리가 남녀의 혼인식이었다는 점도 흥미롭다. 더구나 여섯 항아리의 포도주라면 하객들이 실컷 마시고 취하여 흥청거리는 분위기가 이어지지 않았겠는가. '술 취하지 말라'는 개신교의 구호를 염두에 둔다면 이러한 예수의 행동은 이상하게 보일 수도 있다. 그러나 예수는 이 사건을 자신의 첫 표적으로 행함으로써 이 땅에 태어나는 새로운 가족의 출발을 흔쾌히 축복하고 그 의미를 포도주의 기쁨 가운데 기렸던 것이다. 후대의 기독교 상징 해석에서 예수가 혼인잔치의 신랑이고 그를 주님으로 모시고 섬기는 교회공동체의 사람들이 신부라는 관점에서 보면 이 가나의 표적은 각별한 울림을 낳는다. 어쨌든, 혼인으로 맺어지는 부부의 예와 이를 통한 가족의 탄생은 하나님의 창조명령이 내려진 이래 줄기차게 지속되어왔고, 예수의 첫 기적을 통해 굳건하게 재확인되었다고 할 수 있다.

이혼을 금지한 까닭

이혼을 엄하게 금한 것은 초대교회의 전통이었다. 사도 바울은 종말론적 훈계에서 독신을 강하게 권고하면서도 이미 결혼한 부부들이 헤어지는 것은 극구 말렸다. 그것은 여자가 남편과 갈라서지 말고 남편도 아내를 버리지 말라는 지침으로 제시되었다. 바울은 이것이 자신의 말이 아니라 주의 명령이라면서 이로써 그 권위적 근거를 삼았다(고전 7:10-11). 실제로 이혼을 금하는 전통은 예수의 직접적인 명령으로 소급된다. 공관복음에서 이혼과 관련된 논쟁은 마가복음(10:1-12)과 마태복음

(19:1-12)에 등장한다. 이 중에서 마가복음 버전이 본래적인 예수 전통을 반영하고 있는 것으로 공인되고 있다. 이 이야기에서 이혼논쟁은 바리새인들의 물음과 함께 시작된다. 그들은 사람이 아내를 버리는 것이 합법적인가라는 질문과 함께 이혼에 대한 예수의 의견을 물었다. 예수는 모세의 전통을 들어 반문했고 그들은 이혼증서에 대한 모세의 언급을 근거로 이혼을 허락하는 쪽에 무게를 실었다. 그러나 예수는 여기에 이견을 제기하면서 그것은 완악한 백성의 현실에 의거한 고육지책일 뿐 하나님의 뜻은 이혼불가에 있다고 단언한다. 그 근거로 예수가 인용한 것은 혼인에 대한 창세기의 창조명령이다. "사람이 부모를 떠나 한 몸이 될지니라"는 말씀에 예수는 "하나님이 짝지어 주신 것을 사람이 나누지 못할지니라"(막 10:9)는 논평을 보태어 혼인을 통한 부부관계에 개입하는 신적인 섭리의 측면을 강조하였다. 이러한 강조도 부족했는지 여기에 못질을 하듯 예수는 다음과 같은 경고성 발언으로 논쟁을 종료한다. "누구든지 그 아내를 버리고 다른 데에 장가드는 자는 본처에게 간음을 행함이요 또 아내가 남편을 버리고 다른 데로 시집가면 간음을 행함이니라"(막 10:11-12).

학자들은 이 구절이 후대 유대교의 분파를 대표하는 힐렐 학파와 샤마이 학파의 이혼에 대한 입장과 어디서 비슷하고 어디서 다른지 비교하면서 예수의 입장이 얼마나 급진적인지 드러낸다. 나아가 마태복음의 저자가 빈틈없는 예수의 기준이 부담스러웠는지 여기에 유연함을 더해 이혼의 불가피한 선행 조건으로 "음행한 이유"(마 19:9)를 첨가했음을 지적하기도 한다. 그런데 곰곰이 살펴보면 예수가 이렇게 이혼을 엄격히 금한 이유는 다른 데 있었던 것 같다. 여자가 남자의 소유물처럼 인식되는 당시의 엄격한 가부장체제 아래서 이혼은 남성들이 자신의 가부장권을 이용하여 임의로 사회적 약자인 아내를 버리는 방편으로 이용되었다. 따라서 이혼은 경제적 능력이 없는 여자의 입장에서는 매우 불리한 현실이었다. 이혼당한 여자가 특별한 재력과 가문의 배경을 지니지 않고서는 이혼과 함께 버려짐으로써 생존 자체가 위기에 처하는 경우가 허다했다. 물론 든든한 뒷배가 있는 일부 여성의 경우 당당하게 이혼을 주도한 기록도 없지 않지만 대부분 여성들의 현실은 그 반대에 가까웠다. 이혼으로 인해 그들이 내몰리는 비인간적인 삶의 조건은 하나님 나라의 기준에 비추어 결단코 용인하기 어려운 상황이었을 것이다. 요컨대, 예수는 사회적 약자인 여성/아내들의 처지를 변호하고 그들의 불리한 입장을 대변하는 차원에서 이혼 불가라는 완고한 주장을 편 것이라고 볼 수 있다.

이러한 예수의 입장은 결국 가족 내에서 부부관계가 남편의 재력이나 사회적 지위, 이 모든 것을 포괄하는 가부장권에 의해 휘둘리지 않도록 배려한 것이었다. 이로써 그는 남편과 아내의 관계를 보다 대등하게 견인하고자 하였던 것 같다. 실제로 그는 남편을 여섯 번이나 바꾼 사마리아 여인을 만나 신산한 여자의 일생에 대해 비방하지 않았다. 오죽 형편이 힘들었으면 그렇게 복잡한 남자관계를 거쳤을까 의문이 들 만도 했지만, 예수는 여자의 사생활을 꼬치꼬치 따지려 들지도 않았다. 외려 자신과의 만남을 통해 복음에 각성한 여자에게 예수는 공적인 선교의 사명을 부여함으로써 한 남자에 예속된 삶의 족쇄를 벗고 '세상의 구주'인 예수를 증언하는 대사회적 삶에 참여하도록 도와주었다(요 4:28-30).

마찬가지 맥락에서 후대의 전승으로 의심받고 있긴 하지만 요한복음의 또 다른 이야기(요 8:1-11)는 가부장주의의 희생이 된 한 여인을 구제하는 예수의 지혜로운 안목을 보여준다. 간음하다 붙잡힌 여자를 예수 앞에 데려와 돌로 치려 하자 예수는 성난 군중의 율법적 분노를 진정시키고 그들의 양심에 자책을 받게 함으로써 사태를 해결하였다. 이로써 예수는 가정이 파탄 나고 방황하는 여인의 길을 바르게 선도하였다. 그 여인을 붙잡아온 바리새인들과 서기관들의 의도도 수상하지만 여인과 함께 간음했다는 남자의 행방이 묘연하다. 남자가 어디로 실종되었는지 보이지 않는 기이한 현상에서 전형적인 가부장체제 폐해의 단면이 엿보이는 듯하다. 오늘날 한국사회에서 이혼으로 인한 가족해체가 1세기 팔레스타인의 경우와 많이 다르겠지만, 이와 유사한 여인들의 피해사례는 자주 불거진다. 그들에게 간음과 이혼의 죄악상보다 더 심각한 문제는 그러한 문제를 야기하는 사회체제의 구조화된 악습과 폐단이다. 부부간의 대화와 소통의 증대라는 내부적 인간화의 기대와 함께 이러한 측면의 근본적 개선이 없으면 가족해체의 물결을 넘어 가정의 회복이란 과제는 더 어지럽게 표류하게 될 것이다.

'고르반'의 교훈과 부모공경의 도리

이혼과 관련하여 원칙적이면서도 급진적인 입장을 보여준 예수는 부모공경의 문제에 관해서는 매우 보수적인 전통을 강조한다. 그 전통은 십계명의 부모공경에 대한 교훈을 말한다. 예수는 이것이 당시 구전전통에 입각하여 하나님의 거룩함을 홍보하는 다양한 위선적 행태에 선행한다는 사실을 강조하였다. 요컨대, 하나님의 계명이 역사 속에 산출된 '장로들의 전통'보다 더 중요하다는 것이었다. 나아가 예수는 가치의 우선순위가 전복되고 왜곡된 기만적인 종교적 경건의 문제를 신랄하게 꼬집었다. 그 대표적인 사례가 바로 '고르반' 전통에 대한 비판이다.

부모공경을 지시하는 하나님의 계명은 인간과 인간 사이의 관계에서 존중된 첫 번째 계명이었다. 그런데 마가복음(7:9-13)에서 예수는 이러한 인간사회의 윤리적 근본원리가 어떻게 인간의 간사한 종교적 전통에 따라 왜곡되었는가를 꼬집는다. 이러한 종교적 위선이 가족의 질서를 깨뜨리는 일례로 예수는 당시 유대사회의 관행이 된 '고르반' 문제를 거론한 것이다. '고르반'은 히브리어로 하나님께 드리기로 서원한 예물을 가리킨다(레 2:1, 4, 12, 14). 그것은 하나님께 서원한 것이므로 마땅히 봉헌되어야 했다(민 30:1-2; 신 23:21-23). 그러나 서원의 실행이 아직 유예되고 있는데도 사람들은 서원의 엄정함을 내세워 '고르반'이 마치 자신의 재산으로 부모를 봉양하는 책임을 면피하는 변명으로 삼아버렸다는 것이다. 이는 하나님께 대한 신성한 종교적 의무를 내세워 하나님이 내린 부모공경의 계명을 피해 가려는 기만적인 술수에 따른 관행이었다. 나아가 하나님께 대한 종교적 책임을 빙자하여 그의 계명을 무시하고 궁극적으로 부모와의 의리까지도 저버리며 자신의 이익을 위해 하나님의 이름을 도용하는 신성모독을 자행한 셈이었다.

하나님께 서원한 것은 이행되어야 하고 이와 함께 신실하게 하나님을 경배하는 것도 중요하다. 하지만 그것이 부모를 공경해야 하는 또 다른 계명을 무효로 만드는 변명거리가 되어서는 안 된다. 그런데도 기독교를 포함한 뭇 종교들은 종교적 의무라는 지고한 가치를 내세워 마땅히 준행해야 하는 윤리적 책무를 소홀히 하는 것을 외려 자랑삼는 경우가 종종 있다. 교회에 충성한다는 이유로 가정의 살림을 소홀히 하는 것이 그 한 가지 예다. 또 목사를 섬긴다는 이유로 집안의 식구들에게 소홀해지는데도 그것을 대단한 예외적 헌신의 증거로 여겨 자랑스레 떠벌리는 일도 있다. 목사들은, 목회는 하나님의 일로 여기면서 가족을 포함하는 일상적 인간관계의 신실한 관리는 세상 일로 치부하는 어줍은 이분법을 내세우는 경향이 있다. 하나님을 빙자하여 인간에 대한 기본적인 책임을 등한히 하며 이를 당연시하는 것이다.

오늘날 종교가 가족의 문제에 임하여 극단으로 치닫는 폐단은 이처럼 부부관계와 부모자식관계 등에서 두루 탐지된다. 그중 한 가지 극단은 혈통가족주의로 똘똘 뭉쳐 신앙을 가문의 영달과 성공의 수단으로 삼는 것이고, 또 다른 극단은 맹렬한 신앙적 충성을 앞세워 다른 기본적인 인간으로서의 도리를 어그러뜨리는 것이다. 이 모든 것이 가족해체 시대에 우리 가정을 회복시키는 데 도움을 주지 못한다. 예수는 전자도 극렬히 비판하면서 '하나님의 가족'을 대안으로 제시했지만, 후자의 경우에도 분명한 입장을 표하면서 가정이 선순환하기 위해 필요한 일상의 가치에도 충실할 것을 요구했다. 전자의 길을 구현하고자 한 사람들이 예수와 함께 유랑하던 측근 제자들이었다면, 후자의 길을 걷도록 기대되었던 사람들은 주로 각 지역에 흩어져 살면서 예수와 그 제자들을 영접하며 환대한 배후의 후원자들이었다.

대화와 소통의 장으로서의 가정

혹자는 예수가 혼인을 하고 자식을 낳아 키우면서 평범한 가정생활을 한 경험이 없었기에 가족문제와 가정의 회복에 대해서는 별로 할 말이 없거나 뚜렷한 관점이 결여되어 있다고 생각할 수 있다. 그러나 이 말은 하나는 알고 둘은 모르는 소리다. 사람의 경험은 구체적이고 특수한 만큼 제한되고 사유화된 저만의 한계에 머물기 쉽다. 가족에 대한 경험이 가족마다 천차만별이고 각 가정이 처한 상황이 또한 다양하기 때문이다. 그러나 이러한 경험의 반경에 일정한 거리를 두고 볼 때 지혜로운 통찰이 가능해진다. 나아가 해당 사안에 대해 신실한 온정으로 문제의 핵심에 접근할 때, 거기에는 합리적 객관성의 확률이 높아진다. 예수의 무경험이 주먹구구식 처방이나 무작위한 치우침의 오류를 넘어 차분하면서도 근본적인 해결책을 도출하는 데 장점이 될 수 있다는 것이다.

청년으로 살다 간 예수의 입장은 분명하다. 하나님의 창조 명령은 가족의 모든 기원이 신성하다는 것이다. 또 가정은 제각각의 특수한 사정에도 불구하고 행복이 보장되어야 한다. 기쁨이 피어나는 가정이 정상이다. 그러나 그 가정이 혈통가족주의의 폐쇄적이고 배타적인 빌미가 되는 것은 경계해야 한다. 남녀가 결혼과 함께 이룬 가정이 사랑의 무덤으로 전락하면 피붙이를 우상으로 여기고 타자를 향한 포용적 개방성을 상실해버린다. 그런 가족은 해체의 대상이 되어야 마땅하다. 그러나 더 크게 끌어안고 사회의 건강한 구성원을 생산하는 가정의 본래적 기능은 가부장체제의 폐단을 넘어 회복되어야 한다. 그 실천적인 지혜는 무엇보다 부부간에 대화와 소통이 활성화되는 데서 시작된다. 부부가 아무리 친밀한 인연으로 만났고 제 몸속에서 태어난 자식들이라 할지라도, 우리의 생김새가 다르듯, 가족 구성원들의 말 또한 각각 다르며 엇갈리기 일쑤이다. 그 언어의 차이를 차별로 만들지 않고 차이의 간극을 조율하면서 서로 간의 말을 즐거이 배울 수 있는 소통 지향적 태도가 중요하다. 쌍방 간의 진정한 소통은 상대방의 감추어진 아픔을 잘 헤아리고 그 속에 숨은 언어까지도 끌어낼 수 있을 때 적극적으로 활성화된다. 주의 깊게 경청하며 성실하게 공감하는 능력이 서로에게 배양될 때 역동적인 대화의 장이 만들어질 수 있다.

하나님이 인간의 곤경에 공감하기 위해 육신을 입어 이 땅에 오신 사건이 예수 그리스도로 표상된다면, 인간은 성육신의 은혜 앞에 겸손해져야 한다. 특히 가정의 화평을 도모하고 가족 구성원의 삶이 처한 실존을 깊이 헤아린다면 서로의 경험 속에서 인간의 욕망이 발산하는 복잡한 코드를 헤아릴 수 있어야 한다. 아울러 욕망 너머로 추구하는 신성의 도약을 격려할 감수성과 영성계발이 필요하다. 그것은 성급하게 결혼하고 성급하게 갈라서는 가족해체의 시대에 충분히 어울리며 오래 함께 걷는 보행자적 삶의 자세와 연동된다. 동시대를 살아가는 인간이라는 점에서 연민의 공감대를 형성하고 심오한 혜안으로 서로의 존재를 긍정한다면 부부관계의 파탄도 해결의 묘안이 생길 것이다. 나아가 가족의 불화와 갈등에 쏟는 쓸데없는 에너지도 보다 생산적인 방향으로 승화될 수 있을 것이다. 예수가 선포한 하나님 나라의 복은 몸의 비주얼과 소문에 민감한 요즘 젊은 부부들의 닭살 돋는 감각적 행복과 별 상관이 없다. 그렇지만 가족이든, 다른 무슨 관계든, 이타적이고 소통적 삶의 가능성에 가치를 부여하려는 그의 사랑은 죽음보다 강하고 오래 머문다.

10

예수, 서울에서 집 구하다

'하우스 푸어', '렌트 푸어' 시대의 주택

얼마 전 '하우스 푸어'란 말을 겨우 익혔는데, 이즈음은 또 '렌트 푸어'란다. 은행 빚을 잔뜩 끼고 수도권에 아파트를 샀는데, 기대한 만큼 아파트값이 오르기는커녕 정체하거나 떨어지면서 채무이자에 눌려 사는 사람을 '하우스 푸어'라고 한다. 굳이 우리말로 번역하면 '집 가진 가난뱅이'쯤 된다. 그런데 요새의 주택사정은 더 악화된 게 분명하다. 대부분의 서민들은 남의 집에 세 들어 사는데, 세입자로 살기조차 녹록하지 않기 때문이다. 그동안 아파트에 일정 금액의 전세로 살아오던 사람들이 집 주인이 전세를 월세로 바꾸면서 적절한 금액의 전세를 얻기가 어려워진 것이다. 전세로 사는 사람들은 천정부지로 뛰는 전세금의 압박에 등골이 휜다. 사회 초년병들의 월급 절반 이상을 월세로 지불해야 하니 집 문제가 사회생활의 발목을 잡고 있는 형국이다. 주택문제는 수도권 중심의 대도시, 특히 서울의 강남권을 중심으로 얼마나 그 지역의 특성과 근사치에 놓여 있느냐에 따라 그 심각함의 정도가 비례하는 듯하다. 교육환경을 주된 흡인요인으로 하여 인구가 밀집해 있고 아파트값이 전국에서 가장 비싸다 보니 이곳의 주택 경기가 전국의 바로미터인 양 치부되는 분위기다. 저축을 할 수 없으니 살 집을 구해 결혼할 수 없고 결혼한 이들은 자녀들의 사교육비 압박에 허덕이고…. 이런저런 절망적인 상황에서 허덕이는 2,30대의 사망 원인 1위가 자살이라는 통계가 예사롭지 않게 들리는 어수선한 시절이다.

사정이 이렇다 보니 집 문제가 서민들의 사회생활에 암초처럼 걸려 희망 없는 일상을 만드는 가장 큰 주범처럼 보인다. 한때 아파트값이 투기열풍에 휘말려 폭등하던 시절이 있었다. 앞으로 이런 호경기가 언제 다시 올지 모르지만 전문가들의 전망은 대체로 비관적이다. 전문가들은 이구동성으로 아파트 투기로 돈을 벌던 시절은 지났다고 진단한다. 그렇다면 주택시장이 침체하거나 아파트값이 떨어지면 형편이 좀 나아질 법도 한데, 자본주의 시장경제라는 요물은 떨어지면 떨어지는 대로 서민들을 괴롭게 한다. 앞서 지적한 대로 '렌트 푸어' 현상이 심각해지기 때문이다. 집값이 폭등하면 집 살 희망이 사라져 낭패감이 들고, 집값이 떨어지면 전세금이 폭등하거나 월세가 높아져 살기가 팍팍해진다는 것이다. 부동산 전문가들과 주택정책 유경험자들이 그렇게 많은데도 매해 다른 모습으로 되풀이되는 주택문제에는 아무런 묘안도 없는 듯하다. 묘안이 있어도 그것은 주택 소유자들과 무소유자들 사이에, 일가구일주택 시민들과 일가구다주택 투기집단 사이에나 해당된다. 주택 수요자들과 건설업자들 사이에서도 이해관계를 조정하여 문제를 진정시킬 묘안을 찾아내기가 꽤 어려운 모양이다.

서울에 빽빽하게 들어선 잿빛 아파트 단지를 대할 때면 숨이 막히곤 한다. 그래도 그곳에 둥지를 틀고 알콩달콩 살아가는 사람들의 애환과 즐거움이 있으리라. 콘크리트 둥지 속에 들어가 하루의 고단한 삶을 달래며 안식을 찾는 자들에게 자신의 몸을 눕히고 어린 자식들을 키워내는 21세기의 삶은 얼마나 애달픈가. 주변에 녹지도 모자라는 터라 아이들은 자연친화적으로 자라기가 쉽지 않다. 실내의 다양한 도구들에 익숙해진 감각으로 각종 인공설비와 기기에 친밀해지면서 실내형 인간으로 양육되어가고 있는 형편이다. 그나마 제 집이 있는 경우는 이사를 반복하지 않아도 되니 비교적 나은 편이다. 물론 더 큰 평수의 유혹이 상존하여 더 넓고 쾌적한 곳으로 이사하려고 늘 시세와 주변을 살피면서 적절한 매물을 만나려고 혈안이 되기도 한다. 그러나 세입자로 살기는 더욱 괴로워지고 있다. 전세금 인상과 월세의 부담으로 힘들게 번 돈을 다른 곳에 투자하지 못한 채 매번 주거공간 확보에 매달리고 그 공간을 유지하는 데에 시달려야 하니 사는 재미가 없어질 만도 하다. 집을 사면 빚더미에 앉게 되고 월세를 살면 빈주머니를 걱정해야 하는 딜레마가 이 땅의 중산층까지 습격하여 곤경에서 빠져나갈 구멍이 비좁아 보인다.

이제 우리 사회에서 쾌적하고 단란한 '스위트 홈'의 단꿈은 환상일 뿐인가. 왜 좁은 땅덩어리에 빽빽하게 지어놓은 닭장 같은 공간을 얻기 위해 목을 매단 채 울고 웃는 것일까. 그 구조를 아무리 일목요연하게 정리해놓아도 그것에 집착하는 사람들의 욕망이 근본적인 성찰과 함께 뒤집어지지 않는 한, 집값대란, 전세금 파동, 월세 상승의 소용돌이에 휘말리는 날들은 줄지 않을 것이다.

무주의 방랑자 예수의 거주방식

1세기에 팔레스타인 갈릴리 일대의 농어촌과 소읍들을 돌아다니며 전도하시던 예수가 21세기 한국 땅, 그것도 서울의 아파트촌을 방문한다면 어떤 반응을 보이실까. 예수가 이 땅에 구조화된 주택문제의 세부사항을 한눈에 파악하고 그 문제의 본질을 지적한다면 무슨 말씀을 하실까. 그는 무엇보다 먼저 탄식과 분노를 보일 것이다. 하나님의 뜻이 이 땅에서 이루어지는 방식 가운데 인간과 주거공간이 만나는 방식은 하나님의 창조명령에 따라 '이 땅에 충만해지는 것'임에 틀림없다. 환경의 척박함이 문제가 될 수 있지만, 팔레스타인의 건조한 땅을 '젖과 꿀이 흐르는 약속의 땅'으로 바라본 신앙적 관점에 서면 하나님이 지은 이 땅의 그 어느 곳을 가도 안식을 누릴 만한 소박한 집 한 채는 있어야 하는 것 아닌가. 문제는 바벨의 가치관이 우리 사회를 지배하면서 도심지 중심의 문명이 황폐화되었다는 것이다. 그것도 대도시 중심의 엄청난 집중현상은 하나님이 지은 아름다운 이 땅의 값을 차등화해놓았다. 그리하여 소유의 욕망이 최고도로 집중한 곳일수록 땅값이 비싸고, 욕망은 탐욕적인 상승작용의 결과 거기에 지어진 집값을 터무니없이 높이면서 악순환을 반복해나가고 있는 것이다. 반면 '개발'의 혜택을 받지 못한 지역은 소외되고 버려진 땅, 망각되고 묵혀진 공간이 된다. 그런 곳에는 인적이 드물고 집을 짓기 부적절하여 사람 대신 바람의 틈새로 귀신들이 출몰하거나 폭풍 속에서 하나님의 영만이 오롯하게 운행할 뿐이다.

예수가 세례를 받고 찾은 곳은 이러한 소외된 땅의 대명사, 곧 광야였다. 모진 흙바람이 불고, 인간의 도심문명과 동떨어진 고요하고 적막한 곳이었다. 집도 눈에 띄지 않고 새집을 짓기도 마땅치 않은 메마르고 척박한 땅, 바로 그곳에서 예수는 시험을 받았다. 예수가 집과 관련하여 언급된 첫 대목은 그가 가버나움에 있는 집에 머물렀다는 구절이다(막 2:1). 그 집이 예수가 자신의 가족을 위해 구입한 집이었는지, 아니면 베드로나 그 장모의 집으로 거기에 한동안 거주했는지 단정하기 어렵다. 예수가 집과 연관하여 실내에 머무는 것으로 기술된 장면들에는 대체로 그가 대화하거나 논쟁을 하는 대목과 접맥되어 있다. 이를테면 예수는 선생으로 교훈하기 위해 앉는 장소로 집을 택했던 것이다. 예수에게 집은 일상적 거주공간이기에 앞서 교육의 전당이었다. 집이라는 조용한 장소에서 그는 제자들과 사람들을 만나 대화하였고, 안정된 자세로 영생을 가르치고 구원을 설파하였다. 그런 관점이었기에 그는 예루살렘의 성전도 '만민을 위한 기도의 집'으로 인식하여 그곳을 '강도의 소굴'로 만들어버린 예루살렘의 종교권력자들을 향해 비판의 날을 세웠다. 그는 잠시 집에 거주하면서 어떻게 해야 집을 구할 수 있는지, 어떤 지혜를 발휘해야 평수를 늘릴 수 있는지에는 관심이 없었다. 가계경영을 어떻게 하고 투자를 어떻게 해야 세입자 신세를 벗어나 내집 마련에 성공할 수 있는지를 화제로 삼아 말씀을 하신 적이 없었다. 한번은 어떤 사람이 자기 형에게 명하여 재산을 분배하는 일에 공정하게 개입할 것을 부탁한 것과 관련하여 한 마디 내놓긴 했다. 그러나 그것은 물어본 자의 기대에는 못 미치는 답이었다. 예수는 그 자리에서 "이 사람아 누가 나를 재판관이나 물건 나누는 자로 세웠느냐"라고 답하면서 "삼가 모든 탐심을 물리치라, 사람의 생명이 그 소유의 넉넉한 데 있지 아니하니라"(눅 12:13-14)라고 말씀하셨다.

예수는 한 마을에서 다른 마을로 꾸준히 이동하면서 하나님 나라의 복음을 전파하는 등 무주의 유랑자처럼 산 것으로 보인다. 설사 그가 나사렛에서 가버나움으로 이사하면서 가족이 머물 집을 한 채 장만하셨다고 할지라도 공생애 기간을 통틀어 예수는 한 집에 안주하면서 안온한 실내의 분위기에 묻혀 살지 않았다. 그의 생활양식은 야인처럼 바깥을 향해 있었다. 예수가 집에서 앞서 언급한 교육적 목적 이외에 공부의 관심사와 동떨어진 혼자만의 시간을 보낸 기록이 전혀 없다는 게 이상할 정도다. 가령 잠은 집에서 주무셨을 텐데 복음서는 단 한 군데서도 예수가 집을 잠잘 공간으로 삼은 기록을 보여주지 않는다. 또 그가 집에서 식사를 하셨을 텐데도, 잔치와 같은 남의 집에 초청받은 자리 이외에 제자들과 집에서 오붓하게 식사를 나누었다는 기록도 없다. 그나마 유사한 사례가 예루살렘의 예비된 건물 다락방에서 제자들과 나눈 유월절 식사였다. 그렇지만 그것은 예수가 이 세상을 떠나기 전 마지막으로 제자들과 함께 한 자리였기에 비장한 분위기였을 것이다. 여기서도 예수는 하나님 나라에서 새것으로 마시기까지 포도주를 마시지 않겠다고 말씀하심으로써(막 14:25) 결연한 단식의 태도를 보여주었다.

노숙에서 가족공동체로

예수는 유랑자적 삶을 추구했다. 그는 스스로 길 위에 선 존재임을 천명함으로써 그 현실을 자신의 운명처럼 의식하였다. 이에 대해 가장 적절한 예는 자신을 따르고자 한 서기관에게 자신의 삶을 무주택자에 빗대어 제자도의 신산함을 암시한 말씀이다. "여우도 굴이 있고 공중의 새도 거처가 있으되 인자는 머리 둘 곳이 없다 하시더라"(마 8:20; 눅 9:58). 여우와 공중의 새는 하나님의 피조생명이다. 하나님은 그들에게 먹을 것을 허락하듯이 주거공간으로 그들에게 어울리는 '굴'과 '둥지'

를 허락해주신다. 그런데 인자 예수는 이 땅의 선교적 삶의 동선에서 '정처' 없이 떠돌며 하나님 나라의 복음을 전할 뿐이다. 정처가 없다는 말은 한곳에 머물지 않고 끊임없이 움직인다는 것이다. 마치 바람처럼 얽매이는 것 없이 발길 닿는 곳을 향해 성령의 인도를 받아 돌아다닌다는 뜻이다. 이 땅이 모두 하나님의 땅이고 보시기에 아름다운 땅일진대 왜 그 아들이 머리 둘 곳이 없었으랴. 모든 곳이 하나님의 집이고 모든 곳이 안식할 만한 침상이 아니었을까. 그 어디에도 사적인 공간에서 조용히 휴식을 취하며 잠을 청할 만한 육신의 안식처가 정해져 있지 않았다는 뜻일 게다.

일각에서 이러한 예수의 유랑자적 삶을 부각시켜 그의 사회적 신분을 '노숙자'로 규정하기도 한다. 그렇지만 복음서는 예수가 길 위에서 모닥불을 피워놓고 추위를 피하면서 노숙한 예를 단 한 장면도 보여주지 않는다. 예수가 갈릴리 뱃길여행에서 피곤에 지쳐 배 안에서 잠을 잔 적이 있고, 광야를 찾아 홀로 기도하면서 영혼의 교통과 안식을 추구한 사례는 몇 군데 엿보인다. 그러나 예수가 이동하다가 산과 들 한구석에서 밤을 맞은 적이 있는지 단정할 만한 증거는 없다. 예수의 선교여행은 공간 이동과 지리적 정보와 관련하여 나름대로 꼼꼼하게 계획된 것으로 보는 게 더 설득력이 있다. 따라서 오늘날의 '노숙자' 개념을 예수에게 붙이는 것은 상상에 의거한 계급 구속적 발상에 치우친 성급한 시도다.

오히려 예수는 가는 곳마다 마을에 하나님 나라 선교에 동조하는 후원자들이 있어 그들의 집이 예수 일행의 숙소로 제공된 것으로 보인다. 이와 관련하여 적절한 사례는 그가 예루살렘에서 마지막 사역을 하는 동안 베다니의 친밀한 한 가정에 숙박하면서 그곳을 본거지로 삼아 활동한 기록이다. 복음서의 기록에 의하면 예수는 사전에 이 지역에 본격적인 사역을 전개한 적이 없다. 그런데도 그곳에 후원자 가정이 있었던 점으로 미루어 예수가 왕성하게 활동하고 치유기적을 통해 은혜를 베푼 곳이 많은 갈릴리 지역은 상황이 훨씬 더 나았을 것이다. 특히 그의 대중적 명성과 상승작용하면서 곳곳에 숙소와 음식을 준비해놓는 사람들이 많았다고 보는 것이 합리적이다. 이러한 사전계획과 준비 없이 예수가 막무가내로 이곳저곳을 돌아다녔다고 보는 것은 그를 '노숙자' 이미지와 결부시키기는 용이하겠지만 역사적 현실과는 맞지 않는 듯하다.

이를테면 예수는 '하나님의 가족'을 추구한 자신은 물론 이에 동조하여 따라나선 제자들과 함께 곳곳에 주택을 개방하는 소규모의 공동체를 개척하였던 것이다. 이때 함께 자리한 그 집의 사유화된 '공간'은 하나님 나라가 임하는 특정한 '장소'로 공유되면서 그곳이 장차 가정교회의 기반으로 작용했으리라 여겨진다. 그렇다면 예수의 주거형식은 '노숙'보다 공동체의 나눔이 기반이 된 개방형 주거의 유형을 띠지 않았을까 짐작된다. 실제로 예수가 가버나움에서 베드로의 장모를 열병에서 치유해주었을 때 그 은혜가 매개가 되어 그녀는 예수 일행을 섬기는 '디아코니아' 사역의 주역이 되었다. 이후로도 그 집이 예수의 가버나움 체류 기간 동안 그의 체류와 사역의 장소로 활용된 흔적이 엿보인다. 이처럼 예수공동체의 맥락에서 그의 명분과 활동에 동조한 많은 사람들은 자기 집이 개인 소유의 재산 개념을 넘어 공동체의 용도에 맞게 함께 공유하는 영접과 환대의 통로가 된 것이다. 이러한 예수의 주택 마인드는 이후 초대교회의 모델로 채택되어 선교활동이 벌어지는 곳마다 가정교회를 세우는 기틀이 되었다. 또 그렇게 교회가 개척되는 곳마다 여러 가정이 함께 모이고 어울리면서 '하나님 나라'의 정신을 구체적으로 '하나님의 가족'이란 실질적 삶의 자리로 구현하는 역사가 나타났다.

소유 공간에서 공동체의 장소로

예수는 우리의 일상적 필요에 근심과 집착을 보이지 말 것을 교훈하며 "무엇을 먹을까 무엇을 마실까 무엇을 입을까 하지 말라"(마 6:31)고 말씀하셨다. 의식주의 기본 가운데 '의'와 '식'을 챙기고 '주'를 빠뜨렸다고 이상하게 여기지 않아도 된다. 이는 생활에 필수적인 기본사항을 총체적인 범주로 나타낸 관심사일 터이다. 하나님의 관점에서 우리 목숨이 음식보다 귀하고 우리 몸이 의복보다 소중하듯이, 집의 소유 자체보다 우리 삶의 질이 더 중요하다. 물론 음식과 의복이 저절로 생기지 않듯이, 집 역시 근심하지 않는다고 저절로 생기는 건 아니다. 음식과 의복의 값에 비해 훨씬 비싼 주택문제가 오늘날의 사람들을 괴롭히는 데는 그만한 이유가 있다.

주거란 본디 사람이 한 공간의 주인이 되는(住) 삶의 자리이다. 사람이 제 생명의 소중함을 알아보고 그것을 하나님의 선물로 모시고 보살피는 자리가 바로 주거이고 집이다. 그런데 이즈음 주택은 생명을 보살피는 개념과 동떨어진 채 물적인 값어치로만 치부된다. 평수로 표상되는 공간의 과시적인 용적, 접근위치와 쇼핑몰, 교육여건 등에 부수되는 주변의 효용적인 환경 따위로 존재 의미가 결정되는 경향이 강한 것이다. 우리 시대에 어떤 아름다운 집이 있어 그로써 하나님의 의가 구현되고 하나님의 나라가 확장되는 역사가 나타났다는 이야기를 들어본 기억이 있던가. 마치 자동차처럼, 집은 규모와 건축미학을 통해 주인의 부귀공명을 시위하고 사회경제적 지위를 자랑하는 수단이 되었다. 이로써 주택은 세속의 허영을 통해 인정욕구를 만족시키는 투기자본의 마귀적 속성을 띠게 되었다. 그것을 자기 명의로 함으로써 소유의 자본제적 값어치가 얼마나 대단하냐에 따라 거주처의 위상이 결정되는 것처럼 인식하는 속물세상이 되어버린 것이다. 이런 집을 백 채나 짓고 수십 채를 소유해본들, 거기에 하나님 나라의 영광이 있을 리 만무하다. 거기서 증식된 자본으로 아무리 헌금을 한들 그 열매가 아름다운 향기로 나타나길 바란다면 시궁창에서 장미가 피어나길 기대하는 것과 같다. 그런데 21세기 한국사회와 한국교회의 주술은 이 모든 난맥상을 분칠하듯 꿩 잡는 게 매라는 식의 성급한 논리에 잡혀 있다. 고급주택의 현시적 가치로 하나님의 복과 영광을 제조해내는 형국이 되어버렸다. 그러니 그것은 사람이 주인이 되지 못하는 싸늘한 공간일 뿐이다. 하나님의 자랑스러운 가치가 깃들어 생명의 훈기를 드러내는 공동체의 장소로 진화하지 못한 흉물 아닌 흉물로 세속의 욕망을 개칠해온 것이다.

'만민을 위한 기도의 집'인 성전을 '강도의 소굴'로 만든 당대의 상업주의 종교권력에 채찍을 든 것은 다름 아닌 예수 자신이었다. 그가 21세기 대한민국의 빽빽한 주택단지를 가로지르면서 얼마나 탄식하며 진노하실지 두려울 따름이다. 사람이 영적으로 거듭나듯, 물질도 신앙적 감화를 통해 거듭날 필요가 있다. 특히 경제질서를 어지럽히는 주범으로 지목되어온 아파트 투기에 예수를 따르는 제자들의 면역체계가 제대로 작동하지 않는다면 이는 필경 한국사회와 교회가 두루 망할 징조다. 차라리 주거공간이 만들어놓은 우상의 체계와 불화하면서 낯선 광야에 서서 소박한 공동체의 장소를 일궈나가는 개척정신을 소망해야 하지 않을까. 왜 우리는 과잉 축적되어 숨 쉴 틈을 주지 않는 탐욕의 진창을 벗어나지 못한 채, 아름다운 창조세계에 가격표를 붙여 한구석을 공룡단지로 만들어버려야 직성이 풀리는 것일까. 언제부터 졸부들은 주거공간조차 미끼로 이용하여 돈을 버는 재미에 오염된 것일까. 그러한 만행 앞에 아무런 거리낌 없이 천연덕스러운 내면의 습성을 키워온 것일까. 왜 우리의 교회들은 그러한 부조리에 눈과 귀를 닫은 채 결과로서의 축복에 집착하는 것일까. 그럴싸한 외형으로서의 영광에 도취되어 그 구조의 음험한 장난을 방치한 채 더 큰 집짓기에 골몰하는 것은 누구의 복음인가.

이러한 현실의 난맥상을 마주하며 예수는 반드시 이 땅이 하나님의 땅으로 우리가 영원히 소유하지 못함을 가르치며 자본제적 심성에 길들여진 욕심을 질타하실 것이다. 우리는 단지 그 땅을 맡아 관리하는 것으로 자족해야 한다고 훈계하실 것이다. 땅에 지은 육신의 장막으로 허세를 부리고 치부하는 회칠한 무덤의 삶에 철퇴를 가하실 게 뻔하다. 그러나 모든 공간에 깃든 신실한 가능성이 타자를 향한 영접과 환대의 장소로 발현될 때 우리 삶의 거주처로서의 주택은 만남과 소통의 작용 가운데 공동체의 알짬 같은 장소로 거듭나게 될 것이다.

굳이 이런 예수의 마음을 짚어내지 못하더라도 탄식하지 않을 수 없는 것은 부수고 짓기를 자주 해서 주거공간 속에서 삶의 역사적 체취와 기억을 온축할 수 없기 때문이다. 값비싸다는 집채들이 늘어선 곳에 신령한 삶의 역사가 깃든 고즈넉한 장소를 쉽사리 보지 못하는 것이 현실이다. 역사의 흔적이 그렇게 망실되고 전통의 면면한 흐름도 단절된 공간에서 늘 새롭고 번쩍거리는 회칠한 공간만이 성형수술한 얼굴처럼 즉흥적인 욕망의 시선을 유혹하고 분별없는 발걸음을 받아주고 있다. 집에 얼굴이 보이지 않고 기능적인 편의에 맞춰 성급하게 주조한 형상만이 번들거리는 병통은 도무지 예수의 미적인 감각에 어울리지 않는 듯하다.

솔로몬의 모든 영광으로도 미치지 못한다고 말씀하신 들에

핀 백합화의 자연미를 언급하지 않더라도 이 땅의 집들은 공동체의 체취를 머금고 신령한 기운을 발하며 호흡할 수 있어야 한다. 그렇게 되려면 천천히 짓더라도 견고한 의미를 담아 하나님의 진리와 영광의 빛을 드러내야 한다. 작고 담백하게 만들더라도 예수의 광야 냄새가 스며나도록 설계되어야 한다. 조촐하게 단장되더라도 한 길에서 다른 길로 열리고 뚫리는 신령한 통풍구가 마련되어 있어야 한다. 그럴 만한 땅이나 자본이 없더라도, 영원한 본향을 내다보면서 창의적으로 움직이며 하나님의 의와 나라를 향해 걸어가는 길이 우리의 집이 될 수는 없을까. 그 길 위에서 우리는 감히 바람과 구름과 풀과 물을 질료로 삼은 신학적 건축을 궁리할 수 있지 않을까. 그 삶의 열매가 곧 안식의 전당이 되고 거주의 꿈이 되는 상상력 가운데 행복 없이도 행복할 수 있는 자족의 도를 키워나갈 수도 있을 것이다.

11

예수,

교육의 희망을 보다

무엇을 어쩌자는 교육인가

자식을 낳아 키우는 사람이라면 아이를 학교에 보내고 공부시키는 일이 얼마나 힘겨운지 잘 안다. 어린이집이나 유치원에서 단체합숙하듯 시간을 때우고 돌아오는 아이들은 턱없이 부족한 시설과 놀이공간에도 마냥 천진하다. 한 달에 100만 원이 넘는다는 고급 영어유치원 같은 곳이 등장하면서 어려서부터 국제화와 성공경쟁에 뛰어드는 아이들도 더러 있는 모양이다. 영문도 모른 채 혀를 꼬부리고 (극소수의 경우겠지만) 혓바닥 수술까지 받는다니 참 실감이 나지 않는다. 초등학교로 올라가면서 각종 사교육 시장을 전전하는 아이들의 발걸음이 슬슬 바빠지기 시작한다. 피아노학원, 태권도학원, 미술학원, 보습학원, 영어학원, 수학학원 전과목학원 등등 사교육의 전시장은 매우 넓고 다양하다. 정부가 규제에 힘쓴다지만 사교육 시장의 열기는 쉽사리 사그라질 것 같지 않다. 공교육이 퇴락하였다고 지탄을 받는 것과 매우 대조적인 현상이다. 지금까지 교육행정 당국에서 공교육을 활성화하고 사교육의 부담을 덜어준다면서 별의별 조치가 다 나왔지만 그 기세가 꺾일 조짐은 보이지 않는다. 부모들은 자기 자식이 행여라도 경쟁의 대열에서 탈락할까 봐 사교육 뒷바라지를 하느라 등골이 휘어진다.

중·고등학교에 들어가면서 아이들의 귀가시간은 점점 늦어진다. 방과 후 학교에서 운영하는 자율학습에 참여해야 하기 때문이다. 실제 '자율'은 최소치이고 분위기에 의해 은근히 강요되는 집단무의식은 최대치로 보인다. 아이들은 틈틈이 피시방이나 노래방 같은 곳에 몰려다니면서 무거운 일상의 스트레스를 푼다. 학교와 학원에서 공부하는 모든 과목이 어떻게 인격을 만들고 또 나중에 성숙한 사회인이 되는 데에 얼마나 쓸모 있는지 따져볼 겨를도 없이 관성에 따라 움직인다. 그렇게 정해진 체계에 따라 묵묵히 성적을 따야 하고, 남보다 더 잘 따야 내신등급이 올라가서 상급학교에 들어갈 수 있기 때문이다. 그래서 남들 하는 대로 따라가는 것이 대체적인 추세다. 왜, 무엇을, 어떻게 공부하는지를 물어볼 일말의 철학적 성찰조차 없이 그냥 무조건 해야 하는 것이 이즈음 학창시절인 셈이다.

상급학교로 갈수록 사교육의 회오리는 더 강해진다. 하루의 시간을 쪼개서 목매달고 다녀야 하는 곳이 바로 이들의 학교이고 학원이다. 학교생활에 적응이 잘 안 되고 성적이 떨어지면 좌절감에 나쁜 생각을 품기 쉽다. 가끔 '행복은 성적순이 아니잖아요'라는 고전적 구호를 되뇌며 세상을 일찌감치 하직하는 아이들도 있다. 아이들의 부담을 덜어주기 위해 교과목을 재정비하려는 각종 '개혁'의 선전문구는 정권이 바뀔 때마다 요란하게 홍보된다. 하지만 이해당사자들의 교묘한 먹이사슬 때문에 아이들의 미래를 위한 백년지대계의 토론들은 별스런 결실도 맺지 못한 채 공허하게 겉돌곤 한다. 공교육 붕괴에 대한 지탄의 소리가 높아지면서 교사평가를 도입하려는 행정당국의 압력과 이에 저항하는 교사들의 반발도 교육현장을 각박하게 만드는 배경 중 하나다.

어려서부터 일찌감치 선진국으로 자식들을 조기유학 보내는 부모들도 있다. 이런 결단에는 자녀들을 학교지옥, 입시지옥에서 벗어나게 해주려는 부모의 안타까운 심정도 작용한다. 또한 조기유학의 풍조 가운데는 어려서부터 영어를 잘 해서 세계시민의 반열에 들게 해주고 선진교육의 현장에서 공부시켜 경쟁에서 앞서 가게 하려는 심산이 반영되어 있다. 아직 자신의 미래에 대하여 주체적인 판단을 하기 어린 나이에 이들의 상당수는 부모의 강권에 이끌려 미국으로, 캐나다로, 호주로, 영국으로 떠난다. 그렇게 멀리, 오래 떠나지 못하는 가정들은 방학만 되면 필리핀이나 단기 영어연수 프로그램에 우르르 몰려가기도 한다. 태평양과 대서양 건너 해외에서도 한국부모들의 극성은 여전하여 그곳에서도 사교육문화를 만들고 있다는 소문도 들려온다. 어린 자식들을 뒷바라지해주어야 하니 대체로 엄마가 이 여정에 동반하는 것이 상례다. 이로 말미암아 가족들이 조기유학 탓에 서로 떨어져 살아야 하는 특이한 세태가 생겨난다. 해외언론에서도 대대적으로 특집 보도한 '기러기 아빠' 현상이 그중 하나다. 오래 떨어져 살다보니 영영 이별의 길로 들어서기도 하고 궁상스러운 처지에 몰려 비극적인 삶의 벼랑으로 추락하는 기러기들의 이야기도 가끔 들려온다.

그렇게 12년 정도 공부하면 내신과 수능성적을 합산하여 전국적으로 서열화된 대학과 전공학과가 점수에 맞춰 아이들을 기다리고 있다. 수능과 정시 입학의 문을 통해 학생들은 자기들의 수준으로 갈 수 있는 대학과 학과를 지원한다. 합격을 위해 요즘 실시하고 있는 입학사정관제의 특성에 맞춰 스펙을 쌓는 것은 기본이다. 요령껏 좋은 점수 받는 글쓰기 재주를 키우고 인터뷰 기술까지 익히면서 순간적 필요에 민첩하게 대응하는 연기능력 배양에 힘쓰는 분위기도 덧붙여졌다. 대학에 들어간 자식들은 가정 경제를 생각하여 아르바이트 시장으로 내몰린다. OECD 국가들 중 두 번째로 비싸다는 학비를 지불하기 위해 그들은 또 그렇게 푸르른 청춘을 단돈 몇 푼의 시급에 소모하면서 창의적인 공부를 해보기도 전에 졸업의 벼랑으로 내몰린다. 그렇게 힘들게 학비와 생활비를 조달하여 졸업장을 손에 쥐면 대학간판에 따라 사회생활의 황량한 벌판으로 쏟아져 나온다. 또 자신이 전공하는 분야의 사회경제적 값어치에 따라, 우리 자식들은 힘겨운 교육지옥, 입시지옥을 빠져나온 대가로 등급이 매겨진다. 그것은 배우자를 구하는 데서부터 직장에서 승진하는 기준까지 포함하여 평생 따라다니면서 한국사회를 특징짓는 교육의 비극을 적나라하게 보여준다.

대체 무엇을 하자는 교육이었는지, 고생의 관문을 통과한 대가가 이토록 험악한 현실이라니, 한숨이 절로 나온다. 더구나 경제사정이 나빠지고 취업시장이 얼어붙은 사정까지 덧보태지고 보면 대학을 나와도 변변한 직장을 얻지 못한 채 아르바이트 시장으로 직행하는 일이 비일비재하다. 고등학교 시절 그렇게 힘들게 헤쳐나간 미적분 문제가 이러한 단순노동에 투여하는 소모적인 일과와 무슨 상관이 있는 걸까. 대학 4년간 자신의 교육을 위해 투자한 학비와 생활비는 졸업 후 사회의 변방으로 투입되면서 제대로 보상받을 길이 있긴 한 걸까. 빚만 잔뜩 떠안고 졸업하였지만 그 빚을 갚고 저축하여 제대로 된 집을 구하고 가정을 일궈야 하는 사회적 삶의 순리조차 제대로 따르지 못한 채 침울한 청년기를 보내야 한다. 그 허망한 청춘의 그늘에는 무엇보다 우리의 자녀들을 무한경쟁의 사지로 내몰며 보상 없이 인내를 강요하는 제도권 교육체계의 구조적 문제가 똬리를 틀고 있다.

예수와 제도권 교육, 예수의 자율형 교육

우리나라의 교육논쟁에서 한쪽은 경쟁력만이 살 길이라면서 현재의 교육 경쟁력이 강화되어야 한다는 주장을 편다. 다른 한쪽은 경쟁을 강화할수록 인격 배양이 안 되고 교육의 본질이 흐려진다고 반박한다. 물론 진실은 둘 사이 어디쯤 있을 것이다. 인간의 본성 가운데 남보다 좀더 잘되고자 하는 욕망이 있을진대, 그것을 없는 것으로 치부할 수 없다. 그래서 선의의 경쟁이든, 악의의 경쟁이든, 누구나 경쟁을 하면서 여기까지 헤쳐왔다. '질투는 나의 힘'(『기형도 전집』, 문학과지성사)이란 유명한 시가 있거니와, 때로 시기와 질투도 발끈하는 의욕을 부추겨서 분발시키는 동인이 될 수도 있다. 그러나 교육은 그러한 부정적 정서와 에너지를 순화시키는 것이어야지 그것을 무한히 팽창시켜서는 곤란하다. 가르침과 양육은 본디 상호관계를 전제로 호혜적인 목적을 추구한다. 따라서 교육을 통한 자기 성장의 과정이 기능적인 지식의 공급을 통한 인간의 차등화를 목적으로 선회한다면 본말이 전도된 것이다. 이에 따라 성공의 열매를 특정한 소수가 독점하는 체제를 고착시킨다면 그건 아예 교육의 본질과 거리가 먼 정글의 세계에 불과할 것이다.

다행인지 불행인지 예수가 당시의 제도교육을 받았다는 기록은 없다. 당시 유대인 사회에서는 토라교육이 집에서 이루어지기도 했을 텐데, 요셉과 마리아가 어린 예수에게 어떤 방식으로 토라교육을 시켰는지 확인할 길이 없다. 누가복음의 이야기를 보면 열두 살의 예수가 성전에서 유대교의 랍비들과 토론하는 장면이 나온다. 이는 예수의 지혜로운 성장을 뒷받침하는 삽화일 뿐, 그의 구체적인 교육과정을 보여주지는 않는다. 당시 팔레스타인에서 이루어진 제도권 교육은 회당을 중심으로 이루어지던 종교교육이 전부였다. 물론 예수가 나사렛의 회당에서 이런 교육을 어떻게 받았는지는 알 수 없다. 집안 형편이 여유 있었으면 바울처럼 멀리 유학을 보내어 유명한 랍비 문하에서 본격적인 토라수업을 받을 수 있었을 것이다. 그러나 예수는 디아스포라 세대도 아니었고 장인의 아들로 자랐기에 이런 현실과는 거리가 멀었을 듯하다. 그는 부친의 직업을 따라 목재나 석재를 다루는 기술을 익혀 장인으로 잔뼈가 굵었다. 이런 직업을 매개로 예수는 당시 여러 분야와 인간관계를 맺으면서 사회생활을 통한 현장교육의 경험은 꽤 익혔으리라 추측된다.

예수가 하나님의 아들로서 보통 사람들에 비해 유다른 영감으로 신령한 지혜를 터득했든, 구도자적 열정으로 각지를 주유하면서 몸의 감각 속에 하나님의 비밀을 체득했든, 그의 공생애를 통틀어 독자에게 분명히 보여주는 뚜렷한 모습은 선생 예수의 초상이다. 실제로 예수는 복음서의 여러 곳에서 '선생'(*didaskalos*)으로 불린다. 그는 초인적인 능력으로 병자를 고치고 귀신 들린 자들을 회복시키는 카리스마적 권능의 인물만은 아니었다. 예수는 인간세상의 제반 관심사를 '하나님 나라'에 농축시켜 그 요체와 본질을 설파하면서 올바른 삶의 도리를 깨우쳐주는 선생으로서의 능력도 특출하였다. 공생애 기간 내내 예수는 제자들과 주변의 사람들에게 많은 비유를 들려줌으로써 나름대로 독특한 가르침의 사역을 수행해나간 것으로 조명된다. 하나님 나라를 핵심주제로 반복하되, 그것의 본질을 가르치는 방식으로 그는 다양한 이미지 언어들을 통한 이야기의 기법을 활용하였다. 이는 듣는 자들의 형편과 입장에 따라서 창의적인 상상력을 발동시킴으로써 스스로 그 해답과 의미를 구하게 하는 자율적인 교육방식이었다. 개중에 일부는 알레고리식

이야기의 틀을 차용하여 모범답안을 제공한 경우도 있지만, 예수는 제자들이 듣고 스스로 궁리하여 깨닫게 하는 방식을 선호한 듯 보인다. 그래서 그의 외침은, '귀 있는 자는 들을지어다' 라는 문구가 시사하듯, 단호한 선포의 방식으로 나타나기도 하였다.

예수가 실내에 좌정할 때 그는 제자나 방문객 등과 더불어 대화하는 가운데 질문과 응답, 또다시 이어지는 질문을 통한 토론의 방식으로 가르치고 깨우쳐주었다. 그는 당시 유대교에서 활발히 논의되던 다양한 주제들을 최대한 압축하여 구원과 영생, 부활 등을 논했다. 더러 상대방의 의도적 함정에도 불구하고 당시의 현안 가운데 제국의 최고통치자를 향한 세금납부 문제와 결혼/이혼, 부의 문제 등에 대한 토론에도 참여했다. 또한 그가 야외에 나와 있을 때도 공중 나는 새와 들에 핀 백합화를 비유로 하나님의 본성과 그분의 뜻에 대하여, 그분이 왕으로 다스리는 주권적 통치와 의에 대하여 반복적으로 가르쳤다. 예수는 창조주의 섭리에 순응하면서 무엇을 먹고 마실까, 무엇을 입을까 걱정하지 않고 사는 법을 가르쳤다. 또한 이 세상 모든 존재의 기원이 하나님의 창조에 잇닿아 있다는 믿음 아래 하나님을 철저히 신뢰하는 법을 가르쳤다. 이는 우주의 자연환경은 물론 세상살이의 제반 현장 가운데 하나님을 알고 발견하여 깨우칠 만한 것이 있음을 시사한 것이다. 그래서 그의 이야기에는 농사짓는 환경과 장사꾼의 현장이 나오고 사람들 사이의 거래관계는 물론 그로 인한 갈등도 등장한다.

예수는 천국을 가르치면서 이 세상의 제반 관심사를 배제하지 않았다. 그의 천국 언어는 놀랍게도 세상살이에 필수불가결한 사회경제적인 삶의 일상사에 접맥되어 있었다. 이를테면 예수는 죄의 용서에 대한 가르침에서 '죄'를 '채무'에 빗대어 표현하였다. 이는 단순히 은유적인 어법이 아니라 그가 실제로 당시의 삶의 현실 가운데 사람들 사이의 관계를 그르치는 왜곡된 구도를 온전히 회복시키고 갱생하려는 의욕으로 충만했음을 암시한다. 그래서 영생의 길을 묻는 젊은이에게 그에 합당한 계명을 온전히 지켰다는 대답을 듣고서는 재산을 팔아 가난한 자에게 나누어주고 자신을 따르라고 제안한 것이다. 이러한 제안 이면에는 한 사람이 일용할 양식의 필요 이상으로 재산을 소유한다는 것이 그렇지 못한 상태로 뒤처진 사람들의 몫을 챙겨 독과점한 결과라는 인식이 스며 있다. 물론 예수는 가진 자의 재물을 강탈하여 억지로 분배를 강요한 적이 한 번도 없었다. 이 모든 과격한 제안도 당사자의 주체적 결단과 자율적 판단 아래 이루어지도록 교육적인 차원에서 이루어진 것이다. 이러한 예수의 제안 또는 초청에 혹자는 삭개오처럼 그것을 수용하여 구원을 맛보기도 하였다. 반면 다른 이는 어리석은 부자청년의 경우처럼 재물이 너무 많아 근심하다가 결국 제자도의 삶으로 열린 새로운 기회를 놓쳐버렸다.

경쟁보다는 관용의 교육

예수의 주변에도 일등 지상주의를 꿈꾸는 이들이 없지 않았다. 이러한 욕망은 물론 주변의 다른 이들과 부대끼면서 경쟁으로 인한 갈등을 초래하기도 하였다. 그 대표적인 예로 세베대의 두 아들 요한과 야고보는 예수가 영광과 권능 가운데 오실 때 좌우편에 앉게 해달라고 부탁한다. 마태복음에 의하면 이러한 청탁을 한 사람은 그들의 어머니였던 것으로 드러난다. 이른바 한국교육 특유의 치맛바람이 예수의 제자들 가운데에도 탐지되고 있는 셈이다. 아무리 제도의 문제를 바로잡고 향상시켜도 제도의 틈바구니를 삐져나가면서 자기 자식만은 특별해야 한다고 선행학습시키고 특수교육의 기회를 선점해나가면 백약이 무효하다. 이러한 두 제자의 엉큼한 욕심에 예수는 그 기대의 비뚤어진 방향을 교정하고 대안을 제시해주었다. 제 영광을 돋보이게 하려는 경쟁심리로 불거진 좌우편의 자리에 대한 관심이 자기 십자가를 지고 예수를 따르는 헌신적인 제자도의 관심으로 전이되어야 한다. 제자도의 삶은 곧 이 세상을 구원하고자 하는 예수의 고난에 동참하는 길이었고, 가장 낮은 자리에서 종의 자세로 대가 없이 남을 섬기는 이타적인 봉사의 길이었다.

'섬김'은 예수가 전한 가르침 중에 일관된 가치로 매우 중요했다. 그것은 자기가 누리는 기득권을 내려놓는 데서 비롯되는 삶의 자질이었고 태도였다. 무릇 첫째가 되고자 하는 자는 마지막이 되어야 한다는 윤리적 교훈도 마찬가지의 메시지를 담고 있다. 이는 나아가 처음이 나중 되고 나중이 처음 된다는 전복적인 논리로 발전해나간다. 예수는 하나님 나라가 이와 같이 평등한 샬롬의 방향으로 등급화되고 서열화된 세상의 체계를 혁파하는 대안적 희망의 실체임을 드러낸다. 그것은 곧 인간의 과도한 탐욕이 경쟁과 갈등으로 빚어낸 굴곡진 삶의 주름을 펴서 반듯한 대로를 내는 메시아의 사역과 연동되어 있었다. 그리하여 예수의 길을 준비한 세례 요한은 장차 예수가 감당할 메시아 사역을 암시하면서 이사야 40:3-5과 49:11을 인용하여 다음과 같이 선포한 바 있다. "광야에서 외치는 자의 소리가 있어 이르되 너희는 주의 길을 준비하라. 그의 오실 길을 곧게 하라. 모든 골짜기가 메워지고 모든 산과 작은 산이 낮아지고 굽은 것이 곧아지고 험한 길이 평탄하여질 것이요 모든 육체가 하나님의 구원하심을 보리라"(눅 3:4-6).

여기서 메시아의 사역은 한 마디로 평탄케 하는 사역이다. 산들은 그 높이를 낮추어 깎여져야 하나님의 오심을 예비하는 대로가 될 수 있다. 마찬가지로 골짜기는 메워져야 평탄케 될 수 있다. 굽은 것은 곧게 펴져야 하며 험한 길도 그렇게 다져져야 하나님의 오심을 맞이하는 대로가 될 수 있다. 이는 인간의 삶이 제각각 왜곡된 구조로 방치되어서는 안 되며 하나님의 샬롬을 닮아 대동세상의 이치를 구현해야 됨을 설파한 것이다. 이는 막연한 목가적인 염원이 아니다. 이룰 수 없는 꿈도 아니다. 그저 세상의 어그러진 곳을 개혁하여 사람됨의 교육이 이루어지고 그 결실로서 만백성이 평화롭게 태평을 누리며 사는 오래 묵은 바람이요 현실적인 기대사항이다. 세례 요한의 사역에 앞서 마리아가 예수를 잉태한 뒤 부른 찬가는 하나님의 뜻을 이렇게 표현한다. "마음의 생각이 교만한 자들을 흩으셨고 권세 있는 자를 그 위에서 내리치셨으며 비천한 자를 높이셨고 주리는 자를 좋은 것으로 배불리셨으며 부자는 빈손으로 보내셨도다"(눅 1:51-53). 이와 같이 이 세상을 향한 메시아적 사역의 요체는 하나님의 통치를 예비하는 평탄한 대로를 위한 전복적 변혁에 있음을 확인할 수 있다. 그 대로를 향한 변혁의 과정이 이 시대에 가장 절실하게 균등한 교육의 기회를 통해 나타나야 한다. 그런 기회를 공평하게 활용한 이후에 많이 배운 자와 잘 배운 자는 그 몫의 과실을 독점하기보다 분배의 원리에 충실해야 한다. 독점의 틀을 깨고 나누지 못하면서 섬김을 운운할 수 없기 때문이다.

예수의 또 다른 교육원리는 관용에 있었다. 그는 당시 유대교의 선민주의자들이 철저히 배격한 죄인의 무리들을 조건 없이 용납하였다. 이를테면 창기와 세리, 사마리아인과 이방인들이나 변두리에 소외되어 사람대접을 제대로 받지 못한 여성과 어린아이 같은 약자들을 향하여 매우 관대하였다. 예수는 혈루증 앓는 여인의 신체접촉을 확인하고 그녀의 믿음이 그녀를 깨끗하게 하였다며 적극적인 삶의 자세를 칭찬하였다. 또한 개 취급에도 불구하고 주인의 상에서 떨어지는 떡 부스러기 수준의 은혜를 구한 수로보니게 여인의 간구 앞에 두말하지 않고 치유를 베풀어주었다. 마찬가지로 사마리아 여인과의 우물가에서의 긴 대화와 교제를 통한 회심의 사건도 타자를 향한 깊은 관용의 정신을 반영한다. 예수는 천국의 기본 자격을 어린아이 같이 되는 순전하고 겸비한 신뢰의 자세에 두면서 그들에게 안수하고 환대하였다. 이로써 그는 교육의 기본 목적을 병들고 연약한 생명의 회복에 두었음을 확연히 보여주었다고 할 수 있다. 여기에 파당의 논리가 개입할 여지가 없다. 또 다른 상황에서 예수는 자신의 이름을 빌어 귀신을 쫓아내지만 제자 요한이 자기를 따르지 않는 자들에게 배타적인 자세를 보였을 때도 "우리를 반대하지 않는 자는 우리를 위하는 자니라"(막 9:40)라는 말씀으로 관용을 베풀었다.

예수는 천국이란 구호로 어리석은 자를 낯선 환상의 길로 유인하지 않았듯이, 지옥이란 담론으로 자기와 다른 자들, 자기 공동체 바깥에 있는 자들이 죽어서 영벌을 받을 곳이라며 그들을 협박하지 않았다. 예수에게 천국 또는 하나님 나라는 앞으로 오는 세대에 나타날 희망 어린 삶의 종말론적 미래였다. 마찬가지로 지옥이란 종교적 경건을 빌미로 세상을 어지럽히고 백성을 미혹하여 속이는 자들을 계도하기 위한 교훈의 망치였다. 그에게 관용의 실천이 얼마나 중요했는지, 예수가 가르친 기도문 가운데 우리가 우리에게 빚진 자를 용서하지 않을 경우 하나님이 우리를 용서하지 않으리라는 단호한 입장을 보일 정도였다. 여기서 관용은 많이 가지고 잘 배운 자의 자기 과시가 아니라 자기의 가진 것을 내려놓고 예수의 제자로 살고자 하는 전혀 새로운 삶의 대안적 희망이었다.

나아가 그는 이러한 목표를 실천하는 헌신을 요구하였다. 가령 남에게 일억 원의 빚을 지운 사람이 그 채무자가 도저히 빚을 변제할 길이 없고 그로 말미암아 극도로 핍진한 상태에 놓여 있을 때 손해를 무릅쓰고 빚을 탕감해주는 식의 헌신 말이다. 이는 결국 가시적인 성공보다 손해 보는 선택을 결행하는 어리석은 짓이고, 더 크고 더 많은 것을 선호하는 21세기 자본제적 체제의 기준으로 볼 때 무모하기 그지없는 그림이다. 그러나 예수의 제자교육에서의 초점은 현실의 교육목표와 하나님 나라를 지향하는 바람직한 희망의 교육 사이에서 우유부단하지 않다. 그는 과감하게 다수의 욕망이 가지 않는 탈욕망의 길을 선택한 것이다. 서로 질시하고 투기하며 선망하는 인간사회의 주류 가치에 물든 채 모방적 상호경쟁의 소용돌이로 질주해나가는 세태에 역행한 것이다. 그리하여 예수는 아무도 욕망하지 않는 것을 욕망함으로써 하나님의 충만함을 닮을 수 있었고, 제자도 교육의 활로를 세속의 주류 가치와 정반대로 개척해나갔다.

제자교육은 실패했는가?

예수의 제자교육은 지경을 넓혀달라는 '야베스의 기도'나 항간에 유행하는 '다니엘 교육법'과 비교해보면 실패한 것 같다. 실제로 복음서를 보면 열두 제자들은 예수의 정체성에 대해 숱한 현장학습의 기회를 주었는데도 번번이 헛짚으며 오해와 실수를 거듭하였다. 용감한 수제자 베드로조차도 결정적인 순간 예수에게 '사탄아 물러가라'는 소리를 들어야 했다. 제자들은 예수의 십자가 수난에 임박하여 자신들도 함께 그 고난에 동참하겠노라며 큰소리를 쳤지만 막판에는 줄행랑을 치며 뿔뿔이 흩어져버렸다. 가룟 유다처럼 아예 돈 몇 푼에 예수를 팔아넘긴 제자도 있었고, 가장 자신만만했던 베드로는 계집종의 추궁에 세 번이나 예수를 부인하는 불충을 저질렀다. 예수가 그들 앞에 가르친 주옥같은 비유와 해석들, 또 그들 앞에서 보인 놀라운 하나님의 권능도 그들의 제자도 교육을 성공적으로 이끄는 데 별 소용이 없었던 것으로 보인다. 물론 베드로가 회개하고 요한과 함께 초기 교회의 선교사역을 활발하게 이끈 후일담이 사도행전에 전해진다. 예수를 미쳤다고 여기며 잡으러 다니던 가족들도 그의 동생 야고보의 행로가 시사하듯 예수의 부활사건 이후 회심의 삶을 이어간 것으로 추리된다. 예수의 제자도 교육현장에도 없었고 한솥밥을 먹은 적도 없던 바울이 등장하여 부활한 예수를 만나 새로운 선교의 활로를 열어간 것도 주지의 사실이다.

그렇다고 나머지 제자들이 나중에 획기적으로 변모하여 훗날의 전설적인 자료가 증언하듯 모두 헌신적인 하나님 나라 선교의 주역으로 살아갔는지 어쨌는지 객관적인 사실로는 확인할 길이 없다. 그러나 한 가지 분명한 사실은 예수의 교육적 유산이 오늘날도 여전히 1세기 팔레스타인과 21세기 대한민국의 간격을 넘어 생생하게 살아 있다는 것이다. 자본이 신처럼 군림하여 세상을 다스리는 성공지상주의 시대에도 일등을 부끄럽게 하는 예수의 제자들이 존재한다. 그들은 오늘도 여기저기 흩어져 제 몫의 헌신으로 사람다운 삶의 이치를 설파하며 온몸으로 치열하게 구현해나가고 있지 않은가. 때로 무명으로 때로 익명으로, 가끔 실명으로, 그들은 손해 보는 줄 알면서도 이타적인 자세로 자신의 목숨을 걸고 남을 살리기까지 하지 않는가. 또한 성공의 길을 마다하고 고난의 길을 가면서 정의와 평화, 사랑과 자비의 교훈을 온몸으로 증언하고 있지 않은가 말이다. 예수가 남긴 사람 교육의 유산은 이렇게 면면히 역사의 맥동을 이어가면서 오늘날 척박한 교육의 현장에서 생동하고 있는 것이다. 역시 교육은 백년지대계를 넘어 천년지대계라 할 만한 씨를 뿌리는 일이다. 예수야말로 그 확실한 증거가 아닌가.

오늘날 제도권 교육의 현장을 개혁하는 청사진의 세목을 예수의 삶과 교육적 행로에서 찾으면 반드시 실패한다. 예수는 그러한 제도권 교육의 시행자도 수혜자도 아니었다. 그러나 그의 하나님 나라 활동이 담아낸 희망의 교육 원리는 오늘날 교육을 수선하는 데 그치지 않고 단박에 뒤집어 새로운 가치 질서를 세우는 데서 전혀 다르게 실천되어야 한다. 그것은 꼴찌와 일등이 뒤집어지면서 역동적인 삶의 질서가 펼쳐지는 세계이다. 서로 다른 사람들끼리는 물론 서로 다른 피조물들끼리도 어우러져 화합하고 상생하는 평화의 길이 바로 거기에 있다. 상처받고 소외되고 연약하며 병든 자들이 대접받고 그들에게 담긴 하나님의 형상이 향기롭게 피어나는 교육의 대안적 미래가 바로 그 원리에 있다.

요컨대 그것은 곧 큰 길로 함께 걷는 교육이다. 굴절된 모든 인간사의 지형을 평탄케 마름질하면서 대로를 내는 선택이다. 자신의 기득권을 과감하게 내려놓고 삶의 궁극적인 관심사로부터 다시 시작함으로써 구원받는 삶이다. 다음 세대의 삶, 곧 영생을 바라보면서 오늘의 성공에 도취되지 않고 내일의 실패에 절망하지 않는 부단히 도전하고 개척하는 여정이다. 거기에 하나님 나라라는 싱싱한 구도와 탐험의 꿈이 깃든다. 예수의 제자교육은 실패했는가. 글쎄다. 그 한시적인 실패는 오늘날 성패의 갈림길과 무관하게 새로운 실험으로 이어지고 있지 않은가.

12

예수,

사기와 폭력공화국을 꾸짖다

부정직하고 위험한 대한민국

2003년 대검찰청의 보도자료에 의하면 우리나라의 무고죄는 일본과 단순 비교할 때 1,483배 높고, 인구 대비하여 공정하게 계산하면 4,151배나 높게 나타난다. 그런가 하면 위증죄는 일본의 671배나 되고 사기죄는 17배라고 한다. 우리나라는 전체 인구의 25%가 기독교인이고 일본은 0.4%인데 이러한 통계 수치가 나온 것은 매우 충격적이고 수치스러운 결과가 아닐 수 없다. 무고죄라는 것은 타인을 고발한 송사가 결과적으로 죄 없는 사람을 괴롭힌 것으로 드러났다는 얘기다. 이는 타인에 대한 개인적·사회적 신뢰도가 형편없이 낮다는 증거이기도 하다. 위증죄는 법정에서 제시한 증언이나 증거가 거짓임이 드러났다는 것이고, 사기죄는 남을 속여 물질적 이익을 취한 것이다. 이렇게 부정직하게 남을 속이는 사람들이 우리 사회에 끔찍하게 많다는 말이다.

이러한 통계가 사실이라면(대검찰청의 발표도 의심해야 하는 의심천국의 현실이라니!) 대한민국의 도덕적 신뢰도는 파탄 상태나 다름없다. 잊을 만하면 터지는 고위층의 뇌물수수와 비리는 이제 없는 것이 이상할 정도로 관행이 되어버렸다. 고위층만의 일이겠는가. 그들의 밑에 있는 사람들도 그만그만하게 남을 속이고 꾸며서 나름의 이익을 취할 것이다. 거짓이 발각되었을 때 끝까지 정직하지 않은 태도도 한결같이 지속된다. 비리가 발각되면 흔히 나오는 대응이 '사실과 다르다', '법적으로 대응하겠다'라는 상투적 발언이다. 민망한 상황을 피하기 위한 임기응변으로 '기억이 나지 않는다'는 변명도 빠지지 않는다. 세금 포탈과 위장전입을 밥 먹듯이 하면서 '나만 하나? 남들도 다 하던데!'라며 정당화해버리는 사회도덕의 불감증이 우리 시대의 대세가 되어버렸다.

고위층이나 평범한 사람들 가릴 것 없이 부정직이 일상화된 것은 무엇보다 손해 보지 않으려는 소유 지향적 삶의 버릇이 완고한 탓이다. 그러한 버릇이 우리 사회의 역사에 뿌리내린 계기는 숱한 외우내환 속에서 개인과 가문의 생존이 윤리도덕보다 우선시되어야 했던 배경에 있다. 아울러, 어떤 수단과 방법을 동원해서라도 가난과 치욕을 피하고 부와 명예와 권력을 움켜쥐려는 현세 지향적 세계관도 한몫 차지하는 것 같다. 이 모든 것은 기독교 신앙에 위배된다. '믿음'을 강조하면서 믿음의 대상과 목표를 보이지 않는 영원한 세계보다 이 땅의 썩어질 것에 두고 있다. 아니, 이러한 탐욕 가운데 이 세상의 모든 좋은 것들을 다 누리면서 영생까지 차지하려는 교활함을 믿음으로 착각하는지도 모르겠다.

무고나 위증, 사기의 범죄는 타인의 명예나 재산에 타격을 가하는 거짓된 행위로 나타난다. 폭력은 타인의 명예와 재산은 물론 생명 자체를 위협하는 더욱 가혹한 범죄다. 그런데 우리나라는 사기공화국인 동시에 폭력천국이다. 그중에서도 성폭력은 약자에 대한 물리적인 힘을 동원하여 저지르는 범죄라는 점에서 인권의 심장부를 타격하는 악질적인 범죄에 해당된다. 성(性)은 본래 좋은 것이고 창조주의 선물이다. 그것이 육신의 감각적 즐거움을 위한 것이든, 자녀생산을 위한 것이든, 성을 매개로 한 관계는 상대방의 자유를 묻고 존중해야 합법적이고 아름다워진다. 그 자유의 권리와 법이 뭉개지면 불법적 폭력사태가 되는데, 우리나라는 그 차이를 드러내는 기준이 너무 무르다. 불행하게도 한국은 강간죄 비율이 세계 1위로 등재되어 있고 성범죄는 세계 2위를 달리고 있다. 이런 방면으로도 세계시민들 앞에 고개 들기가 여간 민망한 게 아니다.

그밖에 폭력은 여러 차원에서 다양하게 나타난다. 가정에는 힘센 가부장의 물리적·경제적 힘에 의해 저질러지는 가정폭력이 있다. 이 경우 피해대상은 아내와 자녀들이다. 주먹을 휘두르거나 흉기를 사용하지 않더라도 언어를 통한 폭력은 정신적인 외상을 입힌다. 이는 피가 터지고 멍이 드는 것과 달리 오랫동안 피해자의 정신을 우울하게 만든다. 그렇다고 가해자가 행복할 리 없다. 이처럼 피해자와 가해자 모두를 불행하게 만드는 폭력의 악순환 속에는 가혹한 환경을 살아가고 있는 불행한 국민의 고통이 잠재되어 있다. 우리나라의 평균노동시간은 세계 2위이고 산재사망률은 OECD 국가 중 1위다. 이러한 노동 환경에서 쌓이는 스트레스를 견딜 수 없어 1인당 음주량도 세계 1, 2위를 다툰다. 술이나 마약으로 견딜 수 없는 삶의 괴로움이 타인을 향한 폭력으로 표출되거나, 역시 세계 최고의 비율을 보이는 자살로 끝장을 보는 것이다.

우리가 살아가는 21세기의 대한민국은 자랑할 것도 많지만 이처럼 음울한 기록과 함께 매우 부정직하고 거친 폭력 속에 노출되어 위험한 것이 사실이다. 이 부정직의 현실은 개인마다 좀더 열심히 기도하고 학교에서 도덕교육을 강화한다고 단박에 개선될 것 같지 않다. 폭력도 인간의 죄악된 본성의 일부이므로 아주 근절되리라고 기대하는 것은 인간에 대한 지나친 낙관이다. 그렇다면 우리는 이러한 부정직과 폭력이 더는 악화되지 않도록 제어해야 한다. 나아가 시민정신이 복음의 빛으로 계몽되어 타인을 기만하지 않고 정직한 삶의 자세에 자긍심을 갖도록 발본적인 내면의 성찰을 독려할 필요가 있다. 예수의 삶은 거기에 좋은 지침 이상의 파격적 교훈을 준다. 그가 가장 싫어한 것이 종교의 겉멋으로 위장된 자기기만의 위선이었기 때문이다. 그는 또한 종교적 체제의 권위를 휘두르며 약자를 짓누르는 온갖 종류의 억압과 폭력에 철저하게 항거하였다. 예수에게 투사의 이미지가 있다면 그 증거는 그가 이러한 억압적 체계의 폭력성과 싸워온 정신사적 흔적의 기록일 것이다. 르네 지라르의 표현을 사용하면 예수는 만인 대 만인의 싸움을 부추기는 질시와 탐욕, 선망과 분노 등과 어긋난 방식으로 말하고 행동했다. 그리하여 그는 아무것도 모방하지 않는 하나님을 모방하는 삶과 죽음의 자세로 죄 없이 희생양이 됨으로써 그 폭력의 악순환 구조를 단번에 끊어버렸다.

거짓을 폭로하고 비판한 예수

거짓은 무엇보다 마음의 흉계다. 마음이 일그러지고 뒤틀리면서 진실은 거짓으로 표출된다. 물론 그것이 표출되는 일차적인 방식은 언어다. 거짓은 가장 먼저 말과 결탁하여 거짓말을 만들어낸다. 성서는 십계명에서부터 이를 '거짓 증언'이란 개념으로 부각시키며 강조한다(막 10:19). 거짓말이 자신의 내면에 대한 기만적인 위장과 함께 타인의 진실에 대한 증거를 호도하고 왜곡하는 사태에 이르면 그것은 흉기가 된다. 이처럼 마음의 흉계가 타인을 향한 흉기로 돌변하는 사태에 대해 예수는 그 현실을 적나라하게 간파하였다. 그는 제자들이 살아가는 세속의 본질이 바로 거짓증언에 의한 적대적 공격임을 지적한다. 그러나 그것을 기꺼이 감내할 때 복이 있다고 말한다. 그 부당한 거짓의 공세를 견뎌내는 명분이 진실의 화신인 예수로 말미암은 것이기 때문이다. "나로 말미암아 너희를 욕하고 박해하고 거짓으로 너희를 거스려 모든 악한 말을 할 때에는 너희에게 복이 있나니"(마 5:11). 결국 예수가 죄 없이 부당하게 죽은 것도 대제사장 집단이 사주한 거짓증언이 증거 아닌 증거로 빌미가 되었기 때문이다(막 14:56–57).

예수는 특히 종교지도자가 권위를 이용하여 하나님을 거짓되게 빙자하여 말하는 폐단에 민감하게 반응하였다. 그래서 그는 "거짓선지자들을 삼가라"는 경고와 함께 그들을 양의 옷을 입고 노략질하는 이리에 비유했다(마 7:15). 추후에 자기의 이름을 걸고 등장할 가짜 메시아까지 미리 경계하면서 그는 종말의 상황에서 온갖 가짜들이 판을 치며 종교적 권위를 내세워 혹세무민할 이단사이비들을 철저히 예방했다(막 13:22). 그러나 종교지도자의 위선적 기만이 미래의 일만은 아니었다. 그 당시에도 위선은 종교의 휘장을 걸치고 제의적 실천의 현장에서 버젓이 자행되었다. 그처럼 거짓된 종교지도자의 행실은 즉각 예수에 의해 '회칠한 무덤'으로 폭로되었다.

특히 바리새인들과 서기관들이 집중 타격의 대상이 되면서 지적당한 거짓된 경건의 모습은 기도와 금식, 구제 등의 종교적 실천을 통해 나타났다. 그들은 이런 것들을 행하면서 남들에게 자랑 삼아 보이기 위해 (스스로의 영광을 위해) 그렇게 작위적으로 기획 연출된 형식으로 자기 봉사 차원에서 수행했다는 것이다. 그리하여 "겉으로는 사람에게 옳게 보이되 안으로는 외식과 불법이 가득한"(마 23:28) 자기 분열적 현상은 거짓으로 인해 황폐해진 종교적 심성의 상태를 잘 반영한다. 예수의 날카로운 시선에 비친 이러한 모습은 자신의 입술과 마음이 따로 놀면서 하나님을 향한 공경의 진정성이 배제된 말치레에 불과했다(막 7:6). 아, 참담하게도 거짓의 기원에는 종교적 기만과 이에 따른 모순이 자리하고 있었다.

예수는 가장 순전하고 소박해야 할 종교의 현장에 똬리를 튼 이러한 거짓된 현실을 신랄하게 질타했다. 그들을 예수는 속에 악이 가득하여 선한 말을 낼 수 없는 '독사의 자식'(마 12:34)이라 불렀다. 성서적 전통에서 뱀은 에덴에서 아담과 하와를 거짓말로 꾀면서 한 가정을 파탄 낸 사탄의 표상이다. 그러므로 '독사의 자식'이란 호칭은 하나님을 섬기는 종교지도자로 거룩한 휘장을 걸쳤지만 그들이 행사하는 종교적 권위의 이면에 사탄의 독소를 머금고 거짓을 일삼는 위선으로 가득 차 있음을 비판한 것이다. 나아가 예수는 저주를 선포하면서 그들이 일삼은 겉과 속이 다른 회칠한 무덤의 거짓된 실태를 냉철하게 고발하였다. "화 있을진저. 외식하는 서기관들과 바리새인들이여 회칠한 무덤 같으니 겉으로는 아름답게 보이나 그 안에는 죽은 사람의 뼈와 모든 더러운 것이 가득하도다"(마 23:27). 그들은 종교 제의적 실천의 자리에서 밥 먹듯이 성결을 강조했던 무리다. 고상한 차림새와 이미지로 외형은 늘 근사해 보였지만 내면에는 음산한 무덤의 시체 냄새를 풍기며 누구보다 더러운 실상을 숨기고 있었다는 것이다.

예나 지금이나 종교는 정치를 탓할 바가 못 된다. 따라서 종교의 거룩한 기품을 내세워 목에 힘주는 사람들일수록 뭔가 켕기는 듯 수상해 보이는 건 예수의 유산과 역사의 교훈에 비추어 정상적이다. 지도층은 평범한 서민의 좀스러운 거짓을 비방하는 일을 조심해야 한다. 무릇 큰 도둑은 도둑처럼 보이지 않듯이, 세상을 통째로 기만하는 높은 자리의 사람들일수록 그 거짓은 대체로 진실인 것처럼 유통된다. 요새는 언론이 이런 쪽의 전략에 발맞추어 번지르르하게 마름질을 해주기도 한다. 그 거짓의 공정 가운데 오늘날도 회칠한 무덤의 계보는 이어지고 독사의 자식들도 계속 양산된다. 프로이트를 계승한 정신분석학의 지식은 인간이 겉과 속이 똑같아서는 사회생활이 평탄하기 어렵다고 가르친다. 노골적인 '쾌락원칙'에만 기대서는 파멸하기 십상이고 적절히 욕망을 가리고 위장해야 '현실원칙'에 부합된 자기조정을 할 수 있단 말이다. 그래서 선의의 거짓말도 생기고 때로 침묵이 불가피해지기도 한다. 그러나 타인에게 피해를 끼치는 명백한 악의적 거짓은 그 폐해가 심각하다. 위엄과 권위를 참칭하여 자기도 지키지 못할 멋진 말들을 강압적으로 늘어놓으면서 커튼 뒤에서는 거짓을 꾸며내는 음흉한 수작은 경계하고 피할 수 있다. 오늘도 예수는 그 하극상의 거짓 세상에서 '독사의 자식'과 '회칠한 무덤'의 카드를 내놓으며 대기하고 있다.

끈질긴 폭력의 사슬을 끊다

르네 지라르의 희생양 이론에 의하면 폭력은 공동체의 불가피한 구제 장치로 기능한다. 그 이론의 역사적 기원에는 '사냥꾼 제의'란 것이 자리하고 있다. 동물을 잡기 위해 동물을 죽여야 하는 사냥꾼은 죽인 생명에 대한 죄의식을 전가하기 위해 또 다른 동물을 잡아 제물로 삼음으로써 자신이 죽인 이전의 동물을 위무한다. 그러나 제물로 사용된 동물에 대한 죄의식은 또 다른 희생제물을 요구하면서 지속적으로 반복되는 희생제의가 탄생하게 된다. 또 다른 한편으로 공동체의 갈등과 불화가 최고조에 달하거나 전쟁이나 천재지변 등의 위기상황에서 그것을 타개하는 방법으로 공동체의 죄를 특정한 제물에 전가하여 추방하거나 죽이는 제의가 희생양의 내부적 배경으로 설명되기도 한다. 어떤 경우든, 종교의 기원은 폭력의 기원과 밀접히 연관되어 있다는 것이 이 방면의 이론가들이 밝힌 내력이다. 특히 지라르는 그리스 로마 신화들이 희생양의 죄를 위장하여 꾸며낸 것에 비해 성서만은 희생양에 죄가 없음을 일관되게 선포한다고 주장한다. 이로써 그는 희생양이 내부적 폭력의 동기를 진정시키고 평화를 회복하려는 공동체의 사려 깊은 전략임을 조명하였다.

예수는 명실공히 대표적인 희생양으로 역사에 각인되었다. 지라르의 관점에서 보면 예수는 당시 유대인 공동체가 처한 내부적 갈등으로 인한 폭력에 희생되었다. 폭력의 방법은 거짓증언으로 나타났다. 거짓증언을 사주한 대제사장 일당은 자신들이 성전을 통해 누려온 종교적 기득권을 지키는 데 예수가 위협이 되는 것을 꺼렸다. 로마 당국은 예수의 대중적 영향력으로 인해 그가 민중봉기의 빌미가 되지 않을까 우려하였다. 그밖에 바리새인들과 서기관들은 그들이 유대인들에게 발휘해온 영향력의 기반이 예수로 인해 허물어지는 것을 두려워한 흔적이 짙다. 일반 대중들은 로마의 식민체제 아래 억눌리며 저당 잡혀온 정치경제적 자유를 되찾기를 갈망하면서 영웅적인 메시아의 도래를 꿈꾸었다. 그래서 그 꿈과 해방의 희망을 예수에게 투사하였다. 그렇게 당시의 유대인 사회는 예수의 하나님나라 사역의 연장선상에서 그에게 희망과 두려움과 위협과 우려와 꺼리는 마음을 전가하여 자기들의 내적인 균열을 봉합하고자 했다. 이는 동시에 당시의 기득권층에서 보면 질시와 선망의 마음에서 비롯된 경쟁자에 대한 왜곡된 모방심리로 불거진 사태였을 것이다. 만인 대 만인의 폭력을 부르는 욕망구도에서 자생하는 모방심리는 '소용돌이'처럼 증폭되어 단숨에 예수를 희생양으로 만들어버렸다.

유대교의 전통사회는 성전을 중심으로 희생제의를 반복함으로써 내부의 위기를 탈출해온 신정체제였다. 그 구성원들은 이제 동물을 희생제물로 삼는 데서 그치지 않고 사람을 제물로 삼는 폭력의 종교적 정당화를 가속해왔다. 이는 유대교의 역사를 압축하여 비판한 예수의 지적을 통해서도 잘 드러난다. "화 있을진저! 외식하는 서기관들과 바리새인들이여! 너희는 선지자들의 무덤을 만들고 의인들의 비석을 꾸미며 이르되 '만일 우리가 조상 때에 있었더라면 우리는 저희가 선지자의 피를 흘리는 데 참여하지 아니하였으리라' 하니 그러면 너희가 선지자를 죽인 자의 자손임을 스스로 증명함이로다"(마 23:29-31). 여기서 예수는 서기관들과 바리새인들의 종교적 위선과 불법을 고발하면서 그들의 조상이 악의적인 폭력을 자행하여 무죄한 의인들을 희생양으로 만들었음을 폭로한다. 마찬가지로, 이제는 그들이 예수와 그 제자들의 활동을 억압하며 핍박하리라고 예견하고 있는 것이다.

예수는 이들의 폭력을 또 다른 폭력으로 대응하지 않았다. 부정과 불의로 가득한 대제사장의 심문에서도 예수는 의연해 보인다. 정치적인 술수와 간계가 판을 치는 빌라도의 재판정에서도 예수는 폭력에 휘말리지 않았다. 그는 소용돌이치는 폭력의 회오리에 침묵으로 응답함으로써 유대교의 전통사회에 희생양 체계로 끊임없이 반복되어온 폭력의 사슬을 단번에 끊어버렸다. 그것은 자기 스스로 무죄한 희생양을 자처함으로써 그들의 모방적 폭력의 소용돌이에 휘말려들지 않으려는 최선의 선택이었다. 예수가 살아남고자 작심했다면 그들의 폭력적 술수를 외면하면서 사전에 면밀히 작전을 짜서 안전하게 도피할 수도 있었을 것이다. 그들의 부당한 핍박을 만천하에 공개하면서 엉터리 심문을 무효로 선언할 수도 있었을 것이다. 그러나 예수는 모든 모방적 폭력의 유혹에 굴하지 않고 오래 묵은 폭력의 사슬을 십자가를 통해 하나의 스캔들로 만들어버렸다. 그것은 그들의 내면에 자리한 폭력적 충동을 추악한 것으로 까발리는 폭로의 기제였다. 하지만 자신의 폭력을 반성하는 회심의 주인공들에게 예수의 선택은 구원의 표상이 되었다.

오늘날 우리 사회에서 폭력은 소용돌이치며 끊임없이 들끓는 욕망이다. 그 욕망은 외형을 바꾸어 다른 종류의 폭력으로 전이된다. 자신과 경쟁관계에 있는 개인과 집단은 선망과 질시의 동력으로 상대방이 욕망하는 것을 욕망하고자 하는 모방의 소용돌이 속에 분노와 파괴의 에너지를 뿜어낸다. 그러나 모방적 욕망의 상승작용은 항상 폭력을 통해 파멸로 귀착된다. 그것은 한 공동체 내에서 가열되는 무한경쟁의 결과가 모든 성원들의 패배로 끝나는 이치와 같다. 우리 사회에 폭력이 만연하다는 것은 그만큼 사람들 사이의 관계에 원한이 깊다는 증거다. 반면 원한을 풀어주는 신원의 효과를 높일 만한 합의된 사회적 체계의 공력은 턱없이 부족하다. 각계의 전문가들이 소통부재를 숱하게 지적했지만 개선의 조짐이 보이지 않는다. 그만큼 욕망의 회로가 순탄하게 가동되지 못하고 있고 우리 사회의 역사적 질곡 속에 건강하지 못한 정신이 뿌리박혀 있다는 방증이다. 그러한 체제의 모순을 끊어내지 못하고 전전긍긍하는 세태의 한가운데서 예수의 자기 부인과 단 한 번의 희생제물은 우리 사회의 질고에 대한 자가진단과 해법이 어떻게 가능한지 암시한다.

투명하고 온유한 하나님 앞에서

강간과 성폭행 비율이 세계 최고라는 오명에 부끄러워하기 이전에 선행되어야 할 과제가 있다. 우리는 먼저 사회에 만연한 감각적 이미지의 풍미 현상과 이로 인한 모방적 욕망의 상승작용에 대해 분석해야 한다. 대중매체는 연예인들을 꾸미고 벗겨 장식해놓는 감각적 문화의 상술로 폭력적 욕망에 기름을 끼얹기 일쑤다. 이미지 전성시대에 자신의 현실이 늘 초라한 이들은 나름대로 결핍을 보상하려는 욕구에 충실하게 부응하면서 선정적인 모델을 내세워 은연중에 선망의 대상을 만들어놓는다. 선망하는 데서 그치지 않고 날마다 쳐다보고 꿈꾸고 영웅시하면서 그러한 모델을 모방하는 일에 골몰한다. 그 과정에서 점차 심해지는 것은 무의식적 환상과 실제의 삶 사이의 괴리다. 이는 일종의 '인지 부조화' 상태에서 욕구불만으로 표출되고, 그것은 질시와 투기를 연료 삼아 폭력적 충동으로 진화한다. 폭력의 충동을 아무렇지도 않은 것처럼 위장하기 위한 자기 기만도 덩달아 심해질 것이다.

나는 이러한 기만과 폭력의 메커니즘이 상습화된 곳이 종교기관이라고 생각한다. 그중에서도 한국교회의 병통은 이미 중증에 달해 있다. 이제는 위장된 폭력을 은근히 숭상하는 단계로까지 나가고 있다. 한국사회는 위선과 폭력의 이중성이 확대되어서 전시되는 삶의 각축장이다. 그러나 아무리 자신의 겉을 회칠로 표백해도 그 속이 무덤이란 사실은 변하지 않는다. 거짓증언으로 아무리 남을 고발해도 결국은 무고죄와 위증죄의 판결을 받게 되듯이 말이다. 현실 법정의 판결이 부정확하면 역사의 판결이 남아 있다. 역사의 판결조차 어긋나면 하나님 앞에서 발가벗은 영혼으로 마지막 심판의 저울대에 달릴 때가 있을 것이다. 모든 사람들이 한 번 죽는 것은 예외 없이 정한 이치이지만 그 뒤로는 심판이 남아 있기 때문이다(히 9:27).

하나님은 한없이 투명하신 분이다. 대면할 수 없는 빛 가운데 거하는 영광의 하나님이기 때문이다. 그 앞에서 거짓의 장막을 치는 것은 손바닥으로 하늘을 가리려는 어리석은 일이다. 예수 그리스도를 통한 최후 희생양의 계시는 그 자체로 온전하게 역사 속에 성취되었다. 이제 더는 동물을 죽여 피를 흘리는 일이 필요하지 않게 되었다. 하물며 사람을 자꾸 잡아 제2의 예수와 제3의 그리스도를 만들려는 작태는 흉측하지 않겠는가. 이러한 폭력의 소용돌이는 예수의 공로를 헛되게 하는 시대착오적인 반동이다. 그러한 희생양 모티프의 재현은 반드시 또다시 폭력을 불러 제물을 삼는다. 나아가 그 제물에 회칠을 하여 역사적으로 기념하고 승화시키면서 또 다른 거짓의 계보를 이어가게 마련이다.

이제 이런 희생이 더는 갸륵하지 않은 것으로 만인 앞에 확인되는 곳에 예수의 유산이 머무는 시대가 되어야 한다. 허황된 명성을 내걸고 재정만 축내는 기만의 성채는 해체되어야 한다. 종교와 사회의 상층부에 잔존하면서 위선과 폭력의 체계를 뒷받침하는 유명무실한 기관과 단체는 이제 그 희생양의 체계에 더부살이하는 생명을 마감해야 한다. 이런 곳에 돈을 내고 이름을 빌려주는 어리석은 백성의 의식도 깨어나야 한다. 그들의 순정 어린 눈물과 고혈이 아무리 선한 동기로 헌납된다 할지라도 그것이 과연 예수의 십자가 정신에 부합되는지 따져보아야 한다. 하나님의 온유하시고 투명하신 현존 앞에 서게 될 날을 의식하며 우리는 거짓을 넘어 진실을 말하는 연습에 더욱 힘써야 할 것이다. 모방 폭력의 노예에서 해방되어 아무도 아무것도 모방하지 않은 하나님, 그 하나님을 모방한 예수의 십자가를 늘 깊이 명심해야 할 것이다.

13

예수,

자살의 늪에 생명줄을 던지다

자살공화국의 치욕, 한국교회의 치욕

우리 사회에 생명을 저당 잡은 치욕의 행전은 여전히 진행형이다. 현재 우리나라는 OECD 국가 최고의 자살비율을 기록하고 있다. 20-30대 청년들의 사망 원인 1위가 자살이다. 젊은이들이 생명을 꽃피워보기도 전에 스스로 삶을 마감하는 데는 심상치 않은 이유가 있을 것이다. 그 이유를 개인의 내면적 차원으로 환원시킬 수 없는 사회적 배경과 구조적 동인도 무시할 수 없다. 차분히 따져보자. 자살하는 사람들의 일차적인 원인은 절망이다. 절망을 죽음에 이르는 병이라고 부르지 않는가. 삶이 곤경에 빠지고 피해갈 수 없는 궁지에 몰려 좌절할 때, 좌절감이 쌓여 절망에 빠질 때, 사람들은 자살이라는 극단의 선택을 하게 된다. 실제로 자살 결심자는 자신의 주변을 정리하는 징후를 보이기도 하지만, 최후로 주변에 절박한 심정을 호소한다고 한다. 그러나 그조차 의지가 되지 못할 때 죽음의 수렁이 유일한 출구처럼 느껴지는 것이다.

자살이 심각한 사회적 문제로 대두된 배경 중 하나는 인터넷의 자살 사이트 때문이다. 이른바 동반자살이 자살을 부채질하는 중대한 원인이 되고 있는 것이다. IMF 사태 때에 도미노처럼 번진 동반자살은 주로 가족 단위로 이루어졌다. 수많은 가정들이 실업과 파산 등의 경제적인 문제로 세상을 하직하던 때가 있었다. 이즈음에는 새로운 형태의 생계형 자살이 우리 사회의 음지에 사는 사람들을 급습하고 있다. 이후 또다시 터진 금융위기 파동으로 침체된 경기와 미취업, 실업, 과중한 채무, 비정규직의 비애 등과 같은 암울한 현실에 치여 수많은 사람들이 함께 죽을 사람을 찾고 있는 것이다. 자살 사이트는 인터넷이라는 문명의 이기가 어떻게 사람의 생명을 앗아가는 구조적 흉기가 될 수 있는지 보여주는 단적인 증거다. 혼자서 죽기가 무서운 것이리라. 그래서 인터넷의 자살 사이트는 이들을 유혹하여 죽음이 이 세상의 모든 곤경에서 해방되는 유일한 해결책이라고 부추긴다. 거기서 만나 대화를 나누다 보면 죽음이 편하게 느껴질 것이다. 무서움도 서로의 심정을 공감해주는 증인이 있고 그 순간의 진정성을 지지해줄 알리바이가 생기면 잠시 망각되는 모양이다. 그래서 고통이 가장 덜한 방법을 찾아 이들은 둘이나 셋, 또는 그 이상 모여 죽음을 담합한다.

자살공화국이라는 치욕은 세계 최고라는 자살률 자체에만 있지 않다. 가시적인 삶의 고난 너머로 희망을 보여주어야 할 종교인이 그렇게 많은데도 그 희망이 그들에게까지 빛을 발하지 못하는 것이다. 이로 인한 부담과 치욕이 심각하다. 특히 기독교는 부활의 종교라고 하지 않는가. 부활은 죽은 생명도 다시 살리는 희망 중의 희망을 대변하는 메타포다. 그런데 아직 죽지 않은 생명조차 건사하지 못하고 희망의 불씨를 던지지 못한다면 이는 기독교의 복음에 심각한 문제가 발생했다고 볼 수밖에 없다. 예수는 사회적 소외층과의 만남과 소통에 적극적이었다. 그가 보여준 치유와 선포, 가르침과 위로의 사역이 당시 소외된 민중에게 희망을 주는 목적에 집중되어 있었음은 의심의 여지가 없다. 이러한 현실 가운데 예수의 추종자들은 그의 이름을 앞세워 성공과 축복의 맘몬 신화 만들기에 총력을 다해왔다. 그것이 시대의 핵심이념인 양 떠들면서도 부끄러운 줄 몰랐다. 서로 간의 치열한 경쟁을 넘어 승리하고 수단과 방법이 비열해도 결과가 근사하면 모든 과정이 다 용서되는 것처럼 바벨의 논리에 휘둘려온 것이다. 그 틈바구니에서 돈 없고 가난한 사회의 초년병들은 도피성을 찾지 못한 채 막막한 벼랑 끝으로 내몰려왔다. 그들에게 예수의 이름, 그 이름에 담긴 하나님 나라의 복음이 희망이 되지 못했다는 것은 피를 토하는 심정으로 되새겨봐야 할 21세기 한국기독교의 현주소다.

자살의 신학적 계보

자살에 대한 형이상학적 의미부여는 그 연원이 길다. 논란은 플라톤과 아리스토텔레스의 시대부터 있었다. 딴에는 사람이 살다가 죽는 데 뭐 거창한 사유가 있을까 싶기도 하다. 하지만 그들에게 죽음은 삶의 반대편에서 존재의 한계를 의미화하는 철학의 유일한 이유로 받아들여졌다. 한쪽에서는 자연사의 옹색함을 지적하면서 특정한 명분을 지닌 자살이야말로 인간이 자율적 존재라는 사실을 천명하는 선택으로 존중되었다. 그러나 다른 한편으로 자살이 일종의 도피적 선택으로 삶에 당당하게 맞서는 용기의 결여 또는 '자연'의 질서에 따른 '본성'(*physis*)에 반하는 부당한 삶의 해소방식이라는 비판을 받기도 하였다. 물론 후자보다 전자의 경우가 다수에 의해 선호된 것은 자발적인 죽음에 예외적인 사연과 명분이 있음을 인정했기 때문이다.

문제는 구약성서 이후 성서의 자살행전에 나타난 모호한 평가다. 구약성서에는 자살로 죽음을 택한 사람들이 몇 명 등장한다. 사울의 경우에는 '조력자살'(assisted suicide)이라고 표현할 수 있는데, 다윗은 그의 죽음 소식을 듣고 그 '방식'에 착념하지 않고 애도의 뜻을 표했다. 삼손의 죽음 역시 자발적인 선택이었다는 점에서 일종의 자살이었다. 그러나 그가 최후의 기도와 함께 회복한 괴력으로 블레셋의 적대자들을 끌어안고 죽은 죽음의 평가는 "삼손이 죽을 때에 죽인 자가 살았을 때에 죽인 자보다 더욱 많았더라"라는 한마디로 비교적 후했다. 이 논평은 위대한 영웅의 죽음에 바치는 비장한 조사(弔辭)의 분위기를 풍긴다. 어느 곳에도 그 죽음의 방식을 트집 잡는 교리적인 정죄의 흔적은 보이지 않는다. 다른 자살자들도 마찬가지다.

그들의 자살에는 나름의 곡절이 있었고 사연이 깊었다. 그것은 역사 속에 명분 있는 최후의 선택으로 비극적이었고 하나님의 심판이란 측면도 간과할 수 없다. 하지만 그 방식을 두고 왈가왈부하지 않는 게 성서 저자와 편찬자들의 기본 태도였다. 죽은 자가 말이 없기 때문이기도 했지만, 죽은 자에 대한 인간적인 예절을 지키려는 침묵의 의도도 없지 않았을 것이다.

신약성서에는 자살로 죽은 유일한 인물로 가롯 유다가 나온다. 유다는 자기의 스승이면서 우리의 주님 되시는 예수 그리스도를 은전 몇 푼에 팔아넘긴 패역무도한 인물이었다. 물론 유다를 동정하거나 그가 보여준 비극의 아우라와 진정성에 공명하는 목소리가 없지는 않았다. 가령 '유다복음서' 같은 영지주의 문헌 등에서 유다라는 인물과 그의 행태에 대한 갖가지 변증적 시도가 있었다. 그러나 명백한 상식의 잣대로 볼 때 유다의 선택은 천벌을 받아 마땅한 극단의 죄악이었다. 흔히 베드로가 세 번 예수를 부인하고 눈물로 참회한 사례를 들어 가롯 유다가 자살로 죽어 버려진 에피소드가 지나친 결말이 아닌가 동정하곤 한다. 이와 별도로 여기서 문제 삼을 만한 주제는 자살의 심판론적 정당성보다 자살이라는 방식에 대한 신학적 관점의 부재다. 죽어 마땅했다는 식의 논평은 죽음의 결과를 문제시하는 언급일 뿐 그 방식을 타박하려는 의도와는 무관하다. 심지어 당시 유대교 일각의 신학 전통에 의하면 자살은 극단의 범죄상황에서 죄업을 씻어 회개하는 자기 속죄의 방식으로 용인되었다고도 한다. 그렇다면 이러한 관점에서 볼 때 가롯 유다는 목숨을 던져 회개하였고, 대속(代贖)이 아닌 자속(自贖)을 통해 자기 행동에 책임을 졌다고 평가해줄 수도 있을 것이다.

일부 학자들은 빌립보서 연구를 통해 바울이 감옥에 갇혀 겪은 비인간적인 수모로 인해 놀랍게도 자살에 대한 고민을 품고 있었다고 추론한다. "죽는 것도 유익함이라"(빌 1:21), "내가 그 둘(사는 것과 죽는 것) 사이에 끼였으니 차라리 세상을 떠나서 그리스도와 함께 있는 것이 훨씬 더 좋은 일이라"(빌 1:23)라고 말하면서 그는 차라리 죽음을 선택하고 싶다고 고백한다. 비인간적인 치욕과 고통으로 인해 죽음을 통해 육신의 족쇄를 벗어나고 싶었기 때문일 것이다. 그러나 바울은 마음을 돌이켜 성도의 유익을 위해 이 땅에 남는 것이 더 낫겠다고 마음을 다독이며 방향을 튼다. 자기 배려 차원의 자살보다 복음선교와 목회사역을 위한 공익적 차원의 선택이 명분상 옳다는 판단을 한 것이다. 그렇다고 전자의 명분이 무의미했던 것은 아니다. 그리스 로마 시대의 자살 이해에 대한 주류적 관점에서 보면 그러한 명분은 일견 타당하다. 또 바울이 당시 지식사회의 명분론적 자살에 무지하지 않았다면, 훗날 교리적으로 정죄된 자살의 문제를 앞당겨 바울에게 적용하는 해석법은 무리가 있다.

이처럼 죽음의 방식보다 명분을 존중하는 전통은 각 시대와 문화별로 차이가 있지만 대체적으로 일관된 역사적 계보를 이루고 있다. 신학적·사상적 측면에서도 정당화될 만한 소지가 전혀 없지도 않다. 예컨대, 일본 사무라이들은 자살을 명예로운 선택으로 존중했다. 유교 전통의 우리 역사에는 과부가 겁

간을 당하면 절개를 지키기 위해 은장도로 자결하는 일도 있었다. 왜장을 끌어안고 남강에 뛰어든 논개의 동반자살이나 노동자의 권익을 수호하기 위한 전태일의 분신자살 등등 명분을 띤 자살의 사례는 수두룩하다. 일각에서는 자살을 자기 신성화의 방편으로 삼아 유한한 인생을 불멸의 영혼으로 승화시키는 숭고한 선택으로 인식하기도 했다. 대외적으로 기릴 만한 상징 가치나 역사적인 대의명분은 없어도, 경우에 따라 일부 자살은 만인의 공감을 불러일으키는 연민의 대상이 되기도 한다. 인간으로서 실존의 억압이나 굴욕을 감당할 수 없는 극단의 상황에서 마지막으로 존재의 위엄을 시위하기 위한 자살이 그것이다. 인간만이 그러한 자존감을 지닌 것은 아닌 듯하다. 최근 중국에서는 곰의 쓸개를 산 채로 빼내는 끔찍한 현장에서 곰이 자살하는 사건이 있었다. 사람이 강압적으로 아기 곰의 쓸개를 꺼내려고 하자 자식의 비명소리를 들은 어미 곰이 뛰쳐나와 사태를 제지하려 했다. 그러나 아무리 몸부림쳐도 철장을 벗어날 수 없다는 판단에 어미 곰은 결국 몸으로 아기 곰을 질식시켜 죽이고 자기도 콘크리트 벽에 머리를 받아 자살했다.

자살공화국이란 오명을 안긴 자살의 도미노 사태에는 그러한 명분 있는 죽음으로서의 자살 내지 자발적 죽음은 희박하다. 대부분이 생계형 자살이다. 물론 '생계'라는 것도 따지고 보면 절대적인 한계상황은 아닐 것이다. 거기에는 죽어라고 일해도 겨우 끼니만 때울 수 있을 뿐이라는 희망 잃은 세대의 불쌍한 자화상이 있다. 빚더미에서 빠져나가 보려는 제도적·법적 자구책이 작동하면 해방의 출구가 없는 것도 아니다. 이와 동시에 자기 운명을 개척하여 새로운 인생으로 도약해보려는 의욕과 결기가 있다면 한번 부대끼며 헤쳐나가 볼 만한 장벽이다. 그러나 그러한 길은 어렵고 피곤하다. 그래서 죽음의 수렁에 빠져버린다. 그게 이 시대의 자살을 더 우울한 풍경으로 부각시킨다.

예수, 생명의 영원한 원천

나사로를 무덤에서 일으켜 다시 살려주신 예수는 이렇게 말한다. "나를 믿는 자는 죽어도 살겠고 무릇 살아서 믿는 자는 영원히 죽지 아니하리라"(요 11:25-26). 그렇다. 예수에게는 자살의 신학적 합법성 여부를 따지고 논할 시간이 없었다. 자살하지 않아도 죽어가는 사람들이 당시에 너무 많았기 때문이다. 가난한 사람들은 먹을 것이 없어 죽어갔고, 로마의 식민당국에 먹을 것을 수탈당하여 절망 속에 또 죽어갔다. 배운 자들은 지적인 오만과 자폐적인 영혼의 그늘 아래 지성과 영성이 송두리째 죽어갔고, 그렇지 못한 자들은 종교가 주는 심리적 강박 가운데 생기가 눌려 죽어갔다. 예수는 그들에게 평화와 생명의 기운을 불어넣어 주어야 했다. 그들의 무지한 의식과 무감각을 일깨워야 했다. 그들에게 먹을 것을 주고 그것을 먹을 만하게 병든 몸을 고쳐주어야 했다. 마귀에게 휘둘린 자들에게는 마귀를 쫓아내어 온전한 정신으로 정상적인 사회생활을 하도록 독려해야 하는 회복의 사역이 필요했다.

이처럼 예수의 사역은 온전히 생명사역 자체였다. 그것은 생명의 소중함을 그 어떤 가치보다 우선시하였다는 뜻이다. 자신의 생명을 대속제물로 희생하기까지 그가 사랑하고 보살핀 것은 인간의 생명이었다. 생명을 이롭게 하는 일에 관한 한 그에게 율법이나 전통 등 어떤 규정도 장애물이 될 수 없었다. 보기에 따라 예수 주변에 몰려들어 따라다닌 사람들은 예비자살자들이라고 할 수 있다. 오해는 말자. 그들이 예수 앞에서 동정을 호소하며 자살하려고 했다는 말이 아니다. 그들 중 상당수는 생업과 재산, 심지어 가족도 포기하고 예수에게 모든 희망을 걸었던 사람들이다. 따라서 이 세상에 우리 삶을 묶어놓는 온갖 좋은 것들에 대한 희망을 포기하거나 절망했던 자들이 그 제자들과 익명의 '무리들' 가운데 꽤 많았으리라는 것이다.

요한복음에서 예수는 스스로를 '목자'에, 자기를 따르는 자들을 '양'에 빗대어 설명했다. 나아가 그는 자신이 이 땅에 목자로서 온 궁극적인 목적이 양들로 하여금 생명을 얻게 하되 풍성히 얻게 하려는 데 있다(요 10:10)라고 말하면서 자신의 존재 의미를 설파했다. 이 말씀은 이 세상에서 생명의 가치를 하찮게 여기는 모든 불온한 망상과 태도에 대한 전복적인 메시지가 아닐 수 없다. 생명을 물질적 가치보다 못한 것으로 치부하는 물질만능주의적 태도에 대한 비판이었다. 몇 푼의 돈에 인간의 존엄과 자긍심을 팔아넘기는 부도덕에 대한 심각한 경계와 질타인 것이다.

따지고 보면 물성과 영성은 긴밀하게 연루되어 상호작용하고 있지 않은가. 영생을 말하기에 앞서 오늘날 인간의 생명이 생명다운 긍지를 누리며 살고 있는지 사람살이의 천태만상을 주의 깊게 살펴야 할 것이다. 온갖 죽음의 문화가 판치고 있는 현실도 직시해야 할 것이다. 죽음의 수렁이 고난의 종지부라며 속삭이는 염세적 목소리를 경계해야 한다. 그 어떤 희망도 없는 것처럼 선전하는 냉소적인 비관주의의 도전에 맞서 예수를 따르는 이들은 의연히 일어나 싸워야 한다. 예수가 분노한 것은 생명을 억압하는 온갖 인위적인 체계들이었다. 그것이 더구나 성전과 율법, 각종 규범과 관례 등에 덮여 회칠한 무덤으로 장식된 세태에 예수는 분노했다. 거기서 기득권을 챙기고 애꿎은 생명들이 지옥백성이 되도록 방치하는 왜곡된 생명세계의 무질서에 그는 거칠게 질타했다. 예수의 하나님 이해는 섬세한 아버지의 초상으로 압축된다. 그분은 참새 한 마리가 떨어지고 팔리는 것까지 관여하는 생명의 창조주였다. 우리의 머리카락까지 헤아릴 정도로 꼼꼼하게 우리 생명의 현황과 복지에 관여하는 분도 바로 그 창조주 하나님이었다. 먹을 것을 달라는데 뱀을 주는 아비가 없듯이, 우리가 구하는 것을, 많은 경우 구하기도 전에 풍성하게 베풀어주시는 분이 바로 그 아버지 하나님이었다.

예수에게 자살에 대한 고민으로 상담을 한 동시대인은 현재의 기록에는 발견되지 않는다. 그가 자살에 대한 직접적인 교훈을 남긴 곳도 없다. 그러나 예수는 생명이란 문제에 집중하여 죽어가는 많은 영혼을 살려주었다. 목숨을 걸고 치열하게 삶의 궁극을 향해 질주할 때 죽어도 죽지 않는 삶의 질긴 소망을 약속의 선물로 남겨주었다. 그리하여 죽어가는 자뿐 아니라 이미 죽어버려 희망이 끊긴 생명까지도 포기하지 않고 일으켜주기도 하였다. 그렇게 예수는 공생애 기간 내내 생명사역에 힘을 쏟은 뒤 마지막에 자발적인 죽음의 길로 나서 십자가에 못 박혀 세상을 하직했다. 부활의 기적이 남아 있었지만, 예수의 자발적 수난과 죽음은 보기에 따라 자살의 분위기가 읽혀지기도 한다.

'자살'(suicide)과 '자발적 죽음'(voluntary death) 사이의 어감상 뉘앙스는 작지 않은데, 예수의 선택에서 그 간격은 팽창과 수축을 반복한다. 그는 굳이 죽지 않아도 될 만한 버팀목으로 대중의 지지와 하나님 아들로서의 권세가 있었다. 평소 치유기적이나 부활기적의 선례를 기억한다면 초월적인 권능을 발휘하여 적을 제압할 수도 있었을 것이다. 그런데 그는 굳이 조용히 죽어주는 방향을 선택했다. 마치 소크라테스가 감옥에서 도피하자는 제자들의 제안에도 굳이 법적 판단을 받고 독배를 들었듯이, 예수는 자기를 정죄하는 무리를 향해 내내 침묵으로 수모를 견디고 나서 십자가의 고통스러운 처형을 감내했다. 이 희생에서 죽음의 방식 내지 죽임에 의한 죽어감의 과정에 대한 논의는 생략되기 일쑤였다. 예수가 자살을 결심한 것일까. 자신의 죽음이 자족할 만한 좋은 죽음이라고 생각한 것인가. 그러면 "엘리 엘리 라마 사박다니"의 피 비린내 나는 절규는 또 무엇인가.

안락사는 좋은 죽음인가?

자살과는 종류가 다르지만 일맥상통하는 자리에 안락사가 있다. 서구사회는 이미 여기에 대한 법의 정비를 거쳐 품위 있게 죽음을 선택할 수 있는 권리를 부여하고 있다고 한다. 국내에서도 본인의 강한 의지가 반영될 경우 드물지만 예외적으로 자신의 생명을 인위적으로 연장하지 않도록 허락된 사례가 근래 있었다. 식물인간으로 방치되어 기계에 의존한 채 무의미한 생명을 연장받느니 차라리 인간의 위엄을 갖춰 죽음을 선택하겠다는 것이다. 이런 선의의 관점을 살려 안락사를 '존엄사'라고 부르기도 한다. 안락사의 어원적 배경에는 '좋은 죽음'(*euthanasia*)이라는 헬라적 개념이 들어 있다. 그것은 특수한 상황에서 자신의 죽음을 택할 수 있는 권리를 활용하는 '고귀한 죽음'이라는 고전적인 형식을 통해 전승되어왔다. 여기에 대해서는 인권의 차원에서 조력자살의 방식을 승인해주어야 한다는 입장과 하나님이 주신 생명을 인간이 어떤 사유로든 끊을 수 없다는 보수적인 기독교계의 입장이 팽팽히 대립해왔다. 그러나 가톨릭계의 원로인 김수환 추기경도 산소마스크 등의 인위적인 방식으로 생명을 억지로 연장하지 않고 자연스레 임종을 맞이하였다. 이처럼 뒤엉킨 현실과 이상적 방안 사이에 이

쟁점은 단순논리로 쉽게 해결되지 않는 문제다.

그 문제의 핵심은 조력자살로서의 안락사를 부정적인 자살의 개념에 포함시키느냐, 이와 별도의 차원에서 자발적인 죽음의 긍정적인 의미를 부여하느냐에 있다. 나아가 예수의 생명신학적 원리에 비추어 어떤 선택이 타당성을 띠느냐 하는 점이다. 모든 안락사가 가령 사울처럼 수치스럽게 죽지 않으려는 고귀한 죽음의 명분을 추구하는 것이 아니다. 그렇다고 자기의 죄업을 씻고자 하는 가룟 유다식의 '자속'이란 동기가 작용하는 것도 아니다. 다만 자연스러운 생명의 본성과 리듬에 충실하여 자신의 가장 소중한 가치를 겸손히 내려놓겠다는 발상은 존엄사로서의 안락사를 정당화할 만한 예수 신학의 동기가 될 수 있다. 그것은 죽음의 공포 앞에서 그 공포를 견딜 수 없어 도피적인 심리로 자신의 생명을 끝장내려는 행동이 아니다. 더는 작동하지 않는 무기력한 제 몸뚱이를 돌보는 일에 가족들의 희생을 강요하기 싫어서, 또는 집안의 재산을 축내지 않기 위해서도 아니다. 그것은 한 생명이 이 땅에 빈손으로 와서 빈손으로 가기 위해 자신의 죽음을 준비하고 배려하는 신중한 자기 비움의 결단일 뿐이다. 인간의 욕망을 집착으로 이끄는 모든 것들을 내려놓고 비워내도 목숨에 대한 애착은 마지막까지 간다. 이를 내려놓기란 결단코 쉽지 않다. 그런데도 그러한 결단을 하기까지 그의 고뇌와 진정성이 무시되어서는 안 될 것이다. 그것은 십자가에서 삶의 종료를 '다 이루었다'고 인식한 예수의 자족적 삶의 자세에 비견된다. 그 온전한 성취가 구원론적 맥락에서 예수의 죽음에 담긴 대속적 보증을 가리킨다고 해석되는 것이 상례다. 그렇지만 죽음에 대한 보편적 인식을 감안할 때 예수의 이러한 태도는 자기 삶의 행로가 다다른 귀착지에서 자발적으로 그 여정을 하나의 완결체로 마무리하고자 시도한 사람의 자의식을 반영하기도 한다.

예수가 이 땅에 오신다면 산소호흡기나 여러 의료기구를 몸에 달고 누워 있는 식물인간의 희망에 대해 뭐라고 응답하실까. 아마도 치열한 연민으로 그들을 다시 일으켜 소생하도록 도와줄 가능성이 크다. 그러나 그런 사람이 처처에 수두룩하고 그렇게 소생시킨 사람이 또 수명이 다하여 다시 의식불명의 상태에서 식물인간처럼 누워 있게 된다면? 이러한 반복적인 생명의 연장 가운데 인간의 욕망은 그래도 더 살고 싶은 쪽으로 끌리겠지만, 유한한 존재가 하나님의 창조섭리를 거슬러 무한하게 살 수는 없는 법 아닌가. 결국 예수 역시 그들이 편하게 이 세상을 하직하여 내세를 향해 여행할 수 있도록 길을 열어줄 것이다. 더구나 이 세상에서의 삶이 우리 삶의 전부가 아니라는 믿음이 있다면 죽지 않기 위해 추레해지지 않아도 된다. 보이는 것이 잠깐이고 보이지 않는 것이 영원하다면 영원의 몫을 한시적인 지상의 삶에 묶어두려는 것은 무모한 행동이다. 예수가 생명을 천하보다 귀하게 여겼지만, 육체적 생명의 생물학적 연한에 집착을 보인 것은 아니기 때문이다. 복음서의 예수는 생명의 소중함이 양적인 몫에 있지 않고 질적인 가치에 있음을 가르치지 않는가.

14

예수,

열광을 넘어 냉철한 지성을 옹호하다

냄비공화국의 불우한 초상

오늘 자 조간신문에는 현 정부의 해외 광물자원개발 사업이 총체적인 실패로 끝날 조짐을 담은 기사와 사설이 실렸다. 쿠르드 지역 유전개발과 캄보디아의 다이아몬드 광산개발 실패 등을 비롯하여 이명박 정부 들어 대단한 실적으로 보도하며 떠들어댔던 해외사업들이 실속 없는 허풍이었던 것으로 드러나고 있다. 2003년 이후 맺은 광물자원개발 양해각서(MOU) 35건 중 계약으로 이어져 성공한 사례는 단 한 건으로 밝혀졌다고 한다. 정상회담이니 해외특사니 하는 허울 좋은 이름으로 실적을 얻기 전에 나팔을 먼저 불어댄 일들이 '열매' 앞에서 된서리를 맞고 있는 형국이다. 이러한 자원외교의 실패에 대한 비판을 압도하는 메가톤급 파장으로 현재 한국사회를 강타하고 있는 관심사는 이른바 '도가니 사태'이다. 수년 전 광주 인화학교에서 발생한 장애인 성폭력 사건을 다룬 공지영 작가의 소설을 황동혁 감독이 영화로 만들어 전국적인 공분을 사고 있다. 당시에도 이 사건의 파동으로 잠시 떠들썩했을 텐데, 여론은 잠시 들끓다가 다른 건으로 전이되면서 수면 아래로 가라앉아버렸다. 그러다가 영화라는 매체의 힘으로 잊혔던 사건의 실상이 대중에게 상세히 공개되면서 묻혔던 기억이 되살아나고 재수사가 진행되는 등 또다시 시끌벅적한 분위기가 형성되고 있다.

이런 일들이 어디 한두 건인가. 한국사회의 '냄비근성'을 꼬집은 계기가 숱하게 많고 그런 목소리에 동참한 사람도 한둘이 아니다. 무슨 일이 터지면 요란하게 난리법석을 떨고 국민적 공분으로 감정적 열광의 도가니에 빠졌다가 시간이 지나면 문제의 근본대책은 흐지부지되면서 관심 밖으로 사라지는 일이 부지기수다. 이 허풍스러운 과잉 열정의 사태로 인한 국민적 에너지의 낭비가 이만저만이 아닌 듯싶다. 아무래도 우리 민족은 화끈하게 들끓길 좋아하는 집단 같다. 음식도 얼큰한 걸 좋아하는 사람들이 많고, 말을 해도 목청껏 질러대며 떠드는 분위기가 주류이다. 그러다 보니 감정적 열광 속에 휩쓸려 논지는 실종되기 십상이고 목소리 큰 놈이 좌중을 압도하며 이기는 분위기다. 회의장과 음식점 등 이런저런 모임에서 열불을 내는 우리는 대체 무슨 안간힘으로 사소한 것들에 그렇게 자주 분노하거나 쾌재를 부르며 살고 있는가.

개인적 관심사뿐 아니라 국가적 대사도 마찬가지다. 특정 현안에 대한 주장이 어떤 계기로 불이 붙어 들끓다가도 여론의 집행 없이 이내 풀어져버린다. 독도문제만 해도 그렇다. 일본의 아무개 인사가 독도를 일본 땅이라고 발언하거나 식민지 시절의 상처를 덧나게 할라 치면 붉은 띠 두르고 한참을 들끓다가 얼마 지나면 이내 시들해져버린다. 독도를 수호하기 위한 냉철한 지성과 이에 따른 지속 가능한 전략과 대책의 축적이 일본을 압도하지 못하니 이런 일이 계속 반복되는 것이다.

감정적 열광이 항상 나쁜 것은 아니다. 한일 월드컵 때 보여준 '붉은 악마'의 집단적 열기는 우리가 얼마나 단합을 잘하는 민족인지 대외적으로 인상적인 순간을 보여주었다. 기분에 들떠 서로의 차이를 넘어 쉽게 한몸이 되는 분위기 속에는 우리가 감동할 줄 아는 기질을 타고났다는 한 줌의 미덕도 엿보인다. 예부터 음주가무를 즐기며 한도 많지만 흥을 아는 민족으로서 타고난 유전자의 전승이란 생각도 든다. 이러한 기질을 급진적인 돌진근대화의 열기에 쏟아부어 매사 '빨리빨리'의 특유한 문화적 체질을 형성한 것이 나라발전에도 상당한 기여를 했다는 일각의 지적도 일리 있어 보인다. 이건 사실 남 얘기가 아니라 내 얘기에 가깝다. 나 역시 '빨리빨리'의 성격을 맘껏 발휘하여 수많은 글을 단시일에 집중하여 써내기도 하고, 허풍스럽게 내뱉은 성급한 말들을 뒤늦게 후회했던 적이 많다.

이제 졸속근대화의 후유증으로 또다시 들끓어대면서 냄비공화국의 불우한 초상을 냉철하게 되돌아봐야 할 때가 되었다. 감정적 열광주의의 폐단은 국가발전의 장애물은 물론 사회의 성숙에 자못 심각한 병통이 되고 있는 게 틀림없다. 왜 우리에게는 차분한 지성의 문화가 이다지도 빈약한 것일까. 왜 우리는 사안의 시종을 철저하게 살피고 문제의 핵심을 기억하는 게 그리도 어려운가. 중요한 현안의 장기적인 대안과 해법을 내놓는 토론과 소통의 합리적인 절차를 창출하는 데 왜 이다지도 굼뜨고 둔감한 것일까. 이러한 증상의 성찰과 변혁에 누구보다 절박하게 관여해야 하는 지식사회와 종교계조차 감정적 휩쓸림과 휘둘림의 파도를 타면서 늘 휘청거리곤 하지 않는가. 그렇다면 이러한 냄비와 허풍과 열광의 분위기를 조율하면서 그 누가 어떤 역량으로 차분하게 지성의 문화를 선도할 수 있겠는가. 예수라면 열광과 망각의 회로를 오락가락하면서 요란스러운 냄비공화국 앞에 무엇이라 말할까. 그 역시 열정이라면 누구 못지않은 폭발력을 지니고 있었던 것 같다. 그러나 예수는 분요한 언행으로 자신과 주변을 어지럽히지 않았다. 수많은 군중 속에서도, 아둔한 제자들과의 만남에서도, 예수는 핵심을 건드리면서 늘 섬세한 대화의 지성적 감각을 잃지 않았다.

예수는 부흥회를 열지 않았다

한국사회의 감정적 열광이 한국교회와 밀접히 연동되는 현장으로 부흥회만한 것이 없다. 부흥회는 1970년대 군사독재 정부의 돌진근대화와 궤를 같이 하면서 한국교회를 이만큼 성장시킨 핵심 에너지였다. 부흥회의 통상적 풍경은 무엇보다도 '준비찬송' 때부터 조장되는 뜨거운 열기가 떠오른다. 손뼉 치고 큰소리로 찬양 부르면서 이 세상의 모든 것을 떨쳐버리고 하나님께 집중해보려는 그 열정과 기백이 대단하다. 이에 비례하여 감정적 열기로 들뜬 분위기도 집단적으로 고양되는 것이 상례다. 연거푸 반복되는 통성기도와 부흥강사의 우렁찬 열변이 보태지면 그야말로 도가니가 따로 없다. 강사의 걸쭉한 입담은 청중의 스트레스를 단숨에 날려버리고 '할렐루야, 아멘'의 복창과 함께 울고 웃는 감동의 향연이 펼쳐지기도 한다.

물론 상식 이하의 잡담으로 청중을 우민화시키면서 얄팍한 정치적 조종술로 헌금을 우려내려는 낮은 수준의 강사도 여전히 많다. 하지만 기본 수준이 되는 대중집회는 대체로 눈물콧물 쏟는 부흥회의 마지막 클라이맥스에서 많은 사람들을 뒤집어지게 만든다. 거기서 신비로운 체험을 하기도 하고 막혔던 삶이 일거에 해소되는 '은혜'를 받기도 한다. 그러나 부흥회 한 번으로 교회의 어려운 사정이 구조적으로 풀려 단번에 천국으로 돌변하지는 않는다. 신자들의 일상적 삶이 갑자기 저 하늘로 휴거되는 것도 아니다. 현실은 여전히 지속되고 한 고비를 넘으면 또 다른 문제가 막다른 골목에서 얼굴을 내민다. 이러한 사이클 속에 개인과 교회는 가라앉은 열기를 되살리고 침체된 분위기를 끌어올리기 위해 또 다른 부흥회를 요청하게 되는 것이리라.

이러한 부흥회의 빛과 그림자는 고스란히 냄비공화국 한국사회가 드러내는 감정적 열광의 도가니를 압축한 버전이다. 들끓다가 가라앉고 또 새로운 건수를 만나 탄력을 받으면 다시

달아오르며 불이 붙는다. 그런데 그 반복적인 열탕과 냉탕의 순환에는 진지한 앎의 추구와 지성의 각성을 요구하는 법이 없거나 드물다. 몇 가지 단순한 정석에 근거하여 사람들의 감정 코드를 자극하고, 분석이나 해석은 '의심'을 만드는 마귀의 미혹으로 치부되기 십상이다. 무엇이든지 쉽게 말해야 한다. 사회의 현안이 어렵고 복잡하게 꼬일수록, 개인과 조직의 삶이 뒤얽히고 감당하기 버거울수록, 복음의 메시지는 단순해야 좋은 것으로 공감된다. 그러나 현실의 문제가 단순한 해법으로 풀리지 않는 게 얼마나 많은가. 더구나 오래 축적된 문제일수록 차분하게 내력을 살피며 얽히고설킨 실타래를 헤집어야 해결의 실마리가 잡히지 않겠는가. 여기서 감정적 열광을 넘어 차분한 지성의 성찰로 나아가야 하는 것은 필연의 수순이 된다. 그것은 공동체 문화의 성숙과도 연계되거니와, 우리 사회의 과도한 감정주의를 되짚어 그것의 공과를 성실하게 자리매김하는 차원에서도 긴요한 과제가 아닐 수 없다.

예수의 일생은 말의 틈새와 침묵이 충분히 깃든 성찰의 연속이었다. 그는 바쁜 공생애의 여정에서도 틈틈이 광야나 호젓한 곳을 찾아 홀로 머물면서 자신의 현재와 미래 사역을 살피길 즐겨했다. 그 와중에 하나님과 고요하게 대화하면서 소통하는 기도의 영성이 닦여졌을 테다. 그가 은밀한 골방의 경건을 주장한 대로 자기 스스로도 은밀한 곳에 들어가 자기만의 영적인 안돈의 공간을 확보했던 것이다. 그가 더러 바리새인들과 서기관들의 종교적 위선을 질타하거나 고라신과 벳새다의 패역한 불순종을 비판하며 '화'를 선포할 때 뜨겁게 불타오르는 예언자적 감수성이 느껴진다. 예루살렘 성전에서 탁자를 뒤집어 엎으면서 기도의 집을 강도의 소굴로 만들어버린 타락상을 공격할 때 예수의 깊은 열정은 의분의 폭발에 다름 아니었다. 그가 '독사의 자식'과 '회칠한 무덤'이란 독설을 입에 담을 때 그의 내면에 끓어오르는 감정적 열기는 하나님의 인내를 넘어 처참한 현실의 고발로 이어졌다.

그러나 예수는 이 모든 감정적 열기를 그의 청중 앞에 폭발시키는 방향으로 대대적인 심령부흥회를 개최하지는 않았다. 그는 대중 앞에 차분했다. 그의 설교 언어는 명징했다. 예수는 핵심을 짚으면서 상상력의 외연이 넓은 메시지로 하나님 나라의 복음을 선포했다. 너저분한 신변잡기의 간증 없이, 복잡한 주석과 추상적인 사변 없이도 예수의 설교는 폭넓은 공감을 불러일으켰다. 산상수훈을 예로 들어볼 때 그의 설교는 시대적 요청에 부응하여 전통을 어떻게 재해석하여 계승 발전시키는지에 초점을 맞추었다. 또한 뜨뜻미지근한 계명의 타협적 실천이나 경직된 율법의 문자주의를 넘어 그 본질의 급진적 실천과 구체적인 행함의 열매를 강조했다. 이러한 메시지는 아무리 좋은 말도 삶의 자리에서 드러나는 회개의 열매 없이는 무의미하고 무기력하다는 것을 냉철하게 파악한 지성의 소산이었다. 현실적 이치를 정당화하는 것보다 그것을 변혁시키는 데 하나님의 뜻이 있음을 깨우치는 것이 예수의 성서 해석학이었다. 그 변혁의 방향은 하나님의 샬롬, 곧 정치와 경제와 종교 등의 부당한 체계 아래 억압받는 만민의 생명을 죄악의 족쇄에서 해방시키는 것이었다. 예수는 부흥회 없이 명징한 설교만으로도 충분히 할 말을 하고 풍성한 위로와 격려를 담을 수 있었다. 거기에는 또한 가장 치열한 도전과 자기 삶의 가열찬 실험을 향하여 열린 지성이 있었다. 하나님의 의와 나라를 향한 그의 치열함은 감정의 열광주의를 넘어 모든 목표를 섬세하게 조준하고 차분하게 추구하는 서늘한 지성의 자장 속으로 녹아들었던 것이다.

앎과 깨달음을 위한 대화

우리 사회는 감동에 목말라 하는 사람들이 많다. 워낙 거칠고 험한 세태라서 그런지 감동에 푹 빠져 세상에서 찢기고 다친 마음을 위로받고 싶어한다. 이러한 대중의 수요를 노리고 부가가치를 창출하려는 '감동 마케팅'이란 말이 생겨나기도 하였다. 감동까지 마케팅이 되는 세상에 우리는 살고 있다. 그런데 그때 조명받는 감동의 코드는 대체로 감정적인 감동, 그러니까 뭔가 뭉클거리는 가슴에 꽂히는 정서적인 파동과 충격을 일컫는 것 같다. 시쳇말로 'feel'이 꽂히면서 흥분된 분위기에 상쾌한 기운이 고조되는 것이다. 이러한 즉흥적인 감동의 코드에 비해 많은 시간과 노력을 투자해야 생기는 지적인 감동은 그리 흔하지 않다. 긴 시간을 인내하면서 책을 독파한 뒤 생기는 독서의 감동도 빈번하게 회자되는 감동의 코드는 아닌 듯하다. 전혀 몰랐던 지식을 깨닫게 되거나 무지의 장막에 가려졌던 사실을 발견하여 알게 되고 막혔던 논리적 장애가 제거되면서 찾아오는 상쾌한 깨달음의 감동도 우리네 대중문화에 드문 편이다. 감정적으로 흥분하여 몰입하는 데서 뜨거워지는 것만이 감동이라고 생각하는 경향이 강하다.

하이데거는 『존재와 시간』이란 책에서 사람들이 진정한 자아와의 대면을 회피하고 진짜가 아닌 자기를 진짜로 알고 일상을 보내면서 드러내는 특징적인 증상으로 '태만한 이야기'(idle talk)에 몰두하는 성향을 지적한 바 있다. 그것은 인습적인 자기 모습을 복제하는 동어반복의 버릇이면서 타인을 향한 선정적인 자극의 동기로 진실 여부를 확인하지도 않은 채 소문의 코드를 증폭시키면서 감정적인 반향을 야기하는 상략적인 화술이다. 마치 난전에 좌판을 벌여놓고 이 물건 저 물건을 흔들면서 호객행위를 하는 장사꾼처럼 오로지 물건의 상업적 가치를 통해서만 내뱉는 언어가 의미화되는 것과 같은 이치다. 그나마 장사꾼에게는 저와 가족의 생계를 위한 진정성이 깃들어 있다고 봐줄 만하다. 그러나 이 시대에 창궐하는 감정적 선정주의는 감동적인 깨달음을 통해 앎의 진보에 기여하기보다 심각한 방해물이 되는 형편이다.

황색 저널리즘에 대한 비판이 늘 있었지만, 이 시대의 언론은 늘 새로운 먹잇감을 찾아 떠나는 사냥꾼 같다. 그들이 토해내는 보도기사는 세상의 골목들을 배회하며 대중의 선정적 욕망을 반성하게 하기보다 더욱 활활 타오르게 부추기기에 급급하다. 그러다 그 불이 꺼지면 뒷수습도 하기 전에 다시 새로운 의제와 특종을 구하러 분주하게 움직인다. 그 과정에서 양산되는 여론의 상당수는 하이데거가 말한 '태만한 이야기'의 변종에 지나지 않는다. 그것은 결국 우리 사회에 성숙한 토론을 활성화하거나 새로운 앎의 창출을 위한 깊이 있는 대화의 진전을 방해한다. 그래서 지식사회에서도 토론을 하다가 진지해질 만하면 '시간이 없다'고, '밥 먹으러 가자'고 퉁을 놓는다. 시간과 밥의 에너지로 비용을 치르고 깊이 있게 공부하려는 사람들이 희박한 사회는 지적인 공론의 장에서 성숙한 감동을 창출할 수 없다. 그러한 결핍을 선정적인 정보의 유통이나 들뜬 감정적 흥분의 분위기로 때우려는 공동체에는 오래 묵은 포도주와 같은 문화의 향취가 자생할 수 없는 법이다. 그저 편리한 대로 '은혜'로 매 사안을 눙치길 좋아하며 대화의 질료가 궁해질 때마다 툭하면 '기도하자'며 만능의 수사를 동원하지 않는가. 그런 교회 공동체에 성실하게 삶과 앎이 융통하는 '이해를 구하는 신앙'(faith seeking understanding)이 차분하게 축적될 수 있겠는가.

예수의 화법은 간명하고 소박했지만 그의 주변엔 부흥회 대신 늘 탐구와 구도적 대화의 분위기가 무르익었다. 그는 산상수훈에서 이렇게 말했다. "오직 너희 말은 옳다 옳다, 아니라 아니라 하라. 이에서 지나는 것은 악으로부터 나느니라"(마 5:37). 이 짧은 한마디에 예수의 언어철학이 다 녹아들어 있다. 이것은 자기의 입장을 화끈하게 표현해야 한다는 말이 아니다. '예'와 '아니오' 사이에 어물거리지 말고 자기 입장을 뚜렷하게 확실히 드러내야 한다는 뜻도 아니다. 예수의 어록이 전하는 핵심적 메시지는 '예'라고 하든, '아니오'라고 하든, 자신의 말에 군더더기처럼 토를 달지 말라는 것이다. 무슨 말을 해놓고 호들갑스럽게 감정을 섞어 과장하지 말라는 뜻이다. 상대방을 설득시키려는 의도에서든, 자신의 진정성을 시위하려는 목적으로든, '진짜라니까?', '아니면, 내 손에 장을 지져'식의 허풍스러운 말을 하다 보면 그것이 결국 '맹세'로 흐른다. 예수가 연이어 지적했듯이 맹세는 아무리 잘해도 자기기만을 드러낼 뿐이다. 과장적 수사는 자기 말에 자신이 없다는 뜻이고, 상대방과의 관계에 진정성이 없다는 증거다. 그러므로 예수의 제자가 실천하는 언어생활은 매사 요란하기보다 간명하고 호들갑스러운 허세 대신 투명하고 지적인 명징함이 요청되는 것이다.

이렇듯, 예수는 그러한 언어로 하나님 나라의 아름다움과 신비를 촌철살인의 말에 담아 가르쳤다. 상상력이 풍부한 비유의 언어 속에 그는 직관과 예지를 담아 듣는 자들의 자기발견과 진리탐구에 대화의 파트너로 나서며 서늘한 지적인 계몽의 세례를 선사했다. 그것이 예수가 가르친 방식이었고 예수의 화법에 담긴 해석학적 진정성이었다. 그는 제자들은 물론 자신과 견해를 달리하는 사람들과 어울리며 당대의 신학적인 담론을 가지고 대화하였고 때로 논쟁의 자리에서 질문을 받고 답을 했다. 또 질문을 질문으로 응수함으로써 악의적인 질문의 허방을 찌르는 서늘한 위트와 수사적 유머를 구사하기도 하였다. 지적인 각성과 앎의 비용을 지불하길 꺼리고 깊이 공부하지 않는 게으름을 꾸짖기라도 하듯, 배움의 길에 들어선 자들에게 낙관주의의 희망을 선사하는 다음과 같은 유명한 어록을 남겼다. "구하라. 그리하면 너희에게 주실 것이요. 찾으라. 그리하면 찾아낼 것이요. 문을 두드리라. 그리하면 너희에게 열릴 것이니 구하는 이마다 받을 것이요 찾는 이는 찾아낼 것이요 두드리는 이에게는 열릴 것이니라"(마 7:7–8).

널리 알려진 이 말은 교회에서 편리하게 이용하는 목회적 적용이나 항간의 오해와 달리, 하나님께 기도하면 다 응답해주시고 소원을 성취해주신다는 뜻이 아니다. 헬라어 원문의 뜻을 살려 다시 읽으면 '구하라'는 말은 '질문하라'는 울림을 갖고 있고, '찾으라'는 말은 '탐구하라'는 함의를 내포한다. '문을 두드리라'는 말은 지난한 구도적인 모험의 자세를 가리킨다. 문 뒤에 누가 있어 그 문을 열어줄지 어떨지 모르는 상황에서 문을 두드리는 자의 심정은 곧 구도자의 견결한 도전정신, 탐구자의 진지한 자세와 다름없다. 물론 기도 역시 이런 배움과 깨달음의 한 방식으로 충분히 인정할 수 있다. 예수는 제자들에게 만사형통의 도깨비방망이처럼 이 말씀을 가르친 것이 아니다. 그는 제자들이 하나님 나라와 의를 먼저 구하며 이 세상과 만물을 향해, 과거의 전통과 현재적 삶의 자리에서 꾸준히 탐구하고 궁리하며 자기계발에 힘쓰는 구도자로 살기를 원하셨던 것이다. 그들은 그 과정에서 자기 십자가를 지고 심지어 자기 생명까지 하나님 나라에 이르는 비용으로 치를 것을 요구했다. 우리 생의 여정에서 이 말씀의 교훈은 경험적 진리다. 우리가 발가벗고 태어나 이처럼 사람 구실하면서 여기까지 온 것은 끊임없이 구하고 찾고 두드려온 모험과 구도의 전향적 자세와 함께 담백하게 영글어온 예기치 않은 수확이 아니던가. 그 담백한 낙관주의의 여정 속에는 이처럼 자신의 모든 것을 대가로 지불해야 하는 진지한 자기 투여의 결단이 요청되는 것이다. 십자가는 바로 그런 구도적 삶의 뜨거운 상징이다.

서늘한 지성의 시대를 위하여

나는 요즈음 그늘의 미학에 심취해 있다. 연구학기를 받아 내가 현재 머물고 있는 이곳 캘리포니아 주의 샌 안셀모는 산악자전거가 세계 최초로 시작된 지역으로 유명하다. 해발 784미터의 태멀파이스산이 이 지역을 둥글게 감싸면서 멀리 태평양까지 넓게 퍼져 있는데, 이 산 구석구석에 자전거 타기 좋은 길들을 잘 닦아놓았다. 글을 쓰다 지치는 날이면 한두 주에 한 번씩 자전거를 끌고 이 산속으로 들어가 많은 길들을 탐험해봤다. 자전거 여행에서 내가 감탄한 것은 바로 깊은 숲의 오래 묵은 나무들이 만들어주는 서늘한 그늘이다. 허덕거리는 오르막길에서 따가운 햇볕마저 얄궂게 내리쬘 때면 숨을 곳이 필요하다. 그때마다 이러한 숲 그늘이 구불구불한 산길에 마중 나오니 그것도 참 기막힌 은혜가 아닐 수 없다. 이곳은 지역의 생태적 특수성으로 양지와 음지의 기온 차가 매우 심하다. 양지에서 땀을 흘리다가도 그늘로 들어가 몇 분간 땀을 식히면 금세 냉기가 돌아 서늘한 기운이 느껴진다.

나는 오랫동안 빛을 동경했다. 청년 때 예수를 만나면서 '세상의 빛'이 되길 꿈꾸며 살아왔다. 햇빛을 필두로 모든 빛은 뜨겁고 환하며 그 미덕으로 어둠과 추위를 몰아낸다. 그 빛의 유비로 세상의 이치를 조망해보건대, 이 세상을 혼란스럽게 하는 죄악의 어둠은 진리의 빛 가운데 징치되어야 마땅하다. 그러나 작렬하는 빛의 열기에 데거나 말라죽는 연약한 생명을 생각하면 빛만으로는 세상만물이 제대로 살 수 없는 것도 사실이다. 가령, 가장 환한 빛을 발하는 태양은 그 빛으로 우주의 무수한 다른 별들을 가리며 지구상의 인간을 눈멀게 한다. 그러다 해가 지고 밤이 오면 하늘에 수많은 작은 별들이 얼굴을 내밀면서 빛으로 제 존재를 시위하고 있지 않는가. 그 가물거리는 빛들은 하도 섬세하여 뜨겁기보다 서늘하다. 태양의 빛과 별이 나름의 미덕을 갖추었듯이, 밤 또한 영양이 풍부하여 인생을 비롯한 모든 생물들에게 안식과 보양의 아늑한 시간을 허락한다.

뜨거운 감정의 시절을 보낸 청춘을 뒤로 하고도 나는 여전히 내 감정을 적절히 통제하지 못하여 종종 실수를 범한다. 그 감정은 곧 허세와 허풍을 조장하는 선정주의의 덫이고 욕망을 탐욕으로 진화시키는 열광주의의 미끼다. 인간이 감정적 존재임을 왜 모르랴. 또 감정이 인생을 얼마나 풍요하게 하는지 누가 부인하랴. 그러나 폭발하는 감정의 복합체가 삶의 통렬한 시련이 되고 우리 사회의 성숙을 가로막는다면 그 또한 훈련과 절제가 필요하다. 감정이 폭발하기 전 다독이며 차분히 성숙하는 길은 그것이 냄비근성을 발동하여 요동치는 막다른 골목에서 서늘한 지성과 조우하는 방안 외에 없다. 그 길은 예수처럼 명징한 언어로 대화하고 토론하면서 배우고 익히는 공부의 길이다. 이로써 지적인 감동을 추구하며 앎을 존대하는 것이다. 그리하여 앎과 삶이 겉돌지 않고 깊이 연동되는 자리에서 우리는 공부로 신앙할 수 있고 신앙적 헌신 속에 배우고 아는 대로 실천할 수 있는 에너지를 얻게 된다. 이는 잠시 들끓다가 소멸하는 냄비근성을 극복하는 동력이 되어 지속 가능하고 일관된 실천을 담보한다. 복음서에 '안다'라는 말이 얼마나 많이 나오는지 아는가. 특히 요한복음에서 하나님/예수를 아는 것은 곧 그 하나님/예수를 믿는 것과 거의 동일한 개념이다. 물론 이는 관념적 지식의 축적이 아니라 자신의 인격과 운명이 온전히 개입하는 주체적인 앎을 가리킨다. 아울러, 모든 지식의 근본이 되는 하나님과 그 하나님의 세계에 감추어진 비밀을 향한 창조적인 발견으로서의 앎이란 측면도 있다.

지금도 나는 감정적 열광의 도가니를 생각할 때면 한국사회의 냄비근성과 황색 저널리즘의 선정주의를 반성한다. 그 반성의 끝자리에서 서늘한 지성의 도래를 꿈꾼다. 그것은 졸속근대화의 상처를 치유하는 맥락에서 차분한 대화와 논리적 토론을 활성화하는 언어적 근대성을 향한 꿈이다. 명징한 한두 마디라도 말이 통하는 사회가 되길 소망하는 것이다. 나아가 그

말로써 개척한 앎이 우리 신앙과 삶에 삼투되어 한몸이 되는 진리의 세상을 기대하는 것이다. 깊은 숲 그늘이 내 자전거와 발길을 빨아들일 것처럼 저만치 컴컴한 성찰의 동굴을 내보일 때 나의 호기심은 다시 발동하여 이 세상의 모든 미로를 다 헤매고 탐험할 수 있을 것만 같다. 그래서 오늘도 담백한 낙관주의의 포즈로 나는 새롭게 구하고 찾고 두드리길 계속한다. 예수의 이러한 지적인 유산에 눈 뜨는 기독교인이 점점 늘어난다면 우리는 구원의 이름으로 지적인 각성과 앎을 말할 수 있을 것이다. 또 계몽의 이름으로 성숙한 대화와 소통을 환영할 수 있을 것이다. 나는 우리들의 교회가 그런 교회가 되었으면 좋겠다. 우리나라가 그런 나라가 된다면 예수는 아마 굉장히 뿌듯해하실 것이다.

15

예수,

생태 보존과 개발의 경계에 서다

고속철 터널 논쟁에서 4대강 사업까지

노무현 정부 때 가장 심각한 환경파괴 쟁점이 되었던 것은 경부선 고속철 사업으로 천성산 터널을 뚫느냐 마느냐 하는 문제였다. 천성산의 생태 늪지가 터널 굴착으로 파괴되면 보존 가치가 높은 도롱뇽 등이 서식지를 잃게 된다는 것이었다. 이 사건이 전 국민적 관심사가 된 데에는 지율이라는 불교계의 한 승려가 목숨을 걸고 수차례 탄식투쟁을 한 것이 계기가 되었다. 또 이것이 발단이 되어 이 문제는 100만인 반대서명 캠페인에 도롱뇽 소송으로 알려진 법적 송사로까지 번지게 되었다. 소송은 기각되고 말았지만, 이로 인한 공사 차질로 발생한 손해비용이 천문학적 단위에 이른다는 언론의 심각한 추궁은 아직도 생생하다. 지금은 공사가 강행되어 터널도 완공되었을 것이다. 그 뒤로 도롱뇽 멸종 등과 같은 극단적인 환경재앙이 발생하였다는 소식은 들려오지 않고 있다. 외려 잊을 만해지니까 별스런 환경문제가 발생하지 않은 결과를 두고 후일담이 보도될 뿐이다. 예전에 생태환경 파괴를 주장해온 사람들을 향해 화살을 돌리던 언론이 좌파 생태주의 세력을 향해 공격의 고삐를 늦추지 않고 있는 것이다. 그 비판의 핵심논지인즉 이렇다. 생태보전은 중요한 가치지만 인간을 두루 유익하게 하는 개발에 대해서는 국익과 공익의 요소를 중시해야 한다는 것이다. 특히 환경친화적 개발조차 가로막는 생태 근본주의가 심각한 문제라는 지적도 잇따른다.

천성산 터널 굴착의 홍역이 가실 만할 때 정권이 바뀌고 이명박 정부는 숙원사업인 양 4대강 사업을 속전속결로 밀어붙이기 시작했다. 애당초 이는 산에 터널 하나 뚫는 것과 달리 한반도 국토를 총체적으로 재편하는 4대강 운하사업으로 공론화되었다. 이후 운하공사에 대한 국민적 우려가 높아지자 정부는 홍수방지 등의 명분을 앞세워 4대강 정비사업으로 간판을 바꾸어 사업을 계속 추진했다. 이 사업이 결국 위장된 운하사업이라며, 강의 곳곳에 시멘트로 막아놓은 보의 설치에 대한 환경단체와 비판적 언론매체 등에서 문제제기가 꾸준히 있었다. 그러나 이에 아랑곳하지 않은 채 22조 원의 예산을 투입하면서 4대강 사업은 이제 돌이킬 수 없는 공룡사업이 되어버렸다. 건설 현장의 사고로 인한 인부들의 연속 사망과 상해, 구미 지역의 급수 단절, 그 외에 여러 가지 환경파괴의 징조들에 대한 보도가 있었다. 아직도 이를 자연에 대한 '강간'이라고 강력하게 비판하면서 사업의 중단 내지 조정을 주장하는 목소리가 끊이지 않고 있다. 이에 대해 토건 사업주들과 정부의 행정

당국은 사업이 완료되면 4대강과 그 주변이 근사하게 정비되어 수자원의 효율적인 활용을 통한 국토의 개조가 이루어지리라고 확신하는 분위기다.

나는 천성산과 4대강 공사현장을 답사하여 지적되어온 문제를 눈으로 살피고 그 문제의 심각성 여부를 신중하게 검증해본 적이 없다. 또 그 문제를 분석하고 평가할 만한 전문적인 식견도 없어서 이러한 논쟁에 개입하여 가타부타 판관 노릇을 하기가 쉽지 않다. 내 정서적인 공감과 제한된 경험에 기대자면, 무차별적인 개발로 치닫는 토건 마인드보다 최소한의 환경친화적 개발로 자연을 보존하여 후세에 물려주는 것이 더 나아 보인다. 그러한 겸손한 선택이 소극적으로 비칠망정 제 세대에 문명의 거대한 성채를 건설하려는 방향보다 바람직해 보이는 게 사실이다. 그러나 '환경친화적인 개발'이란 말조차 이미 심하게 오염되어 억지춘향으로 이런저런 난개발을 정당화하는 수사가 되어버렸다. 그런 마당에 '개발'이란 말 자체가 불순하게 들리는 것도 문제다.

그 수사적 오염을 제거하고 '개발'의 본래적 개념을 되살려 보면 이는 곧 문명의 발전과 밀접한 연관을 맺고 있다. 인간문명의 발전은 별수 없이 자연과의 싸움이 연속된 과정에서 진행되었다. 허허벌판이나 산과 산의 틈바구니에 지속 가능한 토대 위에서 살 만한 여건을 만들기 위해 도시를 건설해야 했고, 주거의 편리를 위해 상수도와 하수도 등을 비롯한 제반시설을 갖추어야 했다. 전기를 공급하기 위해 물을 막고 바람을 이용하여 전력을 생산하는 발전소를 건설했다. 우라늄과 화석연료를 이용한 원자력·화력 발전소 역시 곳곳에 세워져 밤을 낮처럼 환하게 밝힌다. 무더운 여름에 에어컨을 켜고 추운 겨울에 보일러 난방을 틀어 따뜻하게 하는 문명의 이기를 누릴 수 있게 된 것은 이러한 '개발' 덕분이었다. 그렇게 누릴 것을 다 누리면서 날로 늘어나는 전력수요에 대응하는 발전소 추가 건설을 트집 잡아 환경파괴로 비난하는 것은 필시 위선적인 태도다. 조력발전이나 풍력발전, 태양력발전 등 보다 생태 지향적인 방안이 있지만 그것이 우리나라 자연환경에서 얼마나 적절하고 채산성이 맞는 건설사업인지 전문적인 식견으로 정확하게 상황 파악을 하기 전에는 감상적인 선호로 쉽게 주장하기 어려운 측면도 있을 것이다. 더구나 앞으로 이 땅의 전쟁이 자원 전쟁, 에너지 전쟁으로 치닫게 됨에 따라 고작 40년(석유 기준) 정도 남아 있는 화석연료의 한계점을 넘어 대체 에너지 개발도 시급한 국가적 난제로 남아 있다.

생태주의자 예수? 예수의 생태적 일상!

여기서 내가 주목하여 탐구하려는 주제는 이러한 국가적 주력산업과 지구문명의 역사적 향방에 대한 거시적인 성찰과 분석 작업이 아니다. 그보다는 이렇게 교묘하게 착종된 생태 보존과 문명개발의 이원론적 분법 속에서 예수 신학의 지향점은 어떠할까 가늠해보고자 하는 것이다. 예수를 생태주의자로 규정하고 그 기준에 따라 그의 사상과 삶을 평가하려는 시도가 있기도 하지만, 그러한 선언적 규범은 역사 비평적 관점에서 증명의 부담을 감당하기 버겁다. 역사적 관점에서 명백한 사실은 예수가 인간의 구원문제와 별도로 이 땅의 자연과 환경문제에 대한 일관된 생태적인 사유의 관점을 견지한 흔적이 거의 보이지 않는다는 것이다. 가령 석가모니가 만물에 깃든 비애의 실존을 감지하고 인생은 물론 지극히 작은 미물에 대한 살생조차 대자대비의 마음으로 민감하게 반응한 것에 비해, 예수는 만유의 생태적 존재성에 대한 사상적 관심이 결여된 편협한 인물이라는 평가가 자연스러울 수도 있다. 여기서 편협함은 예수라는 인물 자체의 편협함이라기보다 자연에 대한 관심의 폭이 다른 고대의 사상가에 비해 협소한 편이라는 것이다.

생태 환경론적 관점에서 예수가 자연미물의 생명성에 대한 심오한 통찰을 결여하고 있다는 지적은 전적으로 타당한 견해는 아니지만 일리 있는 통찰일지 모른다. 그 배경의 이유 중 하나는 예수가 종말론적 긴박성 가운데 인간의 구원문제에 깊이 천착하였기 때문일 것이다. 이 세대가 곧 지나가고 하나님의 제왕적 직할통치가 임하는 다음의 세대에는 신적인 주권이 인간세계를 평정하여 온전한 언약공동체가 확립되리라는 전망이 그 구원론적 신념을 강화시켜주었다. 확실히 예수는 인간의 삶을 돌보고 병든 이들을 고쳐주는 일에 집중하였다. 예수가 당나귀와 양 따위를 곤경에서 구해내주거나 병든 동물들을 고쳐주었다는 기록은 전무하다. 그가 걸음을 옮길 때 땅에 밟혀 죽어나갈 작은 곤충들에게 신경을 썼다는 말도 없다. 이러한 방면의 관심사는 복음서의 기록 목적과 무관할 것이다. 아무래도 예수의 일차적 관심은 인간에게 있었기 때문에 그러한 쪽의 기대는 아무리 탐구해봐도 별 소득이 없다.

그러나 그렇다고 예수가 이 시대의 환경생태문제에 전혀 할 말이 없을까. 그가 21세기 한국사회에 다시 온다면 난개발로 국토가 어지럽게 파헤쳐지고 개발이란 미명 아래 강산이 막무가내로 파괴되고 있는데도 그것이 자신의 구원사업과 무관하다며 팔짱끼고 수수방관할까. 이 세상이 하나님의 창조세계이고 그것이 하나님의 선물이라는 점을 알았을진대 그는 이 땅의 오염에 대해 단호하게 대응하리라 생각된다. 만민을 위한 기도의 집으로 제공된 성전의 상업주의적 오염에 대해 진노하신 예수가 그 언약백성의 땅에 침입하여 온갖 수탈과 착취를 일삼던 식민세력을 결코 달갑게 여기지 않았다면 그의 그런 역사의식은 이 땅의 문명개발을 앞세운 무차별적인 파괴를 용인하지 않았을 것이다.

예수의 생태 지향적 삶의 자세는 그가 운신하며 거동하는 동선의 특질 가운데 얼핏 포착된다. 예수는 결코 평온한 집에서 몸을 눕히며 문명의 이기를 탐한 사례를 보여주지 않는다. 그는 당시 가장 왕성한 토목공사로 공회당과 극장, 신전과 대로 등을 갖추어 헬레니즘의 문명을 이식한 대표적인 도시 세포리스와 티베리아스를 단 한 차례도 찾지 않은 것으로 나타난다. 예수는 길 위에서 부단히, 그리고 부지런히 움직였다. 그의 휴식처는 바다 위에 떠 있는 배 안이었고, 그의 기도와 묵상 장소는 문명의 흔적이 가장 희박한 광야의 고적한 공간이었다. 당시 유대교의 성전 제의에서 관습적으로 진행되어온 동물의 살육을 통한 피의 희생제의에 참여한 흔적도 없다. 대신에 예수는 자신의 몸과 피를 다 나누어주는 상징적 의례로써 이 세상을 떠나기 전 제자들과 마지막 만찬을 나누었을 뿐이다.

예수는 채식주의자가 아니었다. 그가 물고기를 먹은 사실이 보고되기 때문이다. 그러나 수육을 먹거나 즐겼다는 기록은 전무하다. 예수의 섭생에 대해 자세히 파악할 정보가 전적으로 부족하지만, 세례 요한이 메뚜기와 석청으로 먹을거리를 삼은 것처럼 예수 역시 남의 집에 초청받아 후한 환대를 받은 자리에서든, 제자들과 길 위에서 조촐한 식사를 나누는 자리에서든, 식탐을 부리며 이 땅의 공물을 분수에 넘게 축냈으리라고 보기 어렵다. 외려 검소한 식사를 받았을 가능성이 많다. 예수가 먹을 것을 탐하는 자, 죄인과 술꾼의 친구 등으로 낙인찍힌 것은 적대자들의 악의적인 의도를 반영한다. 그렇지만 거기에서 우리는 역설적으로 예수가 자신의 삶을 축제의 자리로 인식하고 자연주의적인 가치관으로 소박하게 즐기고 누렸던 일상적 삶의 자세를 읽어낼 수 있다.

자연과 소통하는 예수

예수가 제자들의 시선을 들에 핀 백합화(아네모네)로 돌렸을 때 그는 그것의 아름다움을 솔로몬의 모든 정치권력이 성취한 영광보다 높이 평가하였다. 여기서 예수가 염두에 둔 것은 '무엇을 입을까'의 문제였다. 의복의 기능은 추위에서 몸을 보호하는 목적과 함께 수치를 덮기 위한 장식적 기능이 있다. 의복은 인간이 자연상태의 동물에서 문명화된 존재로서의 인간을 구별하는 하나의 차별적 표상이다. 예수의 상기 어록에 담긴 평가는 의복이 무가치하거나 무의미하다는 말이 아니다. 자연이 하나님의 원형적 창조세계로 중하다면 기술문명이나 문화 역시 하나님의 창조적 능력을 닮아 인간의 독보적 창조 역량을 드러내는 또 다른 선물이다. 그런데 의복으로 표상되는 미학적 수준에 관한 한 솔로몬이라는 군주가 이룬 이스라엘 역사의 전성기와 그의 정치권력이 쌓은 성취의 영광스러운 광채도 들판의 꽃 한 송이의 자연미에 미치지 못한다는 것이다. 이는 예수가 인공적인 문명의 장식적 가치보다 자연의 생래적 아름다움을 더 높이 쳤다는 증거로 볼 수 있다. 공중 나는 새의 경우 역시 마찬가지다. 새 한 마리가 하나님의 창조적 섭리 아래 일용할 양식을 공급받는다는 점에서 자연의 자율적 생명질서에 순응하는 조류의 생태적 존재 여건이 먹을 것으로 늘 근심하는 문명 속의 인간에게 역설의 교훈이 된다. 그러한 미물이 비록 창조주의 형상을 지닌 인간의 위격에 미치지 못한다고 할지라도 하나님이 먹이시고 입히시면서 양육하는 자연만물의 존재론적 가치와 의미를 예수는 넉넉히 인정하고 존중한 것이다.

이러한 섬세한 통찰은 예수가 항해하는 배 안에서 자다가 만난 폭풍을 잠잠케 한 이야기(막 4:35–41)에서 빛을 발하면서 또 다른 생태신학적 암시를 던진다. 아마 지상의 선교사역으로 몸이 지쳤음인지 제자들이 갈릴리 바다를 항해하며 나아가던 중 그는 배의 뒤편 고물을 베고 잠든 상태였다. 그때 갑작스레 들이닥친 폭풍으로 큰 파도가 들이치며 배에 물이 차던 긴박한 상황에서도 예수는 잠든 채 아랑곳하지 않았다. 결국 제자들은 예수를 깨웠고 그는 일어나 정신없는 상황에서도 태연한 자세로 폭풍을 향해 "잠잠하라"라고 말했다. 그 말과 함께 폭풍은 그치고 파도도 잠잠해졌다.

자연과 문명을 대립적인 관계로 보는 관점에 익숙한 상태로 이 구절을 읽으면 예수는 단잠에서 깨어나 언짢은 심사로 폭풍의 장난을 꾸짖었을 것이라고 생각하기 쉽다. 실제로 복음서의 저자는 예수가 폭풍을 향해 '꾸짖었다'고 표현하였다(막 4:29). 꾸짖음의 신학적 배경은 멀리 보면 고대 바빌론과 가나안의 신화에 연계되어 있다. 동시에 이는 창세기의 창조설화와 그 후대의 서사적 변용 패턴으로 소급된다. 바다가 혼돈과 흑암의 세력을 표상하고 '엘'(El), 곧 하나님이 그것을 제압하여 질서를 회복하는 권능자로 대변되는 창조론적 모티프의 연장선상에서 이해될 수 있다는 것이다. 이때 예수는 하나님의 창조질서에 도전하는 자연의 폭압적 기세를 평정하는 창조주의 위치에 선다. 그러나 해당 이야기의 신화론적 이분법을 넘어서 폭풍조차 하나님의 피조물로 인식한다면 그 폭풍을 그 순간 거기서 불게 한 분은 창조주 하나님이라고 할 수 있다. 폭풍이 하나님의 주권과 전혀 무관하게, 혹은 그것을 거역하여 자율적 판단에 따라 횡포를 부리기 위해 예수와 제자들이 탄 배를 덮친 게 아니라면 말이다.

이처럼 폭풍을 향한 예수의 꾸짖음에 담긴 신화적 배경을 제거하고 담담하게 보면 예수는 그 폭풍이라는 자연물을 향해 마치 사람에게 하듯이 말을 건네고 있다. 마치 살아 있는 생명체로 폭풍을 상대하듯이 말이다. 더욱 놀라운 것은 예수의 말에 폭풍이 알아듣고 잠잠해졌다는 사실이다. 파도도 고요하게 가라앉았다. 인자 예수와 자연물인 폭풍 사이에 말하고 듣고 행하는 소통이 이루어진 것이다. 문명과 자연의 이분법적 대립관계 속에서 자연은 막무가내로 창조질서를 훼방하여 문명을 일구려는 인간 세상에 온갖 재난과 재해로 응답했다. 인간이 끊임없이 자연법에 도전하면서 문명의 영역을 넓혀온 것도 사실이다. 그 대립관계가 호혜적인 소통을 이루지 못했을 때 꽉 막힌 장벽으로 인해 둘은 서로에게 폭력으로 응대했다. 그런데 하나님 나라가 전망하는 구원 사건은 창조론적 관점에서 애당초 하나님이 창조세계를 구축한 뜻을 살려 그 질서를 회복하는 것이다. 이사야 12장의 평화로운 풍경처럼 사자와 어린 양, 뱀과 어린아이가 서로 어울리며 놀 수 있는 생명세계의 소통적 질서도 메시아가 오는 구원의 날에 이루어지리라는 것이었다. 이와 같은 자연과 인간의 소통 지향성은 예수가 폭풍이란 무생물을 생명처럼 부르고 말을 건네는 자세와 이에 공순하게 응답하여 잠잠해진 폭풍의 응답 가운데 극명하게 재현되고 있다.

예수의 생태 지향적 소통 의지는 또 다른 맥락에서 그가 병을 고쳐주기 위해 환부에 침과 흙을 발라준 사례를 통해서도 확인된다. 흙은 인간이 돌아가야 할 육체의 고향이다. 하나님이 흙으로 사람을 만들었듯이 다른 생물도 이 흙을 질료로 빚어냈다고 하지 않는가. 마침내 생령이 떠나 삶을 마감해야 할 때, 창조주는 "너는 흙이니 흙으로 돌아갈지니라"(창 3:19)라는 명령으로 우리 생명의 고향을 일깨워준다. 그런 흙이 자신의 신체가 분비하는 타액과 만나 섞여지고 이로써 예수는 무슨 주술적인 비법을 쓰듯 아픈 자의 눈에 바른다. 한 생명이 다른 생명에게 치유의 선물을 건네며 이처럼 긴밀하게 접속하고 상통하는 방식도 있다. 그 접속의 매개가 흙이라는 것이 특히 인상적이다. 인간의 원천적 공통분모인 흙을 통해 예수는 침이라는 치유적 표상을 전달한다. 공감이 먼저고 그 다음은 치유의 의도가 중요한 것이다. 요한복음은 여기에 한술 더 떠 태어날 때부터 눈먼 자가 실로암 연못으로 가서 물로 그 환부를 씻었다고 전한다(요 9:11). 바람에 이어 우주의 구성원소인 흙이 나오더니 이와 더불어 물이 또 예수의 자연친화적인 생태 여건 속에 등장한다. 물은 여기뿐 아니라 예수가 세례 받을 때 그의 몸을 적신 요단강에서 이미 등장하여 그의 메시아 인준의 매개물로 효용을 보인 바 있다(막 1:9-11).

또한 예수는 불의 이미지를 적극 활용하여 설교했다. 자신이 이 땅의 연고주의적 체계를 해체하고 새로운 하나님의 가족을 일구는 방식으로 '불을 던진다'고 선포하지 않았던가(눅 12:49). 또한 그는 하늘의 아버지를 바라보며 일월성신이 자리하고 공중 나는 새가 자유로이 비상하는 창공의 순종적 질서가 이 땅에서도 이루어지길 갈망하였다(마 6:10). 요한복음에서 예수가 거듭남의 징표로 빗댄 것은 곧 성령으로 난 자의 바람 같은 존재성이었다. 바람이 임의로 불듯이, 또 그 바람이 아무것에도 매이지 않고 자유롭게 움직이듯이, 성령으로 거듭난 자가 바로 그렇다는 것이다(요 3:8). 이렇듯, 예수의 사역을 형성하는 중추적 이미지는 물과 불, 흙과 바람, 천공의 대기와 같은 우주의 삼라만상을 구성하는 기본요소였다. 그것은 인간의 삶이 우주의 생태적인 자연환경 속에, 조화와 공명의 소통적 관계 속에, 새롭게 자리매김되어야 함을 암시한 증거다. 예수가 드물지만 극적으로 자연과 소통하는 모습을 보인 것은 이러한 그의 자연 친화적인 삶의 태도와 밀접한 연관이 있는 게 분명하다.

문명의 극소주의자로 살기 위해

예수의 생활환경이 화석연료로 움직이는 기계나 전기문명과 무관하였음을 모르지 않는다. 1세기 팔레스타인의 가장 진보적인 도시문화라는 게 헬레니즘의 건축공학과 예술적 특징을 아우르는 이식된 석조문명의 수준이었다. 그나마 예수는 이런 화려한 인공의 세계와 접촉하기를 일부러 회피한 인상을 준다. 그의 생애에 개발이란 말은 자연석을 다듬어 건축석을 만드는 장인의 세공작업 정도를 넘어서지 않았을 것이다. 실제로 예수의 전력이 장인이었다면 그가 다듬은 것이 돌이든, 나무든, 그는 일차가공 작업을 통해 자연의 재료를 손으로 다듬는 수공업적 노동을 통해 문명의 세계에 관여했으리라는 것이다. 그에게 기계문명은 분명 낯설었다. 그런 그가 이 땅에 올 때 화석연료의 토대 위에 건축된 시멘트와 철근의 고층건물과 온갖 기계로 넘쳐나는 이 세상의 과학기술문명에 우호적일 것 같지 않다. 예수는 문명의 극소주의로 살았던 흔적을 일관되게 보여주기 때문이다. 현대의 도심문명은 자연환경을 파괴하고 공생을 저버리며 또 다른 바벨의 영광을 추구하는 성향을 강하게 드러내왔다. 나아가 속도를 숭배하고 맘몬의 물질자본이 최고의 우상으로 군림하면서 심지어 예수를 믿는다는 무리들조차 포획한 상태에서 기고만장하게 자기영광을 과시하고 있다.

극단적인 생태근본주의자들은 오늘날에도 소수집단으로 주로 오지에서 모여 살고 있다. 그들은 그들만의 울타리 안에서 폐쇄적인 공동체를 일구며 전기 없이, 학교 없이, 자급자족하면서 살기도 한다. 그러나 문명의 진화 과정에서 인간의 두뇌에 도구를 만들 수 있는 창조적인 역량을 허락하신 하나님이 모든 문명의 차단과 폐쇄로 해법을 내놓을 것 같지 않다. 그 하나님의 뜻을 대변하는 예수로서는 문명의 개발로 인해 소외된 인간들과 자연만물의 탄식과 신음에 귀 기울이면서 그들을 위로하고 더 이상의 부분별한 파괴를 용인하지 않을 것이다. 결국 인간의 자유가 방자해져 벌여놓은 난장판은 이 시대의 정신으로 '치유'와 '회복'을 명하고 있지 않은가.

아직도 공사중인 4대강은 끔찍하게 파헤쳐지고 온갖 생명체를 난도질하면서 성급하게 재구성된 인공의 연못으로 변화중이다. 가만 내버려두어도 변화할 텐데 이렇게 급조하여 인간의 편익에 봉사하도록 변화시키는 게 무엇이 나쁘냐는 항변이 들려올 법도 하다. 그러나 아무리 전문식견이 모자란 문외한이 보더라도 4대강의 미래는 그리 밝아 보이지 않는다. 청계천이 그랬듯이 아마 완공된 상태에서 얼마간 화려한 분칠이 벗겨지기 전까지는 쾌적한 인공환경에 꽤 많은 사람들이 도취하여 관광객을 끌며 자전거 타는 사람들의 평화로운 풍경도 목격될 것이다. 그러나 그 '얼마간'이 도대체 얼마나 가겠는가. 거대한 보로 둘러싸여 갇힌 물은 자연스러운 흐름을 포기하고 잠잠히 숨죽이며 억지로 맹종하다가 결국 썩어가지 않겠는가. 아무리 인공정화 능력이 뛰어나도 인간의 기술은 아직 자연의 순리를 영영 거역할 수 없기 때문이다. 이미 유사한 개발의 역사적 경험에 터한 교훈을 지구촌 곳곳의 선진국이 보여주고 있지 않은가. 아마도 예수가 다시 이 땅을 순회하게 될 때에는 엄청나게 바쁠 것이다. 갈릴리의 시골 마을에서 병든 자들을 돌보는 일도 분주했는데, 이제 망가진 자연과 생태환경, 동식물까지 지극정성으로 돌보고 살펴야 할 테니 말이다.

16

예수,

과학의 따뜻한 미래를 전망하다

평범한 상식의 회복

기독교의 대사회적 관계, 특히 지식사회와의 관계에서 잊을 만하면 다시 불거지는 쟁점 중에 하나가 진화론이다. 요즈음은 찰스 다윈의 진화론이 이론적으로 워낙 복잡하게 진화하여 어떤 진화론을 말하는지를 되물어야 하는 형편이다. 그 와중에 유신론적 진화론이란 게 생긴 걸 보면 전통적인 기독교 신학과 진화론의 관계도 반목과 불화 일변도인 것만은 아닌 듯하다. 일부 근본주의의 입장을 고수하는 이들은 여전히 과학 이전 시대에 생산된 성서의 기록 속에 과학적 법칙을 찾아내 열광하고, 이로써 초시공간의 신묘한 계시를 자랑삼아 떠들기도 한다. 하지만 이건 아무리 곱씹어 숙고해도 내 지성의 상식 바깥에 놓인 뜨악한 일이다. 하긴 욥기 41장에 나오는 '리워야단'이나 '베헤못'을 공룡의 흔적으로 간주하는 사람들도 있으니 모든 것이 어떤 시각에서 어떻게 보느냐에 따라 달라짐을 실감한다. 그렇게 해서라도 성서에 나오지 않는 공룡시대의 유구한 역사를 천지창조와 아담의 피조 기록 사이에 담고자 하는 의도라면 그것은 꼭 해롭지 않을 수도 있다.

그러나 아무리 애를 써도 1세기 이전의 고대에, 그것도 근동을 중심으로 퍼졌던 성서 내 세계관의 주류와 첨단과학기술이 번성하는 21세기 한국사회의 상식적 세계관을 포개보려는 시도는 무리가 따를 수밖에 없다. 그래서 진화론만 해도 신앙의 대적이 될 가능성과 동시에 하나님의 은총으로 수긍할 수 있는 가능성을 동시에 인정하는 것이 현명해 보인다. 이로써 우리는 21세기의 최첨단 과학기술이 1세기 고대 근동의 세계관을 벗어나 냉혹한 기계문명의 악마성을 드러낼 위험과 동시에 인간의 삶에 따스하게 이바지할 희망을 함께 전망할 수 있다. 이러한 자세가 소박한 지성의 평범한 상식 내에서 필요하다고 믿는 내 나름의 이유가 있다. 그것은 무엇보다 하나님을, 또 하나님의 계속되는 창조역사를 내 편협한 지식의 한계 내에 묶어두고 싶지 않아서다. 아무리 공부하고 노력해도 무한과 영원을 간신히 상상할 수 있는 수준이 내 지식의 최대치다. 이러한 처지로서는 이처럼 광대하고 심오한 세계를 주관하시는 하나님을 지구촌의 유한한 역사 속에 가둘 수 없다. 약 50억 년쯤 된다고 하는 지구의 연수에 겨우 5천 년의 역사를 생존해온 인류의 제한된 지식과 안목을 들이대면서 그 속에 하나님의 존재를 상정하고 이런저런 방향으로 그분의 뜻을 판단한다는 것은 신앙적 비례(非禮)일 뿐 아니라 신성모독의 혐의를 줄 수 있다. 그래서 아직 개봉되지 않은 하나님의 미래사에 관한 한 조심스러운 판단 유보가 화끈한 판단과 섣부른 주장보다 현명할 수 있다. 나는 과학기술의 현재와 미래에 대해서도 이러한 관점에서 신중한 태도가 필요하다고 생각한다. 우리 사회의 과학기술이 전제하거나 산출하는 지식을 비평적으로 검증하는 성찰적 자세가 있어야 하고 동시에 그것이 무엇을 위한 것인지 그 가치와 목표를 따지면서 과학기술과 신적 계시의 합목적적 상관성을 준별해야 한다.

기독교는 일찍이 종교적 권위를 동원하여 과학기술을 핍박한 원죄가 있다. 그래서 더욱 신중해야 한다. 이즈음 줄기세포 실험으로 불거진 생명윤리의 문제라든지, 복제인간의 출현에 대한 경계심이 황우석 교수 파동의 후유증과 함께 여전히 우리 사회에 남아 있다. 파동 이후 6년이 지난 시점에서 황우석 교수는 오히려 복제한 생명체의 눈동자가 다들 다르게 빛나는 모습 속에 신의 현존을 더욱 확신하게 된다고 말했다. 점점 더 광범위해지는 탐지 증거와 함께 그 의혹을 더해가는 UFO 출현 소동과 지구 밖 외계의 생명체가 존재할 가능성도 심심찮게 보도되면서 천체의 머나먼 저편에 대한 신비와 경외감도 높아져 가는 추세다. 이에 덩달아 늘 몇 발짝씩 앞서 미래의 사건을 예견하는 공상과학소설이나 SF 영화가 상상하는 고도의 과학기술을 지닌 외계인의 출현과 함께 벌어진 「별들의 전쟁」도 그 버전을 다양화해나가고 있다. 이처럼 최첨단 과학기술의 발전과 함께 활성화되는 예측불허의 우주적 상상력은 우리가 경험하지 못하는 세계의 저편에서 우발성의 기미와 함께 출현한다.

그 상상력은 때로 신적인 초월의 휘장을 걸치고 기묘한 불확실의 질료를 동원하여 현재를 보수하려는 신앙인의 전통적 세계관에 충격을 가하고 있다.

이러한 충돌하는 앎의 영역에서 우리의 선택은 많지 않다. 그러한 세상의 현상을 하나의 타락한 인본주의의 '풍조'로 간주하고 철저하게 방어적인 논리에 기대는 선택이 그중 하나다. 정반대의 선택도 가능하다. 과학기술 자체를 하나님의 우호적 선물로 용납하여 그 결과를 철저히 신뢰하며 그 지식에 기초한 미래의 예견에 마음을 활짝 여는 선택이 그것이다. 물론 사이비과학도 있으니 신중해야 하고, 과학기술의 독성이 인간의 생명에 대한 가치부재의 선택으로 작용할 경우 생겨날 파탄과 재앙도 경계해야 할 것이다. 인류의 역사는 근대적 과학기술의 발전 이래 숱한 시행착오를 거치면서 그 지식의 객관적 합리성을 살피고 그것이 기능주의적 단견 속에 얼마나 큰 공포로 인류의 생존을 위협하고 있는지 충분히 교훈을 받아왔다. 가장 대표적인 예가 과학기술의 발전 결과 첨단 전쟁무기 또한 고도로 발전하면서 이로 인한 대재앙의 가능성도 더 높아진 경우다.

그러니 과학기술문명을 더 이상 근본주의 시각으로 배척하거나 맹종하는 관점을 벗어나 이제 평범한 상식의 회복이 필요하다. 그 상식에 따라 우주만물 속에는 여전히 하나님의 신비의 영역에 감추어진 것이 많음을 인정해야 한다. 그중에는 성서에 나오지 않는 것도 많고 또 그럴 수밖에 없는 역사의 제약을 인정해야 한다. 나아가 하나님이 주신 두뇌를 활용하여 그것을 발견하고 하나님과의 소통 영역을 넓혀가는 것이 하나님의 형상을 받은 인간이 수행해야 할 지적인 사명임을 수용하는 전향적 자세가 필요하다.

과학적 통찰에 동반된 묵시

예수는 오늘날의 과학기술이 낳은 문명의 직접적 경험자가 아니었다. 그는 자동차를 타거나 컴퓨터를 사용해본 적이 없다. 그는 또한 21세기 과학기술시대의 상식대로 말하거나 생각하거나 행동하지 않았다. 아니, 그럴 필요가 없었다고 말해야 할 것이다. 그러나 예수는 그 시대에 충실한 감각으로 천체와 대지의 제반 자연현상을 살피고 인간사회의 현상에서 본질을 두루 통찰하면서 하나님 나라의 미래를 내다봤다. 그는 초과학적인 기적의 사건과 함께 움직였지만 과학으로 도래할 또 다른 기적의 시대를 부인한 적이 없다. 외려 제자들을 향해 그들이 자신보다 더 큰 일을 할 수 있을 것이라며 다가올 미래를 낙관적인 희망 속에 긍정하였다.

고대에도 물론 과학이 있었다. 고대 그리스 문명의 사상적 기초는 소크라테스의 인문주의가 도래하기 이전에 주로 우주의 기원과 근본요소 등을 따지는 자연철학 중심으로 전개되었었다. 그 핵심 종목이 천문학, 물리학, 기하학, 의학 등이다. 또한 당시의 신화적 세계관과 맞물려 이러한 자연과학적인 지식은 종교적 묵상의 소재로 변용되어 종교와의 순탄한 동거체제를 꾸리기도 하였다. 고대 그리스 문명에 토대를 둔 헬레니즘의 전통이 주로 '봄'의 행위를 통해 관찰하고 분석하고 계산하는 자연과학의 인식론을 발전시킨 데 비해 헤브라이즘의 전통은 주로 '들음'의 행위를 통해 말씀의 모본을 청종하는 수행의 차원에서 심화되어간 것으로 보인다. 신약성서의 사상세계는 흔히 헬레니즘과 헤브라이즘이 교차하며 소용돌이치는 역동적 배경을 태반으로 형성된 것으로 조명된다. 예수의 역사적 유산도 헬라어로 표기되면서 그러한 사상적 지형을 배제하기보다 끌어들이는 방향으로 자리매김하였을 것이다. 그러나 그 가운데 그가 자연과 인간세계에 대한 과학적 통찰과 분석을 중시하는 고대 자연과학의 유산을 얼마나 숙지하였고 그것을 어떻게 소화했는지에 대한 증거는 희박하다. 물론 희박하다는 것은 전혀 없다는 뜻이 아니다. 희박한 존재는 그 희소가치가 강렬한 빛을 발하는 경향이 있다.

예수가 남긴 어록 가운데 눈을 '몸의 등불'로 은유한 대목이 있다. 이 단순한 은유적 이미지에는 고대 자연철학자들이 논한 시각발생의 기원과 관련된 과학적 토론이 내장되어 있다. 시각과 시력의 인식론적 기능을 중시한 고대 헬라의 자연철학자들은 눈이 몸의 등불로 빛을 발하기까지 외부에서 들어오는 태양광선과 그것이 내부의 특정 요소와 부대껴 일으키는 감각적 작용이 있다고 생각했다. 그 작용의 세세한 과정과 방법에 대해서는 고대의 인체 생리적 인식과 과학적 지식에 근거하여 다각적인 추론과 설명이 제출된 바 있다. 이 어록의 전반부만 보면 예수는 눈의 시각작용에 근거한 인체의 상태를 언급하는 것처럼 보인다. “눈은 몸의 등불이니 그러므로 네 눈이 성하면 온 몸이 밝을 것이요 눈이 나쁘면 온 몸이 어두울 것이니”(마 6:22-23a). 여기서 성한 눈과 나쁜 눈은 헬라어 표현에서 중의적인 의미를 띤다. 외견상 이는 철저히 시각과 시력의 좋고 나쁨을 지적하고 있는 게 분명하다.

그러나 그 이면에는 눈의 인식 기능에 함유된 윤리적 가치로 성실함과 사악함의 대립적 구도가 포착된다. 나아가 이어지는 결론구에서 “그러므로 네게 있는 빛이 어두우면 그 어둠이 얼마나 더하겠느냐”(마 6:23b)라고 말할 때 ‘네게 있는 빛’은 우리의 시각 기능에서 내면의 빛이 차지하는 비중을 상기시킨다. 즉 시력은 외부의 빛뿐 아니라 내면의 빛이 동시에 상호작용하면서 눈의 감각을 자극할 때 발생한다고 본 것이다. 그런데 예수의 이 어록은 여기서 ‘내면의 빛’이라는 종교적 형이상학의 개념을 통해 우리가 빛이라고 여겨온 모든 것들이 온통 어둠일 수 있다는 전복적인 가능성을 제시한다. 이처럼 짤막한 은유적 표현은 시적인 이미지를 벗고 당시의 자연과학적 인식론 속에 투영하면 놀랍게도 인체생리학과 의학, 천체물리학과 형이상학이 교차하는 세계관을 암시한다. 여기서 예수의 해석적 지향은 그러한 과학적 인식에서 가치판단을 배제하기보다 성실한 눈과 사악한 눈이라는 대립적 이미지를 통해 윤리적 가치를 부각시키는 데 초점을 맞춘다. 아울러, 그 윤리가 ‘내면의 빛’조차 온통 어둠일 수 있다는 전복적 상상을 통해 경건한 종교인이 내세우는 진리의 빛에 대한 냉엄한 성찰의 시각을 보여준다.

얼핏 과학적인 예수의 예리한 통찰은 인체의 경우 외에도 자연만물을 향해 열려 있었던 것 같다. 가령, 그가 "하나님이 그 해를 악인과 선인에게 비추시며 비를 의로운 자와 불의한 자에게 내려주심이라"(마 5:45)라고 말했을 때 그는 해와 비라는 자연물이 인간세계의 특정한 영역에 국한되지 않고 편만하게 내리쬐는 사실에 주목하였다. 즉 이념과 종교, 계급과 신분, 선악이나 정의와 불의의 경계를 넘어 베풀어지는 자연의 시혜 속에서 그는 하나님의 보편적인 은총을 통찰했던 것이다. 눈에 관련된 앞의 어록이 인체의 감각기능에 대한 사실을 통해 윤리적 성찰의식을 조준했다면 여기서 그의 관심의 초점은 해와 비라는 자연물 자체보다 그것의 활동 가운데 깃든 종교적 진리의 초월적 지평에 머무는 것 같다. 예수는 당시 사람들이 천체의 징조를 통해 분별하는 기상관측의 경험적 원리와 결부된 과학적 인식도 공유했다. "또 무리에게 이르시되 너희가 구름이 서쪽에서 이는 것을 보면 곧 말하기를 소나기가 오리라 하나니 과연 그러하고 남풍이 부는 것을 보면 말하기를 심히 더우리라 하나니 과연 그러하니라"(눅 12:54–55). 여기서 예수의 궁극적 관심은 통찰과 경험을 통한 천체의 이치를 넘어 시대의 징조에 대한 무감각을 질타하는 방향으로 드러난다. "외식하는 자여 너희가 천지의 기상은 분간할 줄 알면서 어찌 이 시대는 분간하지 못하느냐"(눅 12:56). 이는 마치 자연세계에 대한 통찰의 힘으로 시위하는 과학적 지식이 아무리 왕성해도 '이 시대' 인간세상의 형세와 흐름에 대한 가치 기준으로 신적 계시의 안목을 배제하면 그 훌륭한 과학지식이 인간의 무감각과 위선을 구제할 수 없다는 주장처럼 들린다.

이처럼 예수의 고대과학은 항상 그 지식의 끝자리에서 묵시적 계시의 꼴을 갖추면서 균형을 잡아간다. 물론 그 계시는 하늘을 향한 종교심리적 묵상이 아니라 이 세상의 삶에 대한 견결한 윤리적 개입과 종말론적 삶의 감수성을 지향한 것이었다. 그리하여 일식과 월식이나 별똥별의 현상을 설명할 때조차 그는 그것을 단순한 자연과학의 사실적 차원을 넘어 종말의 도래와 함께 인자가 재림하는 천체의 묵시적 징조로 인식한다(막 13:24-27). 물론 이러한 묵시주의적 세계관은 예수만 지녔던 것이 아니었다. 그것은 당시 유대교 사회뿐 아니라 역사의 혼란기를 통과하는 전근대적 세계에 만연한 세계 인식의 한 통로였다. 다만 예수의 독특한 특징은 그러한 묵시주의적 세계관이 인간세계와 자연만물에 깃든 신비한 현상의 탐구와 발견을 억제하는 기제로 작용하지 않았다는 것이다. 아울러, 천체와 대지에 깃든 묵시주의적 인식체계가 이 땅에 뿌리내려야 할 현실주의적 삶의 지혜와 만나 신학화되고 윤리화되었다는 점도 특기할 만하다. 요컨대, 미미한 흔적으로 남은 예수의 자연과학은 인간의 삶에 연루된 가치의 배제가 아닌 통전적 가치의 개입과 함께 미래의 향방을 예시했다고 볼 수 있다.

과학기술지식의 지혜화

오늘날 과학기술지식은 객관적 합리성을 기본 골격으로 삼아 생산되고 유통된다. 그 지식의 방법에 관한 한 하등의 문제될 것이 없다. 하나의 과학적 명제가 진리로 정착되기까지 여러 경로를 통한 반복적인 실험과 이로써 축적된 자료, 해당 분야의 최고 전문가들에 의한 비판과 검증을 통해서야 비로소 하나의 과학지식은 '과학'의 이름에 걸맞게 세상에 얼굴을 내밀 수 있는 것이리라. 그러나 잊지 말아야 할 과학의 허방이 있다. 제각각 세분화된 전문분야에서 산출된 지식이 '하나'의 지식에 불과하다는 사실이다. 가령, 참신하게 개발된 물리학적 지식이 천문학적 지식과 만나기까지 그 '사이'의 공정을 고려하는 성실한 작업이 없이는 그 모든 '하나'의 지식이 늘 겉돌면서 기형적인 지식으로 공전할 가능성이 크다. 그래서 과학이란 이름으로 생산된 지식은 외부의 지식과 충분히 소통하지 못한 채 성급하게 활용되면서 인간의 삶에 해를 끼치는 부작용을 낳아왔다.

가령 화학지식의 발달로 화공약품을 생산하여 각종 세제와 농약 등 수많은 가공품을 만들어내면서 인간은 그 수혜자가 되었다. 그러나 그 때문에 우리 주변의 대기와 토양이 심각하게 오염됨으로써 과학지식 이후의 지식에 대한 미비로 인한 엄청난 대가를 치르고 있다. 수혜자인 동시에 피해자가 되고 있는 것이다. 특히 심각한 것은 과학지식의 진화가 전쟁무기의 진화에 결정적인 기여를 하고 있다는 사실이다. 이를테면 핵무기의 위력 앞에 무기력해지는 것처럼 인간은 지식을 통해 과학기술이 만든 괴물단지 앞에 공포를 느껴야 하는 아이러니에 갇혀 있다. 이제 40년 정도 남았다는 화석연료의 고갈 시점이 다가오면서 과학기술은 부지런히 대체에너지의 생산을 장담하고 있지만, 그로 인한 흉흉한 묵시적 종말의 미래에 대한 예견도 심상찮다.

오늘날 과학지식의 문제는 지동설이나 진화론처럼 이론의 차원에 머물지 않고 신속하게 산업화된다. 과학으로 보증된 지식이 특정 기술을 통해 실제 삶의 영역에 중요한 영향을 끼치면서 그로 인한 폐단이 장애물로 작용하는 것이다. 이로 인한 조급증이 과학의 선정주의적 탐욕과 맞물려 황우석 파동 같은 스캔들로 불거지기도 한다. 현재 우리 사회에 숱하게 배출되는 각종 과학과 기술 분야의 박사들과 전문가들은 그 지식의 넓이보다 깊이에 침윤되어 있다. 워낙 세분화된 지식의 영역들은 치밀한 분석을 넘어 종합과 정리의 수순을 놓치는 경우가 허다하다. 그래서 이즈음 학제 간 융합연구라든지, 통섭의 기술이 화두가 되기도 하지만, 실질적인 효과로 과학기술이 인간화의 길을 걷고 있는지는 의문이다. 아직 막막하고 요원한 실정일 것이다. 그리하여 과학기술의 따뜻한 성육화를 위해 절박한 과제는 세부적인 지식과 지식 사이의 연결고리를 고민하면서 그것이 삶의 지혜로 거듭나도록 조율하는 일이다. 지혜는 지식의 틈새와 사이에서 진가를 발휘한다. 그것은 앎이 교만의 위용을 벗어버리고 삶의 알갱이로 융통되는 자리에서 예수가 선보인 하나님 나라 운동의 동력이었다. 다시 말해, 삶의 실질과 연동된 지혜는 묵시의 하늘을 향해 허망하게 흩어질 수 있었던 복음이 우리의 삶에 뿌리내려 구체적인 열매로써 저마다 존재 가치를 발휘하도록 하는 일상적 현실의 추동 에너지였던 것이다.

예수에게 지혜는 삶의 열매와 직결된다. 그 열매로써 나무를 안다(마 12:33)는 말씀의 교훈처럼 존재의 뿌리에서 발원한 모든 선한 동기와 구체적인 작업의 공정도 훌륭해야 하고 화려한 잎사귀와 꽃의 미감도 소중하다. 그러나 결국 그것이 좋은 열매로 귀결될 때 나무의 존재는 그 진가를 드러낸다. 그것은 지난한 지식의 노동이 성실한 삶의 실천을 통해 맺는 마지막의 결실이다. 하여 그는 이러한 지혜의 가치에 대해 말한다. “지혜는 그 행한 일로 인하여 옳다 함을 얻느니라”(마 11:19). 여기서 예수는 자신의 존재와 위상 자체를 지혜의 은유적 함축에 담아 암시하기도 한다. 결국 그는 자신의 행함을 통한 구체적인 삶의 열매로써 모든 지식을 압도하는 지혜의 진국을 보였던 것이다. 그것은 원시적인 생명과학의 결실이라 할 만하다. 좋은 지식이라면 생명이 생존하고 건강하게 양육되는 데 기여해야 한다. 아무리 탁월한 과학지식의 성과와 창의적인 기술이라 해도 생명의 억압과 멸망에 이용된다면 그것은 없느니만 못하기 때문이다.

이렇듯, 예수가 말한 지혜는 뱀의 지략을 닮아서라도 배워야 할 생존 지향적 지혜였고(마 10:16), 성실한 행함의 기초 위에 튼튼하게 자기 삶의 건축을 시공하는 미래 지향적 지혜였다

(마 7:24). 그 지혜는 또한 존재의 충실성에 부응하여 뭇 사람들에게 양식을 나누어줄 만한(마 24:45) 은혜의 공력이었다. 따라서 첨단과학기술은 지식의 정점에서 만민을 복되게 하는 지혜의 열매로 맺어져야 한다. 지금까지 산출한 수많은 공로에 자만하지 말고 성취의 역사에 깔린 그늘을 살피면서 예수가 깨우쳐준 살림의 지혜와 만나야 할 때이다. 만물 위에서, 만물 안에서, 만물과 더불어 만물을 충만케 하시는 하나님의 아들 예수는 그 만물을 또한 새롭게 하시는 모든 지식의 근본이다. 21세기의 첨단과학기술을 뒷받침하는 지식의 활약이 이와 전혀 어울릴 것 같지 않은 예수의 지혜와 만나야 하는 까닭이 여기 있다.

따뜻한 과학기술의 희망

우리나라는 불과 몇십 년 전만 해도 과학 후진국으로 낙후한 상태였다. 그 척박한 토양을 딛고 돌진 근대화의 시대 이후 수많은 구조적 난관에도 불구하고 눈물을 흘리며 씨를 뿌린 이 분야의 선배세대 덕분에 과학기술은 장족의 발전을 거듭해왔다. 그러나 지금은 과학입국의 기치를 내걸던 초창기의 열기가 식어 이제 인문계 출신에 비해 과학기술 전공자들이 사회에서 낮은 대우를 받는다고 한다. '이공계 기피현상'이란 말까지 생겼다. 사실 지금의 우리나라 경제를 일으키고 먹여 살리는 산업은 과학에 입문하여 밤낮으로 실험실의 불을 밝히며 탐구하고 기술개발에 주력하는 선구자들 덕분에 지금껏 커왔다. 세계의 수위를 달리는 반도체와 자동차산업, 조선산업, 철강산업 등의 오늘이 있기까지 뒷받침해온 엄밀한 과학의 정신은 아무리 칭찬받아도 지나치지 않다. 그러나 그렇게 생산의 일선에 헌신해온 이들이 돌려받아야 할 대가는 미천하고 그 공정에 자본을 투여한 기업주 가문과 대주주들, 주변의 소수 측근만이 이득의 대부분을 독점한다면 우리나라의 과학기술은 지식의 소외와 함께 지혜가 실종되는 사태를 맞게 될 것이다.

아울러, 생존과 살림의 신적인 경륜을 강조한 예수의 지혜를 수용하여 첨단과학기술은 세분화된 지식의 윤리적 가치에도 골몰해야 한다. 자신의 실험으로 창출한 지식과 이를 활용한 특수한 기술이 어떤 체계를 밟아 유통되어 누구를 이롭게 하고 누구에게 해독을 끼치는지 총체적 공정에 대한 고민이 요청된다. 나아가 과학기술의 객관적 합리성이 독선으로 경직되지 않도록 따스한 공명과 소통적 지혜도 필요하다. 게다가 과학기술이란 체계의 작동 구조와 방식에 대한 인문 신학적 성찰이 긴요한 것은 그 거대해진 세계가 자칫 우상으로 돌변하여 종말론적 감수성을 놓쳐버릴 수 있기 때문이다. 예컨대, 컴퓨터의 발명으로 문명의 이기가 급증하여 지구촌이 단숨에 소통하는 편리한 세계가 되었지만, 또한 과학의 체계 속에서 바이러스를 낳고 바이러스는 그것을 죽이는 백신을 낳았다. 그 다음의 수순은 명백하다. 현재의 백신을 능가하는 바이러스를 만들어 유통시키는 것이고 또 그 강력한 바이러스를 퇴치할 더 강한 백신 개발에 많은 자본과 인력이 투여된다. 이것은 과학기술의 발전을 촉진하는 선순환의 과정이기도 하지만 동시에 끊임없이 소모되는 지식의 뱀 꼬리 물기가 연속된다는 점에서 악순환의 공정일 수 있다.

과학기술의 발전은 지구촌을 점점 황폐화시키는 공해물질의 포화상태도 일거에 해소할 수 있는 것처럼 큰소리칠 만큼 담대해졌다. 그러나 성취되지 않은 미래의 결실에 대한 만용은 과학의 미래를 어둡게 한다. 실제로 과학이 고안해낸 엔트로피 이론만 들이대도 그 미래는 그리 밝지 않다. 하나님의 창조세계는 인간에 의해 재생 가능한 한계가 있기 때문이다. 가령, 화석연료의 과잉 사용과 오존층의 파괴, 이로 인한 지구온난화 문제만 해도 첨단의 과학과 기술을 동원해도 묘안은 없어 보인다. 과학기술이 체계의 과부하 속에서 겸손하게 윤리적 점검을 받으며 가치중립적 냉기를 넘어 가치 지향적 온기를 머금어야 할 까닭이 여기에 있다. 예수는 성찰의 근본원리를 제시해주었다. 그 원리에 입각하여 우리는 무궁한 하나님의 세계를 향한 모험과 탐구에 담대하고 개방적이어야 한다. 하지만 그 공정의 선한 열매를 위해 자체 점검과 반성의 규범을 세우고 온전한 과학적 가치관을 수립해야 하는 작업은 '사이'를 조율하고 '틈새'를 고민하는 지혜를 필요로 한다. 그것이 우리의 최첨단 과학기술이 봉착한 시대적 과제다.

17

예수, 다문화의 경계를 가로지르다

태초 공간으로의 회귀

오월이면 연례행사처럼 한 번씩 들르는 곳이 있다. 임실군의 꽤 깊은 오지의 산속이 그곳이다. 내가 언젠가부터 '채집경제의 즐거움'이란 구호를 되새기며 내 몸을 포박하는 근대의 장식을 떨쳐버리고자 발버둥치는 곳, 『태백산맥』(해냄) 등의 작품에서 챙긴 절박한 역사 현실의 한 감각으로 이른바 '보급투쟁'의 생동감을 재현하는 곳, 내가 사는 곳의 한 시간 거리 내에서 가장 많은 취나물이 자생하는 곳, 바로 그런 곳이다. 배낭 하나 매고 가시덩굴과 각종 잡목이 어우러진 산속의 지형을 종횡무진 누비다 보면 상큼한 취나물의 향기가 온몸에 진동하며 스미고 나는 태초의 공간으로 다시 회귀하는 환각에 사로잡힌다.

자연에도 역사가 있을진대 그 땅에 취나물이 그렇게 많이 자생하게 된 내력에 왜 곡절이 없으랴. 길 없는 길을 땀범벅이 되어 긁히고 미끄러지며 누비다 보면 본래 태초의 공간이 깃들어 살던 생명들 가운데는 자연과 문화의 경계가 따로 없었으리라는 확신이 생긴다. 물론 자잘한 경계는 많고 예상치 못하는 굴곡도 심한 편이다. 잡목 덩굴과 거미줄, 골짜기 밑으로 푹 꺼지다가 다시 툭 불거지는가 하면 능선과 펑퍼짐한 경사면도 나온다. 폐기된 무덤이 있는 공간으로 얼굴을 내밀면 비로소 환하게 공간이 열리면서 햇살이 작열한다. 땀을 또 한 차례 훔치고 나서 정신을 차리고 보면 숲속의 지형이 만든 경계는 인공적 문화의 경계와 한참 거리가 멀었다. 초록의 향내가 퍼지는 미세한 길목이 있어 모든 공간은 사통팔달하였고, 길 없는 공간의 실상은 길 아닌 곳이 없는 공간에 다름 아니었다.

그러나 자연에 인류문명의 역사가 편입되면서 자연의 지형은 인력과 물산이 집중된 곳으로 많이 기울었다. 마침내 도시가 생겨나고 집중된 권력은 일정한 영토의 경계 내에 주권을 내세우며 나라를 탄생시켰다. 인종과 민족이 갈리고 언어와 제각각의 문화가 번성해나갔다. 그렇게 숱하게 잔가지를 쳐온 지구촌의 자연은 태초 공간으로부터 멀리 떨어져 나왔지만, 여전히 그 속의 세밀한 구석구석은 태초로 회귀하는 오솔길을 예비해두고 있다. 그렇게 뻗어온 집단의 세분화와 그에 따라 복잡하게 분기한 문화의 잔가지가 혼미해지면서 근대국가 이후 이제 우리 시대는 디지털 유목을 대세로 굳히면서 유형적 경계를 가로지르기 시작했다. 종교의 세계 역시 워낙 복잡하게 잔가지를 쳐온 내력이 혼미한 터라 다양한 지형을 역으로 거슬러 뿌리를 찾아 회귀하려는 의욕으로 왕성하다. 이로써 그간 강요된 외면의 허울을 찢고 피차 하나의 근원을 지닌 한 자녀라는 태초의 믿음을 회복하려는 기세를 보이고 있는 것이다.

복고적 민족주의를 포장해주던 단일민족의 알량한 신화적 이데올로기도 이제 많이 탈색한 형국이다. 제3세계의 이주민들이 코리언 드림을 꿈꾸며 한국으로 몰려오기 시작했다. 농어촌을 중심으로 외국인 배우자를 맞이하는 다문화 가정이 적잖게 둥지를 트는 현상도 돌이킬 수 없는 시대의 추세다. 이렇듯, 단일민족의 정체성 안에 동종교배해오던 배타적 문화의 배아들은 다문화의 혼종적 동거기간을 거치면서 태초 공간을 향한 회귀의 몸짓에 가속도를 붙이기 시작했다. 그것은 먼 지구의 역사를 길게 반추해보면 순환이고 반복일 것이다. 짧은 인류의 역사만 살펴도 그것은 이제 걷잡을 수 없는 시대의 물결로 흘러가고 있다. 우리는 여전히 경계와 차이에 민감하고 욕망의 숙주가 개체의 외피를 쓴 상태로 피차 어색하다. 그렇지만 그 어색함을 무릅쓰면서 인식의 지평을 넓혀온 우리는 나와 타자가 자리바꿈하면서 서로 모여 함께 '우리'가 되려는 태초 회귀의 시대로 이미 접어든 것이다. 이미 이런 흐름의 모형은 옛날부터 있어왔고 그 실험의 도전 역시 간단없이 지속되어왔다. 우리는 다만 무감각하여 얼른 깨닫지 못했을 뿐이다. 깨달았을지라도 나의 일상과 별 상관없다고 방관해왔을 것이다.

유랑 · 이민 · 탈주의 역사

최초의 살인자 가인은 유랑자로 떠돌다가 놋이라는 땅에 성을 쌓고 도시문명의 맹아를 이루었다(창 4:16). 한 개인의 유랑은 한참 후에 노아라는 한 가족의 탈주로 이어졌다. 홍수심판과 노아 일가의 표류(창 7:1–24)는 하나님의 심판이 만들어낸 강압적 유랑이었다. 생육하고 번성하는 방법은 고되고 힘들었다. 바벨 사건(창 11:1–9) 역시 혼란스러워진 언어의 장벽으로 끼리끼리 흩어지면서 각기 경계를 짓고 서로 다른 문화를 일구며 살게 된 내력을 증언하는 기원론적 설화라 할 수 있다. 그렇게 퍼지면서 정착하고 다시 또 흩어지면서 떠돌던 인류의 행방 한구석에 아브라함이라는 또 다른 인물이 이민의 여정을 예비하고 있었다(창 12:1–9). 그는 갈대아 우르에서 멀리 떠났다. 그 유랑은 일가족의 이민이었고 한 부족의 문화의 뿌리를 뽑아 다른 토양에 이식하면서 새로운 생의 터전을 일구려는 탈주의 몸부림이기도 했다. 그렇게 팔레스타인을 전전하며 기동하고 정착하길 반복한 아브라함의 동선은 야곱 이후 이집트로 움직였다. 출애굽이라는 거대한 구원사의 동력에 견인된 나머지 거기서 그 후손들은 다시 약속의 땅을 밟아 체제의 터전을 구축하기 시작하였다. 하나의 부족연맹체에서 고대국가의 기틀이 갖추어지면서 유랑의 동선은 잠시 멈칫하는 듯했다. 모세와 함께 광야를 유랑하던 시절에 추구하였던 사위로 열린 '교통공간'의 문화는 제의적 왕조국가의 토대 위에 소통의 풍향계를 잃은 듯

질식할 것처럼 갑갑하였다.

그때 광야의 신선한 공기를 호흡한 사람들은 엘리야/엘리사 등의 계보를 잇는 예언자 집단으로 그들은 대체로 떠돌며 탈주하였다. 그들은 이로써 디아스포라 문화의 생동력을 온몸으로 체화한 역사의 촉매자들이었다. 그들의 예언이 체제의 제도권 내에 충분히 흡수되지 못한 채 퉁겨져 공소하게 메아리치던 벼랑 끝에서 마침내 또 다른 거대한 유랑의 역사가 발진하였다. 그것이 바로 바빌론 포로기와 그 이후 반경을 획기적으로 넓혀간 또 한 차례 디아스포라의 탈주였다. 물론 이 비극적인 역사 상황이 이방문화로의 습합과 그로 인한 야훼주의 신앙의 타락으로 말미암은 것이라는 판단이 유력하였다. 이러한 보수적 신앙의 반성과 함께 더욱 강고하게 유대교 특수주의의 배타적 경계를 강화하는 동선이 없지 않았다. 그렇지만 강대국의 틈바구니에서 근근이 버텨온 체제의 몰골은 초라할 뿐이었다. 이러한 배타적 공동체 문화와 별도로 각지에 흩어진 디아스포라 세대는 그들의 고난을 신학적으로 승화해나가는 과정에서 세계만방의 이방족속들을 하나님의 구원사적 파노라마 가운데 수렴하는 보편주의의 비전을 창출하기에 이르렀다.

신약성서와 함께 새 언약의 시대가 도래한 것은 예의 디아스포라 문화가 제공한 동시대의 역사적 태반이 있었기에 가능했을 것이다. 물론 팔레스타인과 원근에 산재한 유대인의 종교문화 지형은 그리스 로마의 외래 요인들과 충돌하면서 다양한 반응을 낳았지만, 그들은 이미 현실이 된 체제의 질서를 굳이 없는 것인 양 부인할 도리가 없었다. 그렇다고 이방 신상에 대한 신앙적 강요가 순순히 먹혀들 리도 없었을 것이다. 다행히 종교문화적 관용정책이 기독교의 숨통을 트면서 유대교와 차별화된 탈민족주의와 보편주의의 세계정신을 토대 삼아 교통공간을 확보한 세계종교로서의 신학적 위상을 확보할 수 있었다.

예수가 이 땅에 도래한 것은 하늘과 땅의 전혀 이질적인 문화가 은총의 장막 아래 교차한 덕분이었다. 예수의 '성육신'은 이 땅을 두루 복되게 하고 편협한 경계 안에 갇혀 사는 인생들을 불쌍히 여겨 하나님이 몸소 이 땅에 임한 사건이다. 이는 바깥세상의 심오함과 그곳의 낯선 매력과 조우할 수 있도록 또 다른 탈주의 역사를 추동한 대단한 쾌거다. 이로써 예수는 오래전 인간의 딸들에 매혹되어 하늘 하나님의 아들들이 그들을 취하여 동거함으로써 별로 착하지도 않은 '네피림'을 양산한 전례의 오류(창 6:1-4)를 시정한 것이다. 이와 함께 예수와 그 후예들은 태초의 교통공간을 회복하는 방향으로 당대의 각종 경계들을 집적이기 시작했다. 마치 작은 날갯짓으로 대양 건너편을 진동하는 파장을 낳는 '나비효과'를 기대하는 몸짓이 거기 있었다. 이렇게 가벼운 몸짓으로 그는 지상의 삶을 통틀어 소박하지만 치열하게 부대끼고 도전하며 거듭 탈주하였다.

예수의 선교동선과 교통공간

다문화는 다민족과 다언어라는 변수를 전제로 한 개념이다. 또 다른 종속변수로 집단적 삶의 강역과 지리적 환경이 거론될 수 있다. 그것은 부분적으로 후천적으로 획득 가능한 형질이지만 대체적인 선천적인 인자들로 불가피하게 주어지는 측면이 있다. 역사 속의 예수는 주지하듯 유대인 남성으로 유대교의 종교적·문화적 환경 속에서 자랐다고 봐야 한다. 나아가 그는 당시 헬레니즘 문명의 세계화 추세 가운데 로마의 정치적 지배를 받는 팔레스타인 유대인 공동체의 정치·경제 체제와 무관하게 살 수 없었을 것이다. 마태복음에 제시된 그의 탄생 이야기는 다가올 예수 신학의 디아스포라적 세계관을 암시하는 듯하다. 여기서 그는 일찍이 이집트로 피신하였다가 다시 돌아오는 동선을 보여준다(마 2:13-23). 이 동선의 상징적 의도는 유대교의 출애굽 역사를 예수의 구원사적 행보 속에 각인시키려는 것이었다.

그는 거창하게 세계화를 지향하지 않았다. 다문화의 세계를 향해 화끈하게 개방적인 제스처로 사해동포주의의 시대정신을 중뿔나게 구현하는 열기를 뿜어낸 것도 아니었다. 다만 그는 나사렛에서 가버나움으로 이주한 이래 갈릴리의 사람살이에 집중적인 관심을 보였을 뿐이다. 거기서 예수는 소외된 민중들의 삶의 감각을 익히고 그들의 언어로 소통하며 하나님 나라라는 대안적 비전을 운동의 메시지로 설정하여 부지런히 가르치고 생명을 회복시키는 사업에 임하였다. 그는 율법이 족쇄가 되는 것을 싫어한 게 분명하다. 문화화한 종교의 고착된 패턴이 삶을 일률적으로 규제하고 아버지인 하나님의 관점에서 별것 아닌 차이로 차별을 만드는 당시 종교문화의 폐쇄적 근시안에 대해서 비판의 자세를 취한 것도 부인하기 어렵다. 그렇다고 예수가 당시 헬레니즘 문명과 로마제국이 결탁하여 이루어놓은 정복적인 세계화 이념에 끌려 하나님 나라 운동을 세속화시킨 것도 아니었다.

예수의 하나님 나라 운동을 종교문화사적 관점에서 볼 때 그 이념적 목표는 꽤 과격하였다. 그것을 실천하는 방법 역시 체제 전복적이며 대안 문화적인 혁신성을 내포한 것이 사실이다. 그러나 이를 감당하는 주체로서 그의 동선은 소박하면서도 점진적이었다. 율곡 이이가 조광조의 도학정치적 비전을 높이 평가하면서도 그의 혁신적 이념형의 추구방식과 구현과정에서 작사무점(作事無漸)의 과오를 지적한 것은 잘 알려진 사실이다. 예수는 이 점에서 작사무점의 과오를 피해가기 위해 적어도 갈릴리에서의 하나님 나라 운동기간에는 신중한 노력을 기울인 것으로 보인다. 그는 무엇보다 자신의 종교적 명성을 듣고 몰려드는 군중을 선동적으로 이용하여 식민지 정권을 타격하거나 로마제국의 군사력에 대항하는 봉기운동을 조직하지 않았다. 예수는 다만 걸으면서 부단히 움직였고 진지하게 가르쳤을 뿐이다. 또한 낮은 자세로 병든 이들을 고쳤고 소외된 이웃들을 향해 식탁을 개방하여 그들과 더불어 교제하였다. 예수의 발바닥으로 개척한 원시적 '교통'의 모험과 도전이 마침내 개방적 '소통'의 채널을 확보하기에 이른 것이다.

그의 하나님 나라 선교는 '문화'라는 언저리에 가기조차 버거운 사람들에게 새로운 대안문화의 출구를 개방하였다는 데 초점이 있다. 또 그것이 종족적·지리적 경계의 배타성에 함몰되지 않도록 종횡을 가로지르면서 보행 반경을 확장해나갔다는 게 중요하다. 가버나움을 중심으로 갈릴리 호수 인근 마을들을 다니면서 시작한 갈릴리 선교는 때로 원족의 동선을 개척하여 동으로는 데가볼리에 이르고 서로는 두로와 시돈까지 미쳤다. 거기서 그는 무덤가에서 식민지 체제의 질고를 뒤집어쓴 채 군대귀신에 들려 자해하는 병든 자를 만났고, 수로보니게 여인의 딸을 매개로 새로운 문화적 경계를 접했다. 나아가 그는 북으로 빌립보 가이사랴로 탈주하였는가 하면 남으로는 사마리아를 거쳐 예루살렘에 도달하였다. 그 과정에서 예수는 사마리아라는 혼종문화의 역사적 상처를 열린 대화와 구원의 자리로 이끌어 다독여주었다. 나아가 그는 자신의 정체에 대한 항간의 소문에 민감하게 반응하면서 자신이 가야 할 길의 미래를 가늠했다.

주지하듯 예수는 예루살렘에서 사형 선고를 받고 골고다에서 십자가에 달려 죽었다. 예수는 마지막으로 당시 종교문화의 강고한 아성인 성전체제의 권력에 도전하고 싶었는지 모른다. 식민권력에 기생하는 허울뿐인 반문화적 종교귀족들에게 광야나 사막, 혹은 대양과 같이 종횡을 가로지르며 태초의 교통공간이 작동하는 사통팔달의 신앙적 지형을 깨우쳐주고 싶었는지도 모른다. 그렇게 점진적인 행동의 실천적 지혜를 접으면서까지 막판에 과감한 도전을 감행하였건만, 십자가 사건 이후의 예루살렘은 별 변화가 없었다. 예수의 사후에도 그들은 결코 쉽게 뉘우치지 않았고, 대다수는 예수와 무관한 사람들로 떨어져나갔다. 그것은 목숨을 걸고라도 바랄 수는 있었지만 부활로도 이루어질 수 없는 현실이었다. 그 이후도 오랫동안 지금까지 성전권력의 후예들은 여전히 왕성하고 과학과 첨단기술의 시대에도 문화의 한 귀퉁이를 차지하며 번영하고 있다. 닫힌 체제로서의 종교를 앞세워 죽인 예수를 제의적 반복 속에 다시 꺼내 죽임으로 그 죽음의 후광에 기생하는 반문화의 세력은 강고하다. 여전히 비판의 공세를 가하면서 전통적 권위를 걸치고 당당하게 잘 산다.

예수의 신체동선과 신학사상, 나아가 그것이 정초한 문화적 스타일에 관한 한, 그는 유대교와 팔레스타인의 경계를 훌쩍 넘어 범세계적·범우주적으로 훨훨 날아다니지 않았다. 그러나 예수는 최소한 그 경계를 집적이며 부대끼고 더러 넘어갔다. 예수는 복음의 향유 주체들을 향한 외연 확대 차원에서 소외된 바깥의 사람들을 하나님 나라 잔치에 흔쾌히 초대하였다. 이로써 그는 당시 사회문화의 역동적 지형을 헤집으며 배타적 경계를 이완시키는 탈주의 패턴에 점점 더 익숙하게 적응해나갔다. 따라서 그 도전적 하나님 나라의 전략이 쇠퇴한 이 시대에 역사 속의 예수가 보여준 탈주의 동선은 더욱 요긴할 수밖에 없다. 그것이 교회 안팎으로 자생해야만, 혼란스러운 다문화의 경계는 다시 전복적 집적임의 대상이 되며 창발적으로 해체되고 재구성될 수 있을 것이다. 예수의 탈주적 모험은 무모한 것만이 아니었다. 그것은 그를 따르던 무리들이 지속해나간 선교적 동선을 통해 비로소 역사적 진실로 확인된다. 그들은 마침내 예수께서 집적이던 종족적·문화적 배타의 경계를 더욱 과감하게 뚫고 그 반경을 확대해 가로질러나갔다. 그렇게 함으로써 기독교의 복음으로 만방의 족속들을 하나 되게 하는 하나님의 원대한 계획을 온몸으로 실현해나가기 시작했던 것이다.

초기 기독교의 다문화 가로지르기

흔히 하나님 나라의 선포자 예수가 하나님 나라 자체로서 선포의 대상이 되었다는 관점에서 역사 속의 예수와 부활신앙으로 도약한 초기 기독교 세력 간 신학적 전제의 이질성을 강조하곤 한다. 그러나 적어도 한 부분에서 둘은 통하였다. 그것은 그들이 단일한 동종문화의 정체성에 집착한 채 다문화의 경계를 고수하기도 하였지만, 결국 그것을 넘어 이방인과 이방문화를 기독교의 품 안에 포용하게 되었다는 사실이다. 예루살렘 교회에서 겪은 오순절 사건이 성령의 임재와 함께 결정적 동력을 제공한 것은 이미 유명하다. 그래서 사도행전이 성령행전이 되고 선교행전을 이끌었다는 지적도 충분히 공감할 만하다.

그런데 그 다채로운 행전(acts)이 마치 구근의 번식 패턴을 따라 다종다기하며 역동적인 문화적 접속과 변용을 치른 결과였다는 사실은 종종 망각되는 경향이 있다.

오순절 사건으로 발단이 된 선교적 팽창은 예루살렘을 기점으로 역시 사통팔달의 동선을 형성하면서 역동적으로 뻗어나갔다. 예수의 이름과 함께 구원의 복음은 동남쪽으로는 알렉산드리아, 아라비아, 북서쪽으로는 안디옥과 다메섹 등지로 확산되었다. 그 와중에 이방인들과의 만남은 필연이었고 그들의 문화와 습속과의 접촉도 불가피했다. 그 경계를 넘기 위해서는 불같은 성령의 체험과 각종 방언을 통한 언어적 소통과 상징적 화합만으로는 역부족이었다. 그 신령한 체험은 수많은 세월 동안 축적된 양식 속에 부대껴 육화되고 각 지역문화 속에 토착화해야 하는 과제를 남겨두고 있었다. 그것은 남들이 말하는 방식대로 말하고 남들이 먹는 음식을 그들의 방식대로 먹어야 하는 일상적 삶의 도전이 되었다. 그 일차 관문이 베드로의 환상체험과 고넬료 가문의 회심사건 가운데 잘 드러난다(행 10:1-43). 베드로가 환상 가운데 본 음식의 재료들은 규례에 의해 먹을 수 없는 금기의 대상이었다. 그러나 하나님은 그것들을 속되게 규정할 자유도 있듯이 그것들을 다시 거룩하게 할 권세도 있지 않았겠는가. 재규정된 정결과 부정의 기준에 따라 이방인들은 더 이상 파충류 따위의 불결한 금기의 대상이 아니라 하나님의 새로운 구원역사를 함께 써나가야 할 새 언약의 동반자로 부상하게 된 것이다.

이러한 추세에 발맞추어 역사가 예비한 사도 바울은 그의 디아스포라적 출신배경은 물론 극적인 회심으로 말미암아 다문화적 선교행전을 위해 맞춰진 그릇이었다. 그의 신학적 출발점은 바리새적 유대교와 토라였고, 그의 생활방식은 유대인들과 상통했다. 하지만 그는 유대인의 얼마를 얻기 위해 율법으로부터 자유로운 자신의 여유를 내려놓을 준비가 되어 있었다. 마찬가지로 그는 율법에 무지하고 무감각한 사람이 아니었지만 이방인들 가운데 얼마를 구원의 대열에 합류시키기 위해 율법의 지식을 알면서도 모른 체할 준비도 되어 있었다. 그렇게 그는 자칭 이방인의 사도답게 이방인 사회 가운데 이방문화와 종교를 아우르면서 넘어갔다. 이와 같이 사도 바울은 새로운 세계종교의 지형을 개척하면서 전천후 선교사와 교회 개척자로서 당시의 세계 끝을 향해 줄기찬 모험과 탈주를 감행하였던 것이다. 예수가 보여준 동선의 패턴과 같이, 그는 반복과 회귀를 반복하면서 미지의 땅을 밟았다. 거기에서 부대끼는 현실과 경쟁하였고 체제 구속적 종교와 문화에 그리스도의 복음을 무기로 대항하였다. 그러나 그는 꽉 막힌 감각으로 세상과의 소통을 포기한 채 지구를 떠날 수 없었다. 사도 바울은 생업을 유지하면서 다문화 배경의 사람들과 교류하였고 선교적 네트워크를 구축해나갈 정도로 활달한 국제적 외교 감각을 가졌다.

이와 관련하여 특히 바울의 다문화 선교 전략을 가장 잘 드러내고 있는 부분은 사도행전의 아레오바고 연설이다(행 17:16-34). 혹자는 이 자료가 사도행전 저자의 창작으로 바울의 저작권에 진정성이 없다고 배제하고, 다른 이는 여기에 나타난 바울의 선교방식이 비복음적이고 타협적이어서 실패한 선교의 사례라고 폄하한다. 그러나 다문화의 경계 넘기란 차원에서 이 연설에 담긴 바울의 신학적 비전과 보편타당성마저 무시할 수는 없다. 여기서 그는 모든 인류가 한 하나님의 자손이라는 태초 인류의 원시적 꿈과 함께 '미지의 신'을 변증한다. 이를 통해 그 신을 피차 공명할 만한 앎의 대상으로 변증함으로써 바울은 이방세계와 소통하려는 진지한 노력을 한 바 있다. 나는 그것을 다른 곳에서 '신학적 연금술'이라 불렀거니와 그 연금술은 단순히 수사학적 차원을 넘어 문화사적 의의를 지니고 있다. 가령, 이 자료는 도저히 용납하기 어려운 차이조차도 대화와 소통의 치명적인 장애물이 아니라 온전한 이해의 한시적 유예요 연기라는 점을 구구절절 증언한다. 타자에게 막막한 '미지의 신'이 모두에게 공감할 만한 '우리의 하나님'이 되기까지 우리는 바울과 함께 이방세계의 '우상' 문화에 대해서도 즉각적 감정의 격발을 넘어 풍성한 종교성으로 인정할 수 있다(행 17:16, 22). 그 상호 인정과 존중을 교두보로 우리 모두가 창조주 하나님의 자손이라는 전제하에 대화할 수 있는 것이다. 그것이 바로 바울의 연설 속에 담긴 신학적 사유의 여백이다.

모두 모여 함께 '우리'가 되자

종족적·문화적 '우생학'(eugenics)은 대개 신학적 '위생학'(hygienics)을 바탕으로 번식하는 경향이 있다. 다문화 사회에서 이질적인 문화에 대한 불편함은 바로 우리끼리의 안전한 체계 안에서 깔끔하게 정리된 위생학적 구도를 배경으로 하고 있다. 서구문명권의 백인이 아프리카 정글이나 아메리카 인디오 부락의 주민에게 느끼는 이질적 타자의식은 역사적 연원이 깊은 정서적 장벽이다. 마찬가지로 백의민족이니 단일민족이니 하는 혈통 문화적 동류의식과 그것에 기초한 각종 정치적 이데올로기는 다문화의 경계 넘기에 별 도움이 안 된다. 그것들은 우리 사회에 동거하게 된 외래인 거주자들의 삶 위에 군림하고자 한다. 나아가 은근히 그들을 억압하려는 물리적·정신적 동기들은 불온한 신학적 위생학의 휘장 아래서 정당화되기도 한다. 그러나 그러한 복음의 울타리 안에 예수의 신학적 유산은 없고 초기 기독교의 선교적 탈주의 모험정신도 실종되고 만다. 복음은 고작해야 사랑 없이 시끄럽게 울리는 꽹과리로 전락하게 마련이다. 그 복음을 담보하는 천국은 넓게 열린 '우리'의 미래가 보장되지 않는 알량한 당신들을 위한, 당신들의 천국으로 귀착될 뿐이다.

사실 엄밀하게 따지고 보면, 우리는 태초부터 다문화적 순례자요 순결한 민족 이전의 잡종 나그네였다. 중국과 시베리아의 다양한 이민자들의 유입되었고 해양세력의 표류와 탈주로 남방에 자리 잡은 또 다른 나그네 집단들이 덧보태졌다. 그들이 그전부터 들어와 살던 토착민들과 뒤섞이는 과정에서 서로 부대끼고 흡수하고 동화하였다. 그렇게 서로 같은 점을 기틀로 삼아 다른 점을 변용하면서 고대국가의 기틀이 마련되어갔다. 토착적 민간신앙 위에 불교가 새로운 문화의 자양분을 공급하였고, 유교도 일찌감치 들어와 틈틈이 치세의 이념을 제공하였다. 그렇게 이합집산을 거듭해온 이 땅의 생명공동체는 삼국이 통일되고 발해의 유민들이 들어오면서 민족의 외연을 더 넓혀갔다. 고려시대에는 환향녀(還鄕女)가 '화냥년'으로 둔갑한 곡절 속에 이 땅은 이민족들과 뒤섞이며 100년의 몽골지배를 감내해야 하는 서글픈 세월도 거쳐야 했다. 그와 함께 바다 건너 일본과의 두 차례 충돌로 인해 이 땅의 동족들은 현해탄 건너 일본으로, 만주와 시베리아로, 중앙아시아로, 북해도로 사할린으로, 더 멀리는 멕시코와 미국으로 줄기차게 흩어져나갔다. 그렇게 유출되며 흩어지는 사람들이 있었듯이 또 들어와 이곳의 정착민들과 몸을 섞어 사는 사람들도 적지 않았을 것이다. 20세기 후반에 접어들면서 동남아시아와 인도, 중국과 서양에 뿌리를 둔 다양한 사람들이 일거리를 찾아 다양한 문화의 옷을 입고 이 땅에 들어와 살고 있다.

21세기의 디아스포라 유랑민들에게 너와 나의 동선이 어우러지면서 창조해나가는 우리의 다문화는 미래의 역사를 함께 만들어나갈 또 다른 역사의 촉매제다. 나아가 그것은 통합해야 할 우주적 하나님 나라의 미래 모형이다. 그러나 아직껏 다문화의 주체들은 대체로 취약한 환경에서 고생하며 전전하고 있다. 그들이 잔류민에서 또 다른 문화창조의 주역으로 함께 모여 '우리'가 되는 날, 이 땅의 한국인과 그리스도인들은 새로운 역사창조의 발판을 얻게 될 것이다. 그날이 오면 나와 너에게 '미지의 신'이었던 낯선 존재가 마침내 우리의 하나님으로 다시 발견될 것이다. 이와 함께 이질적인 타자의 자리에 방치된 그들도 예외 없이 하나님의 자손이라는 오래된 예언의 실현을 범지구적 차원에서 목격할 수 있게 될 것이다. 무릇 문화란 이름으로 인간이 산출한 경계는 충분히 어울려지지 않으면 넘어설 수 없다. 경계선상의 장벽들 역시 틈새를 만들어 스미고 짜이면서 한몸이 되지 않으면 하나님 나라의 실현을 방해한다. 우리는 자주 그 경계 앞에 마주선 채 선택의 기로에서 머뭇거리고 있다.

예수는 경계 가로지르기의 모범으로 우리 앞에 서 있다. 그가 1세기에 가로지른 경계를 우리는 21세기에도 넘어서지 못하고 쭈뼛거릴 때, 동물이 먼저 DMZ(비무장지대)를 넘어 북한으로, 만주로, 시베리아로 횡단한다. 인간이 동물보다 복잡한 게 사실이지만, 때로 동물의 명랑한 단순성은 닮아도 좋다. 공항의 통관지점에서 들락날락하는 21세기의 다인종들은 결국 문화의 차이를 넘어 하나님의 창조세계 안에 있다. 하늘의 새들이 이를 본능적으로 숙지하고 경계 없이 하늘을 날고 있다. 하나님 나라에 대해서는 새들이 우리의 선생이 되고도 남는다. 다문화는 하나님의 뜻이다. 하나님이 이렇게 다양한 생물들을 만든 뜻이 심오하게 느껴진다면, 다문화의 차이를 차별의 조건으로 삼는 일은 삼가야 한다. 타인에 대한 문화적 이질성에 대한 불편함에는 생리적인 요소도 있을 것이다. 어떤 민족의 특정 음식을 먹기 어려울 수 있다. 그러한 생리적 불편함이 버릇의 기초라면 우리는 오래 쌓아온 인습의 구조도 되돌아봐야 한다. 그러한 오진 성찰의 연습 속에 우리가 문화적으로 거듭나고 구원을 받을 수 있다면 말이다.

18

예수,

여성을 동무 삼다

여성시대, 영성시대

여성문제가 우리 사회의 쟁점이 된다는 것은 여전히 남녀가 대등한 대접을 받지 못하고 있다는 증거다. 정부 부서에 남성가족부는 없는 반면, 여성가족부는 설치되어 있는 내력도 차별적인 사회구조의 억압 아래 여성의 권익증진을 통한 법제적 차원의 위상제고가 절실하다는 방증이다. 인간이 남자와 여자로 구분되어 있고 지구상 인구의 절반은 여자일 텐데 여자가 남자보다 대접을 제대로 받지 못하거나 덜 받는다는 것은 논리적으로 따질 때 이해하기 어렵다. 그러나 역사는 반드시 그 '논리'에 따라 움직여오지 않았다. 그렇게 고착화된 사회구조에는 필경 나름의 배경이 있을 것이다. 간단히 말해, 그 기반은 인간이 모계사회를 벗어나 전쟁과 착취에 동원된 물리적인 힘으로 이 땅을 지배하게 되면서 생겨난 근육의 힘과 이에 근거한 가부장주의다.

남자와 여자는 생물학적 요소와 심리적 구조에서 차이가

있다. 그러나 여기에서의 차이는 인간 개개인의 차이와 다르지 않을 것이다. 모든 인간이 정자에게 생명의 근원을 제공받듯이 난자와 함께 씨앗이 발아할 태반을 부여받는다. 남자와 여자가 한몸으로 합해져야 인간으로서의 생명의 뿌리가 생기는 것이다. 이러한 생물학적 이치는 생명의 신학적 기원을 배제하지 않는다. 하나님의 숨결이 우리의 영적인 생명에 활력을 부여하는 것을 우리는 신앙으로 인정할 수 있다. 그럼에도 하나님이 인간을 남자와 여자 두 종류로 살게 한 데에는 심오한 섭리가 있을 것이다. 창세기는 독처하는 것이 좋게 보이지 않아 돕는 배필을 만들었다는 상호의존적인 인간의 태생적 배경을 시사한다. 또 부모를 떠나 남녀가 한몸이 되라고 한 하나님의 배려도 결국 우리는 상대방의 성을 배제하면 인간으로서 결핍된 존재일 수밖에 없음을 가르쳐준다.

그러한 상식적 원리에도 불구하고 역사에서 그랬듯이 아직도 우리는 그러한 배제를 제도화하여 여성을 억누르고 차별하기 일쑤다. 똑같은 대학을 나와 사회에 진출하여도 남녀의 월급에 차등을 두어 대접한다. 사회의 주요 고위직과 중요한 부서의 장은 남자가 압도적인 우위를 점하며 거의 독점하다시피 하고 있다. 참 희한한 일이다. 물론 여성들이 결혼을 하여 자녀 생산과 육아, 가정살림에 몰두하다 보면 사회활동에 상대적으로 제약을 받을 수밖에 없다. 그래서 아직 우리 사회에 전통적인 남녀의 유별을 집안살림과 사회활동이란 안과 밖의 이분법적 기준으로 고착시키려는 통념적 가치규범도 강고한 편이다.

여성을 성적인 도구로 착취하거나 남성의 삶에 복속된 하녀처럼 부려먹으려는 습성도 여전히 나타나고 있다. 가정폭력에 시달리다가 가정을 탈출하여 억울함을 호소하는 여성들도 여전히 존재한다.

그러나 역사의 추세는 명백하다. 바야흐로 여성시대가 개화하고 있다. 여성들의 사회진출은 더욱 활발해졌고, 다양한 영역에서 출중한 역량을 인정받아 남성의 독점 영역을 파고들고 있다. 정치와 기업, 공직과 교회 등에서 여성들의 리더십은 아직 취약한 편이지만, 영성시대의 도래와 함께 억압과 군림, 독재와 일방통행, 맹종과 폭력 등 가부장주의의 부정적 유산은 이제 부드럽고 포용적이며 관계 지향적인 여성 특유의 기질과 덕목으로 대체되고 있다. 그것은 우리 사회의 오랜 가부장주의 체제가 문화적으로 순치되면서 여성의 인간적 가치를 존중하게 되었음을 의미한다. 남성 중심으로 독주하던 문화적 지향점이 영성의 소통출구를 확보하게 됨에 따라 여성시대의 개화를 목도하게 된 것이다.

예수가 우리 시대에 다시 오신다면 이러한 시대의 변화에 어떻게 반응할까. 아마도 그는 영성시대의 도래와 함께 펼쳐지고 있는 여성의 활발한 사회적 참여와 이로써 빚어내는 역동적인 삶의 에너지를 반기고 즐거워할 것 같다. 그는 가부장주의 시대에 활동했지만 놀랍게도 여성과의 적극적인 연대를 보여주었으며 소통의 노력 또한 활발하였다. 혹자는 예수 역시 가부장주의의 아들로서 시대적 한계를 드러낸다고 비판할 것이다. 그러나 그 한계를 꼬집고 따지기에 앞서 예수가 얼마나 혁명적으로 당시의 남녀차별적인 장벽을 뛰어넘었는지 평가해야 한다. 또한 그가 남자와 여자 사이의 차별에 대해 얼마나 신랄하게 비판했는지 직시할 필요가 있다. 흔히들 피타고라스를 여성제자를 받은 남녀평등주의자이자 서구 최초의 지성으로 꼽아 상찬하지만, 예수는 남성제자들이 실패한 자리에서 여성을 새로운 희망을 창출하는 대안적 동무로 인정하였다.

예수의 여성 동역자들

예수의 가부장주의적 특질을 비판하는 사람들은 흔히 그가 남자로서 동시대의 통념적 가치에 젖어 있었다고 지적한다. 대표적인 증거로 열두 제자를 모두 남성으로 뽑았다는 사실을 든다. 그도 그럴 것이 예수는 마치 다시 회복할 이스라엘의 열두 지파를 표상하는 것처럼 열두 명의 남성제자를 뽑았고, 그들이 장차 하나님 나라가 임할 때 특수한 지위로 지파를 하나씩 맡아 다스릴 것처럼 가부장주의의 통치구도를 그려 보이고 있기 때문이다(마 19:28). 그러나 이는 가부장주의라는 특정한 이념을 염두에 둔 배타적 선발이라기보다 함께 동행하면서 거친 장애물을 넘어서야 하는 장거리 여행에서 어울리기 어려운 편의상의 문제였을 가능성이 크다. 열둘이라는 숫자 역시 상징적 의미 이상의 실질적인 권한의 배타성을 지칭하는 것 같지 않다.

어쨌든 예수는 그러한 상징적 목표를 품고 제자들을 '나를 따르라'는 명령과 함께 다양하게 선발하였고 열심히 가르치며 양육하였다.

예수의 제자교육은 비유의 가르침과 비유의 속뜻 풀이, 나아가 예수의 치유와 자연기적에 동참시키는 현장교육 위주였다. 그 과정에서 남성제자들은 예수의 능력과 심오한 가르침을 맛보았지만 그럼에도 불구하고 예수의 정체조차 파악하지 못한 채 오해와 무지를 반복해서 드러냈다. 오병이어의 기적을 현장에서 경험한 그들은 여전히 '떡'에 대한 걱정에 붙들려 있었고, '믿음'이 없어 예수의 질책을 들어야 했다. 열두 제자들 중에 예수를 '그리스도요 하나님의 아들'로서 올바르게 파악한 베드로조차도 앎은 고작 표피적인 수준에 불과했다. 그를 비롯한 대다수의 제자들에게 예수의 메시아 됨은 영광과 권능으로 로마의 식민체제를 뒤집어 엎고 새로운 다윗의 왕조를 재건하는 꿈과 결부되어 있었던 것 같다. 정치적인 해방이 그들의 목표요 운동의 기조였던 셈이다. 그래서 그들은 예수의 표면적 정체에 모범답안을 제시했음에도 불구하고 예수가 제시한 대안적 청사진으로서 하나님 나라에 담긴 정치적인 의도를 헛짚었다. 그래서 그들은 예수가 자신의 십자가 수난과 죽음을 예고하고 가야 할 길을 들려주자 혼란스러워했다. 예수가 체포되고 십자가에 처형되면서 제자들은 마침내 스승을 배신하거나 뿔뿔이 흩어져 무기력한 양 떼의 신세가 되어버렸다.

이와 같은 남성제자들의 연속적인 헛방과 무감각의 틈새

로 간간이 예수 주변의 여성들이 놀라운 믿음과 담대함으로 예수를 따를 뿐 아니라 일행을 섬기는 사례가 포착된다. 마가복음을 기준으로 그 사례를 추적해보면 먼저 베드로의 장모를 꼽을 수 있다. 그녀는 가버나움에서 열병을 앓고 있었는데 예수의 도움으로 회복되었다(막 1:29-31). 회복된 후 그녀의 첫 행동은 예수 일행을 수종드는 섬김이었다. 그녀의 섬김은 체험적 신앙의 발로였다고 평가된다. 이러한 체험적 신앙의 증거는 열두 해 혈루증 앓던 여인의 경우에서도 여실히 확인된다(막 5:25-34). 그녀는 당시 율법적 기준으로 볼 때 부정한 신체적 질고를 지녔음에도 오로지 믿음에 의지하여 예수의 옷자락을 만짐으로써 부정과 정결의 장벽을 넘어섰다.

이후 수로보니게 여인의 이야기(막 7:24-30)에서는 예수의 '개' 취급에도 불구하고, 그 수모를 무릅쓰면서까지, 간곡하게 자비를 구한 끝에 이방인 여인과 유대인 남자의 경계를 넘어 기적을 일으킨다. 그 결과 딸은 더러운 영에게 놓임을 받고 예수는 여느 경건한 유대인과 마찬가지로 지녔을 법한 유대교의 가부장주의 의식 너머로 놀라운 '믿음'의 세계를 함께 경험한다. 이처럼 예수 주변의 여성들은 예수를 수동적으로 따르기만 하던 남성제자들이 믿음 없음으로 인해 오해와 실패를 거듭한 것과 대조적으로 묘사된다. 이와 같이 실존의 위기에서 예수를 만난 여성들은 믿음으로 역경을 극복하면서 개인적 삶의 활로를 모색할 뿐 아니라 하나님 나라 복음의 잠재적 증인으로 부각되고 있는 것이다.

예수를 따르는 비공식적·잠재적 제자군(群) 중에는 아주 가까운 곳에서 그를 따랐든, 각 지역에서 원거리 후원자가 되었든, 이처럼 예수와의 인격적 만남을 통한 체험적 신앙을 가진 자들이 많았던 것 같다. 그중에서 여성들은 특별히 그 범주에서 주목할 만한 부류로 상정된다. 가령, 막달라 마리아는 일곱 귀신 들렸다가 치유받은 뒤 예수를 따라나선 것으로 보인다. 그녀는 남성제자들이 다 도망간 예수의 십자가 처형장에 증인으로 등장하며 그의 무덤을 찾아 부활의 첫 증인이 된 것으로 기록되어 있다. 그밖에 예수가 예루살렘에 입성한 뒤 그의 수난이 가까워오는 위태로운 시점에서도 복음서 저자가 보여주는 대안적 인물은 자신의 전 소유물을 성전 연보함에 넣음으로써 전적인 헌신의 산 증거가 된 가난한 과부였다(막 12:41-44). 그런가 하면 값비싼 나드 향유가 든 옥합을 깨뜨려 예수의 머리에 부으면서 예수를 극진하게 섬긴 익명의 여인도 각별한 주목을 받고 있다(막 14:3-9). 이들은 인정투쟁에 골몰하거나 허풍스럽게 큰소리치던 남성제자들과 달리 희생적인 행동으로 믿음을 실천한 사례로 제시된다.

이와 같이 예수에게는 익명의 동역자로 실속 없는 명성뿐인 열둘을 대신하여 실질적인 섬김의 사역을 수행한 여성제자들이 적지 않았다. 요한복음(4:1-32)은 남편을 여섯 번이나 바꾼 파란만장한 과거사를 뒤로 하고 우물가에서 예수를 만나 대화하면서 세상의 구세주를 발견하고 그를 복음으로 증언한 사마리아 여인을 보여준다. 누가복음(8:2-3)은 “악귀를 쫓아내심과

병 고침을 받은 어떤 여자들 곧 일곱 귀신이 나간 자 막달라인이라 하는 마리아와 헤롯의 청지기 구사의 아내 요안나와 수산나와 다른 여러 여자가 함께하여 자기들의 소유로" 예수와 열두 제자를 섬기던 후원사역을 언급한다. 예수와 열두 제자들이 선교의 일선에서 세상을 섬겼다면 이 여인들은 자신의 재산을 기꺼이 내놓음으로써 이들을 섬기며 따랐다. 그들은 몇 명만이 실명으로 언급될 뿐 대다수는 역사의 그늘에 익명으로 처리되어 있다. 그러나 그들은 예수의 처형이 이루어지는 골고다의 끔찍한 자리에서도 멀찌감치 그 장면을 주시한 십자가의 목격자들이었다. 그 자리에 "막달라 마리아와 또 작은 야고보와 요셉의 어머니 마리아와 또 살로메가 있었으니 이들은 예수께서 갈릴리에 계실 때에 따르며 섬기던 자들이요 또 이 외에 예수와 함께 예루살렘에 올라온 여자들도 많이"(막 15:40-41) 함께했다는 것이다. 이렇듯, 그들은 멀리 갈릴리에서 예수를 따라 예루살렘으로, 골고다로 예수 사역의 일거수일투족을 지켜보면서 말없이 섬기며 따르던 진정한 제자도의 실천자였다고 볼 수 있다.

복음과 함께 그녀를 추억하며

예수를 섬긴 아름다운 여성의 모범 중에 예수의 머리에 향유를 부었던 여인의 헌신은 가히 압권이라 할 만하다. 후대의 전승은 그녀가 막달라 마리아였다고 하고, 누가복음(7:36-50)은

창기를 암시하는 죄인의 범주로 묶어놓는다. 요한복음(12:1-8)은 그녀를 예수가 머물던 베다니의 나사로 남매 중 둘째 여동생인 마리아와 동일시하는가 하면, 마가복음(14:3-9)처럼 베다니 나병환자 시몬의 집에서 식사할 때 만난 익명의 여인으로 취급하기도 한다.

가장 원초적인 이야기로 보이는 마가의 서사적 틀을 따라가면 그녀는 뜬금없이 식사 자리에 나타나 삼백 데나리온이라는 고가의 나드 향유를 예수의 머리에 붓는다. 그러한 행위는 자본제적 가치관의 사람들에게는 귀중한 물자를 헛되이 낭비하는 것이었다. 이 광경을 목도한 사람들이 그녀의 행위에 분노하며 이의를 제기한 것은 당연한 노릇이었다. 예수의 행적에 비추어보더라도 그러한 귀중품은 팔아서 가난한 사람들에게 나눠주는 것이 경건의 실천에 부응하는 선택이었을 것이다. 그러나 예수는 그러한 불만을 물리치고 여인의 행위를 상찬하였다. 예수는 그녀를 괴롭게 하지 말라고, 그녀가 좋은 일을 하였다고 말하면서 여인의 편을 들어주었다. 가난한 자들에 대한 극진한 섬김을 보여온 예수의 평소 관심사로 따져볼 때 이는 지극히 예외적인 논평이었다. 나아가 그는 자신의 장례를 대비하여 몸에 미리 기름을 바르는 것이라며 그녀의 행위에 예언적 의미를 부여하여 긍정적인 해석까지 해주었다.

예수가 머잖아 십자가에서 끔찍하게 죽을 것이라는 사실을 알고 있는 독자의 입장에서는 이 여인의 행동은 다소 천연덕스러운 해프닝처럼 보일 수도 있다. 그러나 자세히 들여다보면 여인은 과감한 행동으로 예수가 겪게 될 고난의 심각한 분위기를 진한 향유의 향기가 번지는 분위기 가운데 일순간 축제의 향연으로 반전시킨다. 이로써 그녀는 비록 죽음의 현실일망정 삶의 진정한 의미가 제대로 누림에 있음을 시위하고 있다. 다시 말해 예수의 머리에 부은 여인의 향유(香油)인즉, 우리 생명이 아무리 괴로워도 누려야 할 생의 향유(享有)와 다를 바 없음을 보여준 것이다. 그녀는 예수의 복음이 처절한 죽음의 비애와 결핍을 동반한 장송곡처럼 들리지 않길 원했던 것 같다. 차라리 그녀에게 복음은 잔치요 축제가 되어야 마땅한 것이었다. 그렇게 그녀는 멀리 퍼지는 나드 향유의 깊은 향기처럼 하나님 나라의 진리가 예수의 죽음과 함께 죽음을 넘어 생명의 열락을 긍정하는 놀라운 경지를 몸소 체현하였던 것이다. 그녀는 생명을 품고 생명을 분만하는 모성적 태반을 지녔기에 감각적으로 죽음 앞에 노출된 예수의 생명을 온전히 긍정하면서 살아 있음의 순간을 기리고 기념하는 예지를 발휘할 수 있었다. 따라서 그녀의 헌물과 헌신은 죽어갈 예수의 몸을 위무함으로써 장례를 준비하는 행위이기에 앞서 살아 있음의 고귀한 의미를 되새기며 기념하는 축제의 발로였던 것이다.

예수는 이러한 뜻깊은 헌신적 행위를 두고 마지막으로 여성들의 미래를 향해 극진한 축복을 선사한다. "온 천하에 어디서든지 복음이 전파되는 곳에는 이 여자가 행한 일도 말하여 그를 기억하리라 하시니라"(막 14:9). 이 말을 원문의 문법에 맞춰 재해석하면 "온 세상에 복음이 전파되는 곳마다 그녀가 행한 일 또한 그녀를 추억하여 말해지리라"는 의미가 된다. '추억'은 단순한 '기억'과 공식적 '기념'의 중간에 위치한다. 그것은 온 천하에 공식적으로 선포되어야 할 복음의 일부이면서 기억을 매개로 신중하게 기념되어야 할 신학적 표상이다. 그것은 단순히 칭송받아야 할 도덕적 선행 같은 것이 전혀 아니다. 그런 것이었다면 이 여인은 향유를 팔아 가난한 자에게 베풀어주어야 했을 것이다. 그녀의 행위는 복음이 왜 복음인지를 보증하는 복음의 색깔과 향기 같은 것이었다. 그것은 죽음 앞에서 삶의 열락을 누리는 향유적 통찰에 다다른 여인의 헌신적 참여와 같았다. 그래서 복음이 억압적으로 인간의 삶을 규제하고 교리적으로 삶의 자유를 속박할 때 여인의 행적은 복음의 일부로 추억 속에 부활해야 했다. 나아가 복음이 삶의 향기를 잃고 인간의 색깔을 상실할 때, 그때 이 여인의 행적은 복음을 되살리는 모태적 영성의 보루가 되어야 한다는 것이다. 그것이 바로 여인의 갸륵한 행실이 우리에게 복음의 선포와 대등하게 잊지 말아야 할 이유다. 특히 오늘날 가부장주의 체제 아래 눌려 신음하는 여성들에게 그 추억이 구체적인 힘의 원천으로 상기되고 또한 기념되어야 할 것이다. 추억은 여리지만 끈질기고 멀리 흐르는 물을 닮았다. 그녀의 향유적 헌신 역시 그러한 추억의 역사를 머금고 오늘날 복음의 생기를 되살려야 할 선교적 의미를 품고 있다.

단절된 추억의 회로

오늘날 우리 사회에 무명의 여인이 바친 헌신과 향유의 실천적 과제가 여전히 잔존하는 성차별의 현실을 넘어 이행되어야 한다. 복음과 함께 전파되어야 할 그녀의 '거룩한 사치'와 '이타적 낭비'에 대한 추억은 도덕주의와 엄숙주의로 대체된 채 우리 사회의 경직된 체질은 지속되고 있다. 더구나 대체된 불구의 가치는 가부장주의라는 오래된 이념과 동거하고 있다. 여성은 여전히 미소로 남성의 근육을 유혹하고 위무하는 자리에서 인간적 존엄이 쉽사리 훼손당한다. 그런가 하면 자식을 낳아주는 씨받이에서 취약한 사회경제적 위상이 덧보태져 여전히 기죽은 채, 남성에게 묵묵히 순응하는 경우도 많다. 이 모든 열악한 현실은 삶을 흔쾌히 향유할 줄 모르는 억압적 체계를 공고히 유지하려는 보이지 않는 담합 속에 자생하며 번식한다. 가부장주의의 보수적인 미덕이 진가를 발휘하는 것은 자신의 마지막 향유를 팔아서 가난한 사람들에게 나누어줌으로써 도덕적 자기현시와 죄책의 탕감을 기도하는 종류의 관대한 시혜다. 그것은 마치 임금이 제후들이나 신민에게 은혜로 봉토를 선사하며 자신의 후덕함을 과시하는 주종관계를 영속화하는 노예의 도덕일 뿐이다. 거기에 기존체계의 보존과 유지는 있을망정 참신한 해방의 메시지는 아득하다. 거기에 가부장의 위엄은 있을지언정 모든 인간의 평등한 참여와 소통 가운데 생명의 진정성을 치열하게 살아내는 존재론적 사치는 기대하기 어렵다.

예수의 향유 지향적 삶의 태도와 그것을 유발한 한 여인의 적극적 헌신이 가장 추억되지 못하는 영역이 종교다. 특히 예수의 적자를 자처하는 기독교야말로 복음의 미학을 살려야 하는 색깔과 향기에 굼뜨고 서투르다. 더군다나 한국기독교는 여전히 여성의 성직 안수를 금하는 교단이 많을 정도로 아직 '교회에서 여성은 잠잠하라'는 논란 많은 귀퉁이의 바울 어록을 불문율처럼 떠받들고 있다. 이왕이면 여성이 공중예배 자리에 머리에 수건을 쓴 관행도 '본성'까지 근거로 들이댄 바울의 성의를 생각하여 강제해야 할 텐데, 그러한 부분의 실천은 쏙 빼놓는다. 그런 미봉책으로 여성의 성직 진출을 제도적으로 봉쇄하는 열심에 있어서는 시대의 계시에 역류하는 부끄러움도 사라져버린다. 그래서 복음과 함께 그녀가 행한 일을 추억하기는커녕 그 추억의 뿌리까지 뽑아버리는 짓을 반복하고 있는 것이 다수의 한국교회와 한국기독교다.

여성의 인권과 복지와 관련하여 대체로 우리 사회와 교회는 고귀한 추억의 힘을 믿지 않는 분위기가 여전히 강하다. 모태의 자궁에서 생명의 태초를 신세진 추억은 더러 무의식 가운데 '자궁회귀 콤플렉스'를 통해 돌출하곤 한다. 그럼에도 굳이 모성은 여성과 다르다며 그 희생의 공적을 신화화할 뿐 역사적 맥락에서 실체화하려 하지 않는다. 한국교회 절반 이상의 교인이 여성이다. 그들은 시간과 물질과 정성을 들여 교회의 제반 사역에 봉사하고 우리 사회의 경제현장은 물론 문화의 제반영역에서 여성의 섬세한 손길 덕분에 우리가 음식을 먹고 문화를 누린다. 그럼에도 불구하고 우리는 거룩한 향유 지향적 생산과 소비의 공정에 개입한 그녀들의 여성적인 아름다움에 둔감하거나 인색하다.

그러면 어쩔 것인가. 단절된 추억의 회로를 재생시키는 것 외에는 묘안이 없다. 청동기 시대 미케네 문명의 여성적인 아름다움과 신화적인 아우라에 대해서는 이미 수많은 탐구와 추리가 있었다. 대체로 공감하는 그 문화의 특질은 가부장주의의 억압과 투쟁 반대편에서 추구한 부드러운 향유의 문화다. 그 누림의 이면에 소박한 생산이 있었을 것이다. 그보다 훨씬 더 오래전 이 땅에는 척박하지만 자유로운 여성성의 발현과 함께 영성이 발기하던 소박한 공존과 협력의 문화가 있었다. 사유재산이 축적되어 정치권력이 창출되고 그것을 약탈하기 위해 부족 간 전쟁을 하기 시작하던 단계에 앞서 자급자족의 공동체가 모성적 토대 위에서 평화롭게 존립한 흔적을 우리의 역사는 기억하고 있다. 그 시대에는 아름다움이 구원의 지름길이었던 것 같다. 아름다움은 추상명사가 아니라 구체적인 향기와 색깔로 감각되었고, 한 생명을 위해 거룩한 사치와 낭비가 용인되었다. 그것이 예찬의 말로 오래오래 대물림되는 추억의 소중함 가운데 다시 재현되는 경험적 진실이었다.

이러한 추억의 힘을 잃어버린 21세기의 신자유주의는 애꿎게도 여성들을 다시 근육질의 위압으로 사회와 경제의 변두리로 내몰거나 동물적 욕망의 요깃거리로 비인간화하고 있다. 그런 세태에 대한 예수 신학의 통찰과 반성이 필요하다. 예수가 여성들과 얼마나 긴밀하게 동역하였으며 그들의 치열한 믿음과 순전한 섬김에 감사와 예찬을 보였는지 추억의 부활이 필요하다. 그 추억의 회로는 여성이 얼마나 소중한 예수의 동무였는지를 발견하는 비평적 시각에서 단초를 마련할 수 있다. 복음과 함께 재생되는 단절된 추억의 회로 가운데 여성적인 것의 가치와 미덕을 인간의 품성으로 온전히 수용해야 삶은 때로 거룩하게 낭비되면서 사치스럽게 향유할 수 있다. 이러한 전혀 색다른 시선 가운데 남녀관계의 휘장 아래 숨 쉬는 가부장주의적 남성의 의식은 거듭나야 한다. 이제 그럴 만한 때가 되었다.

19

예수,

청춘의 치열함을 부추기다

방황하는 마음 가눌 길 없어서

내 나이 이제 40을 훌쩍 넘어 50을 향해 치닫고 있는데, 육신의 나이가 자꾸 늘어나도 내 정신의 나이는 여전히 푸른 시절에 멈추어 있는 듯하다. 갓 고등학생의 티를 벗고 서울에 올라와 대학생이 되었을 때 모든 것이 생소했다. 1980년대 초 어수선한 시국의 분위기는 나의 이런 생소함을 거칠게 뒤집어놓곤 했다. 근원을 알 수 없는 고뇌가 넘쳤고 방황하는 마음을 가눌 길이 없어 늘 이곳저곳을 떠돌았다. 외로움이 정처 없어질 때는 목적지도 정하지 않고 막무가내로 버스에 타서 종점에서 종점까지 오락가락하길 반복하던 때가 있었다. 밤늦은 시각, 포장마차의 카바이트 불빛을 응시하며 꿀쩍거리던 목소리와 눈빛은 영락없이 시인의 그것이었다. 언젠가 이청준의 모든 작품들을 모아 읽는 한 주간, 나는 밤과 낮을 거꾸로 뒤집어 사는 실험을 도발하기도 했다. 맨발로 비 내리던 거리를 걷던 기억하며, 북한산 후미진 골짜기에서 벌였던 자살소동과 홍제동 성당

앞 지하도로 바닥에서의 탈진, 그리고 우발성의 은총과 함께 길게 이어진 피정의 안온함도 다시 생각해보니 꿈이런가 싶다.

지금 되돌아보면 부끄럽기 그지없던 그 시절의 치기 어린 도발적 행적과 방황의 나날들은 역설적으로 얼마나 위대했던가. 반지하방에 곰팡내 폴폴 풍기던 적빈의 그림자와 함께 그 시절은 내 생의 가장 화려한 음지가 아니었던가. 일기장의 행간에 어룽거리던 자학적 실존의 그림자는 얼마나 가상했던가. 나는 어떤 경계를 넘어 지극히 인간적인 경지를 맛보고자 도전에 응전을 거듭했던 것 같다. 무엇보다 피의 냄새가 깃든 자유를 무궁토록 갈망했고, 내 남루한 혈통과 종족의 계보를 저주하면서 찬연하게 저 하늘 어느 구석에서 출현하는 멜기세덱의 반차이길 소망했다. 대학의 교정에는 일 년 삼백육십오일 최루탄 가스가 가시는 날이 드물었다. 콧구멍이 헐어버릴 정도로 지독한 환경오염이었다. 전공학과에 들어간 학우들 40명은 졸업에 즈음하여 절반만 남고 나머지는 감옥으로, 강제징집된 군대로, 노동의 현장으로 뿔뿔이 흩어져 장엄한 전사를 앞두고 있었다. 우리는 각각 신념과 이념이 달랐지만 어디서 무엇이 되어 다시 만나든 당당하고 씩씩하게 살아남자고, 지리산 노고단 텐트 아래 모인 졸업여행의 귀퉁이에서 소주잔을 주고받으며 다짐했다. 육두문자의 욕지거리조차 아름답게 꽃으로 피어나던 시절이었다.

이후 20년이 훌쩍 지나 청춘은 이제 심호흡을 하며 중년의 강을 건너고 있다. 어느덧 우리는 아파트 시세와 연봉을 걱정하며 직장에서의 명퇴를 눈치 봐야 하는 기성세대가 되어 다시 20년 밑자리의 청년들을 목도한다. 최근 어느 신문은 요즈음 20대들이 활짝 꽃피어보지도 못한 채 40대 중년이 되어버렸다고 자조했다. 그도 그럴 것이 죽어라고 고생해서 들어간 대학에서 4년 내내 등록금 걱정으로 찌들고, 아르바이트의 고역에 시달리다가, 취업에 목매달고 '스펙'에 안달하며 전전긍긍하다 아예 목매달아 죽어버리는 불쌍한 청년들이 많아졌기 때문이다. 취업을 한다 해도 850만 명이 넘는다는 비정규직의 덫에서 자유로워지기는 쉽지 않다. 그래서 이 시대 청년들의 고민은 생계형 고민이 되고, 낭만은 사치스러운 감상 이외에 아무것도 아니다. 자살도 생계형 자살이 범람하는 추세다. 이러한 시대의 구조적 족쇄에서 해방될 기미가 좀처럼 보이지 않는 마당에 그들의 사회적 실존을 나무라거나 현실에 박치기하는 차원에서 택도 없는 '용기'를 권하고 어쭙잖은 '격려'를 한다는 건 얼마나 터무니없는 짓인가. 그럼에도 나는 뜬구름 잡는 몸부림으로 보이지 않는 하나님을 연구하고 말하고 선포까지 하는 신학자라서 그런지, 몽롱하지만 그 서푼 어치의 주제에 맞게 저렇게 하염없이 시들고 파리해져가는 청년들에게 눈감고 귀 막지 못하겠다. 그래서 무모하고 헛소리처럼 들릴망정 아무래도 몇 마디 해야 할 것 같다.

새벽 이슬 같은 청년들

요즘 세속의 기준으로 주류가치는 아무래도 몸의 건장함과 아름다움을 내세운 각종 성적인 이미지다. '하의실종'과 '각선미', '얼짱'과 '몸짱', 이에 부응하는 '성형수술'과 '몸만들기' 열풍은 우리 사회의 치열한 현실을 종종 덮어버린다. 그래서 '반값등록금 투쟁'과 '스펙 쌓기'와 '취업 경쟁'에서 부르짖는 대학생들의 신음 어린 고통은 자본주의의 음험함 속에 특수 집단의 고역스러운 삶의 단층인 양 덩달아 묻혀간다. 물론 세속의 현실에도 일리는 있다. 가장 건장하게 단련된 몸의 힘이 용솟음치고 아름답게 무르익은 몸을 드러내며 그 기운을 발산할 자기 현시욕조차 없는 젊음이란 얼마나 서글픈 것이랴. 그래서 청년은 자기 몸의 욕망이 인도하는 대로 따라가면서 세속이 포장한 온갖 즐거움을 추구하고 그것이 좌절될 때 투쟁하는 것이 자연스러운 행로가 된다. 성서에서도 "청년이여 네 어린 때를 즐거워하며 네 청년의 날들을 마음에 기뻐하여 마음에 원하는 길들과 네 눈이 보는 대로 행하라"(전 11:9)라고 권하면서 마치 쾌락에의 추구가 온당한 저들만의 특권인 양 제시되고 있다.

이렇게 밑 빠진 욕망은 반드시 파산하고야 만다. 그래서 "그러나 하나님이 이 모든 일로 말미암아 너를 심판하실 줄 알라"라는 역접의 단서가 붙는다. 이러한 무절제한 욕구의 추구에 대한 더 나은 대안으로 전도서가 제시하는 것은 자기 존재의 기원에 대한 성찰이다. "너는 청년의 때에 너의 창조주를 기억하라. 곧 곤고한 날이 이르기 전에, 나는 아무 낙이 없다고 할 해들이 가깝기 전에 해와 빛과 달과 별들이 어둡기 전에, 비 뒤에 구름이 다시 일어나기 전에 그리하라"(전 12:1-2). 청년이라 함은 청년 이전의 제 생명의 기원을 성찰하여 그 신학적 상상력이 창조주에 대한 기억으로 잇닿고, 또 청년 이후의 곤고한 날, 아무런 낙이 없는 육체적 노쇠함의 때를 미리 전망하여 분방하기 쉬운 에너지를 절제하며 희망 어린 가치에 삶의 목표를 설정하라는 교훈이 아니겠는가. 물리적 에너지의 정점에 다다른 시점에서 거기 올라오기까지의 기억을 망각하고, 또 내리막길의 여정을 겸손히 대비하지 않는다면, 이는 지혜의 반대편에 선 어리석음의 행태일 것이다. 구약성서에 보면 '청년'으로 이름 붙여진 많은 사람들이 역사의 우여곡절 속에 창과 칼의 볼모가 되어 애매한 희생제물로 전락하거나 또 그 힘으로 생명을 죽이고 해치는 일에 동원되는 경우가 많았다. 그래서인지 이들에 대한 현명한 배려가 전도서의 상기 교훈 가운데 암시된 듯싶다.

그렇다고 청년의 삶이 이러한 현명함의 자기 배려와 자기 보존의 전략에만 머무는 것은 아니다. 그것이 자칫 '범생이'의 규율에 대한 맹목적인 청종으로 일관하여 도전과 꿈이 없는 세월이 될 수도 있기 때문이다. 시대의 지평과 역사의 맥락에서 보면 청년의 삶은 존재 자체만으로도 가장 싱그러운 예언이 되고 희망의 징조가 되어야 한다. 때로 무모하게 보이는 목표를 향해서라도 모험과 탐구, 개척과 순례의 이정표가 될 필요가 있다. 거기서 부대끼는 장애물이 두렵지 않은 투쟁의 목표일 수도 있을 것이다. 특히 영원을 꿈꾸는 주님의 청년들은 교회의 제도권이 제공해주는 안락한 '실내형 인간'의 족쇄를 벗고 광야의 한가운데로 나가야 한다. 거기서 메마른 생명을 향해 인정과 섬김의 증인이 되어야 마땅하다. 시편의 한 기자는 청년의 존재론적 아우라를 절묘한 이미지로 '새벽 이슬'에 빗댄 바 있다. "주의 권능의 날에 주의 백성이 거룩한 옷을 입고 즐거이 헌신하니 새벽 이슬 같은 주의 청년들이 주께 나오는도다"(시 110:3). 이 얼마나 탁월하고 기묘한 이미지의 조형인가. 아무리 메마른 땅에도 새벽녘 이슬 몇 방울의 축축함이 은총으로 허락된다. 그래서 건기가 몇 달씩 연장되어도 거기서 자라나는 풀과 나무, 작은 곤충과 동물들은 이 작은 물방울에 의지하여 꽃도 피우고 잎사귀도 돋아내며 목도 축인다. 청년들이 바로 그 새벽 이슬 같다는 것은 세속의 주류가치에 매몰되기보다 주류가치에 퇴짜를 놓으며 아니라고 말할 수 있는 싱싱한 결기와, 소박하지만 살뜰한 기상으로 시대의 전위를 개척하려는 도전정신과 모험심을 강조하는 것이 아닐까. 새벽을 깨우며 시대를 선도하는 아름다운 기상을 그 영롱한 이미지에 심어둔 것이 아닐까. 시간이 지나 떠오른 뜨거운 땡볕에 금세 사라질지라도 다시 새날을 고대하고 또 하루의 희망찬 날을 바라면서 싱싱하고 축축한 생명의 습기를 머금는 그 불굴의 저항과 반복되는 투쟁의 부드러움이 바로 새벽 이슬의 진정성 아니겠는가.

물론 바람만으로 이루어지는 결실은 아무것도 없으리라. 눈물을 흘리며 씨를 뿌리는 구체적인 자기 투여의 헌신이 없이는 그 모든 꿈과 비전과 희망은 하늘에 구름을 잡으려는 몸짓처럼 처연한 것일지 모른다. 순수한 열정으로 지향한 '뜨거운 상징'조차 공명의 채널을 얻지 못하면 잠시 제 울타리 안에서 울리는 꽹과리와 다를 바 없을 것이다. 그래서 '주께로 나가는' 목표의 설정이 필요하고 특정한 방향으로 길을 잡는 꾸준한 과정의 성실성이 요청된다. 줄곧 한 우물을 파도 물이 안 나올 수 있지만, 그래도 이것저것 집적거리면서 에너지를 분산시키기보다 자신이 가장 잘할 수 있고 더불어 유익이 되는 공동의 꿈을 잉태하는 산실이 청년들의 자궁 속에 무르익어야 한다. 그리하여 뜻을 세우면 그것의 실현 지점에서 끝장을 보기까지 반드시 냉철한 지성과 풍성한 감성을 버무려 '과연 그런가', '어떻게 그런가' 다시 묻고 점검하는 자기성찰의 습관을 키워야 한다는 것이다. 이는 하나님 나라를 향한 정의의 감수성에 직결되는 것일 텐데, 청년이 지향해야 할 사회적 영성, 공동체적 미학의 자리가 이 언저리에서 파동 친다.

구하고 찾고 두드리는 낙관주의

내가 요즘의 청년들을 이해하게 된 두 가지 경로가 있다. 그중 하나는 90년대 배낭여행 열풍에 대한 고찰이었고, 나머지 하나는 청년작가 김애란이 낸 두 권의 소설집 『달려라, 아비』(창비)와 『침이 고인다』(문학과지성사)를 통해서였다. 배낭여행을 누가 언제 왜 선동하게 되었는지 사회사적 내력은 자세히 알 수 없다. 그러나 거기에는 분명히 새 시대를 선도하는 거역할 수 없는 '추세'란 게 있었던 것 같다. 부잣집 자제들의 조기 유학과 해외연수 프로그램에 눈먼 돈을 쏟아붓는 것과 대조적으로, 부잣집 자제가 아니어도 아르바이트를 해서 모은 돈으로 배낭 한 개 달랑 메고 멀리 타국을 떠돌고 싶어하던 젊음의 도발은 나에게도 부러움의 대상이었다. 나 역시 20대에는 여기저기 떠돌며 방랑의 객기를 설쳐댔다고 하지만 그 반경은 고작 국내를 섭렵하는 수준에 머물렀기 때문이다. 그러나 국제화·세계화 추세에 발맞추어 인터넷 시대에 폭주하는 정보량을 소화할 길이 없어 청년들은 세계의 구석구석이 궁금해졌고 자기에의 배려라는 미덕을 충실히 이행할 만한 여유가 생긴 것이다. 시대의 역경을 아예 외면한 것도 아니었지만 시대의 고뇌를 저만이 져야 할 십자가처럼 여겨 내가 보낸 1980년대처럼 똥 씹은 표정에 담배연기 자욱하게 흘리며 심각한 표정을 짓지 않아도 될 만큼 명랑함이 천성처럼 배어 있었다. 그래서 바람처럼 여기저기 떠돌면서 그들은 하나님이 선사한 태초의 자유를 갈망하였고, 수많은 이국의 다채로운 사람들, 또 그들이 다양하게 가꾸고 축적해온 역사와 문화에 열광하였다.

물론 다수의 청년이 이와 같이 방랑한 배낭족은 아니었을 것이다. 그늘에 숨은 다수는 김애란이 보여준 애틋한 소묘처럼 대도시의 고시촌이나 단칸방에서 하루 벌어 하루 먹으면서 편의점과 알바 장소를 오가는 좁고 폐쇄적인 동선을 담담히 견더냈을 터이다. 그러나 이 작가가 보여준 음지의 청년들에게도 예의 담백한 명랑함이 있어서 결코 구질구질하게 빈티 내며 시대의 우울을 꿀쩍거린 기색은 없었다. 김애란이 만들어낸 인물들, 특히 청년들은 아마도 상당 부분 자신의 가족사적 경험과 연동되어 있겠지만, 우리 시대 서민들의 신산한 삶의 단면들을 두루 겪어왔음에도 실패한 아비를 원망하지 않고 자기를 떠나보낸 룸메이트를 타박하지도 않는다. 그들은 그저 낙관주의의 명랑한 정서에 기댄 채 제 몫의 삶을 꿋꿋이 누리며 또 소박한 희망을 피우길 서슴지 않는다. 반지하 방에도 유년기의 추억을 소중히 여겨 피아노를 두고 싶어하고, 피아노의 존재론에 기댄 자기 현시적 허영심조차 미덕이 되는 순간을 당당히 향유할 줄 안다. 종래 우리 시대의 경직된 질서를 지배해온 일상 문화의 계급적 장벽을 가로지르며 도시빈촌의 젊은 세대는 가볍고 발랄하게 제 존재의 멋과 맛을 빈궁한 중에도 구하고 찾고 우려내는 감각과 리듬을 익혀온 것이다.

예수는 자신의 구도자적 자화상처럼 "구하라, 찾으라, 문을 두드리라"(마 7:7)는 말씀을 제자들에게 들려준 바 있다. 이는 설교강단에서 기도의 위력을 나타내는 교훈으로 유통되지만 이것은 산상수훈의 주석적 문맥을 빗겨가는 오판이다. 이 어록은 기도의 문단과 다른 곳에 배치되어 제자들에게 꾸준히 질문할 것(*aiteite*)을 요구한다. '의혹의 해석학'(hermeneutics of suspicion)이란 말이 있지만, 청년들에게 상황과 사태의 재구성을 위한 집요한 의문과 전복적인 질문을 빼면 시체와 다를 바 없지 않은가. 또한 그 질문에 상응하는 해답을 찾기 위한 '탐구'의 열정이 필수적이다. 그래서 '찾으라'는 말은 '탐구하라'(*zēteite*)는 뜻이 된다. 문을 두드리는 것 역시 새롭게 질문하며 진지하게 탐구하는 행동의 은유적 표현이다. 그런데 놀랍게도 그렇게 진지한 추구의 결과가 낙관의 희망대로 충실한 성취로 나타난다는 것이다.

우리가 낯선 곳에 다다라서 문을 두드릴 때 그 문 뒤에 누가 있는지는 알 수 없다. 또 문 뒤에 있는 사람이 그 문을 열어줄지 모른 척 외면할지 알 수 없는 상황에 처한다. 그러나 불확실성에도 불구하고 문을 간절히 두드릴 때, 사람보다 앞서 하나님이 계셔서, 놀라워라, 대체로 그 문이 열리는 경험을 우리는 가지고 있지 않은가. 우리의 모험과 개척이 미지와 미답의 세계를 향해 무모하게 떠난 터라 황망한 심사일망정 적잖은 시행착오를 거친 뒤에 대체로 성실한 두드림과 치열한 탐구는 그에 합당한 보답으로 되돌려주는 것이 하나님 나라의 변함없는 공의요 또한 뭇 인생의 경험적 지혜가 아닌가. 바로 여기에 이 시대의 궁핍에 처한 청년들이 다시 분발하고 도전해야 할 낙관주의의 희망이 있다. 그 희망은 자신의 어둔 과거에 너무 집착하지 않는 명랑한 희망이고, 실패한 가족과 이웃에게 다시 '달려라'라고 외치는 연대와 소통의 희망이다. 또한 그 희망은 미숙하였기에 작별한 벗이나 연인을 향한 아련한 추억에 껌을 씹을 때마다 그 껌 하나에 담긴 온정을 기억하며 '침이 고이는' 우정 어린 희망이다.

청년 예수의 신학적 은유

다시금 신학도로서 내 열정의 밑천이 되어온 20대의 뒤안길을 떠올려본다. 마치 80년대의 우울한 시대극처럼 최윤의 중편소설 「회색눈사람」(창비)이 조형해 보여준 칙칙한 구석방의 가위눌림과 서글픈 통곡의 밤, 두근두근한 긴장의 연속, 얼떨결에 순간의 아름다움에 이끌린 발걸음이 운명의 처소가 되던 그 시절, 짧지만 극적인 결단과 그로 인해 벌어진 긴 후일담의 풍경들. 도심지로 나갔다가 관악 골짜기의 기숙사로 회귀하던 내 발걸음은 얼마나 숨이 찼던가. 봉천동의 하숙집과 자취방의 눅눅한 공기와 동네 놀이터에 멈춰 선 그네의 쓸쓸한 정감, 새벽이 다 되도록 생맥주집에서 벌였던 끝없는 난상토론과 퀴퀴한 다락방의 신입생 환영회에서 나지막한 목청을 가다듬으며 불렀던 벗들의 노랫가락. 그 기원은 아득해졌지만 이제 그 풍경은 다시 부활하여 내 정신사의 훈장처럼 변함없는 청춘의 나이를 그 자리에 붙박아둔 것이리라.

내 공부 길의 연원을 더 멀리 소급해보건대, 예수의 청춘은 이 모든 감상의 궤적을 관통하여 더욱 소박하면서도 한층 치열했을 것이다. 목수의 아들로 자라나 아비를 잃은 적빈의 젊은 가장이 된 청년 예수의 20대는 노동하며 땀 흘리는 세월로 점철되지 않았을까. 나무를 다루는 목수가 많지 않았던 당시 팔레스타인의 지형에서 예수는 아마 석수장이였을지 모른다. 그래도 장남으로서 생계유지를 위해 예수는 어머니와 동생들을 먹여 살리려 오늘날의 알바생들처럼 묵묵히 시간의 밭을 갈면서 일했다는 사실이 적잖은 위안이 된다. 세상을 구하는 메시아요 하나님의 독생자인 위대한 주님이 청년기의 일상적 노동과 함께 내일의 꿈과 희망을 키웠다는 사실은 비록 역사적 기록의 이면에는 가려져 있지만 또 다른 신학의 알레고리가 되고 치열한 청년기의 도전적 삶을 부추기는 신학적 은유가 된다. 그것은 소박한 노동을 통해 일상을 견디는 삶의 근기와 꾸준히 세상을 통찰하며 메시아의 내일을 고대하는 치열한 희망의 값어치에 비견될 만하다.

예수의 비유대로, 묵묵히 일상의 노동을 견디던 소작농은 쨍하고 볕들 날의 기적을 맞이하지 않던가. 땅속에 감추어진 보물은 별 희망 없는 시대적 현실 가운데 그래도 포기하지 않고 땅을 파는 노동의 예기치 않는 한구석에서 발견되었다. 그러나 이러한 우발성의 은총이 땅을 파는 모든 청년 노동자에게 생겨나지 않는다는 것 또한 자명한 사실일 터. 그래서 예수는 또다시 진주 상인의 비유로써 그와 다른 생의 현실을 조명하였다. 가장 귀한 진주를 찾아 가산을 정리하고 긴 여정에 오른 한 상인의 결단과 모험의 결기는 어쩐지 예수의 메시아 사역과 하나님 나라 운동의 여정과 동일한 궤적을 돌고 있는 듯하다. 청년 예수의 삶은 그렇게 진보하였고 그렇게 심화하여나갔으며, 또 그렇게 승화되어 마침내 십자가 죽음과 부활의 희망을 향해 씩씩한 화살을 쏘았다. 청년 예수의 후회 없는 일상적 삶의 에너지가 다 비워진 그 끝자리에 치열한 생사의 구도적 헌신이 결실하여 마침내 하나님의 사랑과 세상의 구원이라는 커다란 열매가 열렸다.

이미 내 육신의 감각에 실린 청춘을 흘려보낸 마당에 조언과 충고는 별수 없이 어쭙잖지만, 그래도 예수의 신앙에 의지하여 한번 더 고하노니, 청년들아, 그 푸르른 청춘에 치열함을 허락하라! 모험하여 온몸으로 깨치는 자는 아름다우리니, 모험과 개척, 그 당당한 도전의 결기를 허락하라! 시급 오천 원에 날개를 달아 태평양을 건너고 대서양을 항해해보라! 꿈은 꾸는 자의 몫이고 비전은 품는 자의 몫이니 그대의 밀실을 탈주하여 세계만방에서 어깨를 두를 사랑을 찾고 구하고 만나라! 문에 구멍이 뚫릴 때까지 치열하게 두드리는 자의 탐구적 열망은 갸륵하고, 보편타당한 상식을 뒤집는 구도자의 서늘한 질문은 늘 선한 것이니….

20

예수, 근본주의를 혁파하다

근본주의는 과잉이다

근본은 언제나 존재하는 것이고 또 필요한 것이다. 씨앗과 뿌리 없이 식물이 생겨나지 못하듯이 이 세상의 어느 것도 근본 없이 존재할 수 없는 법이다. 더구나 근본은 중심을 잡아주기 때문에 매우 중요하다. 외부 환경에 따라 오만가지 변덕을 부리는 세태의 불안한 흐름 가운데도 우리 생의 가치는 근본에 대한 공중의 신념이 있기에 지탱되는 것이다. 그러나 우주 만물과 사람살이의 근본은 문자로 존재하지도 않거니와 문자의 담론체계 속에 형해화된 구호로 위세를 부리는 경우가 없다. 무릇 근본이라 하는 것들은 그것을 자랑하지 않고 좀처럼 티를 내거나 나대지 않는다. 근본이라 강변해야 근본이 되는 것은 기실 정직한 의미로 근본이 될 수 없기 때문이다. 이 세상의 모든 근본은 오랜 세월 다양한 검증을 거치고 시행착오를 통과한 연후에 형성된 우리 삶의 터전이기에 묵묵히 수긍하며 자연스레 수용할 뿐이지 인정해달라고 시위하지 않는다.

물론 ‘근본’에 빌붙어 사는 사업자들은 그것을 이용해 이익을 보려고 하기 때문에 근본을 화려하게 치장하거나 견고한 포장으로 영세무궁 보존하려는 수고를 마다치 않을 것이다. 거기서 근본의 가치를 이데올로기화하려는 ‘근본주의’가 파생한다. 그것은 근본의 근본을 강조하려는 열심을 떨치는 듯하지만 실상은 근본의 외피이고 왜곡일 뿐이다. 가만히 있는 근본의 미덕에 대한 주변의 흥분과 열기가 근본의 체통을 훼손한다면 그 내력은 무엇보다 비사유의 강박에 있다. 근본의 문자주의로 수렴되지 않는 모든 것들을 내치고 바깥을 생각조차 하지 않으려는 수구적 자폐가 거기서 온존한다. 아울러 근본의 속내를 저 홀로 꿰뚫고 있다는 오만한 독선과 협량한 자의식도 그 한가운데 깃들어 있다. 그래서 근본주의가, 그 어떤 유형이든, 항상 과잉일 수밖에 없는 것이다.

기독교 신학사조에서 근본주의의 발흥은 미국을 중심으로 복잡한 지형으로 산재한 기독교 신앙의 전통을 간단명료한 교의적 얼개 속에 압축, 정리하여 그로써 근본의 틀을 구축하려는 욕동으로 소급된다. 그리하여 예수의 동정녀 탄생 등 워낙 익숙하여 그 문자적 외피가 의미인 것처럼 되어버린 몇몇 도그마에 기독교의 정체성을 의탁한 것이 발단이었던 셈이다. 그러나 오늘날 ‘근본주의’는 이미 기독교의 울타리를 넘어서 사회현상이 된 지 오래다. 이슬람을 비롯한 다른 종교들에서도 ‘근본주의’는 독단적 교조주의와 즉흥적 폭력성을 동반하는 함의와 함께 접붙여져 있다. 그뿐 아니라 사회의 제반영역을 넘나드는 이데올로기의 각축장 속에서 근본주의는 옹골찬 '근본'을 저당 잡은 딱딱한 '주의'의 얼굴을 달고 세력을 키워왔다. 근래에 근본주의는 이 세상의 불안과 위기의식을 미끼로 번식하는 듯하다. 그렇게 반동적 기치를 내걸면서 내부적 강박을 심화시켜 불온한 사회 분위기를 조장하고 있는 것이다. 혹자의 분석대로 변화에 대한 두려움이 근본주의를 낳은 측면이 분명 존재한다. 위험사회의 공포 만연 풍조는 사람들을 간단명료한 신념의 정석으로 몰아세운다. 더러 인큐베이터 같은, 더러는 위생용품 같은 말끔한 청정세계 속에 우리는 삶의 복잡함을 잊고 또 거기서 지친 심신을 달래며 행복한 환상에 젖고 싶은 것이리라. 그렇다면 근본주의는 늘 과잉이면서 결핍의 소산인 게 틀림없다. 그러나 그것은 결핍을 인식하고 반성하는 데로 나가는 성찰적 토대로서의 창조적 결핍 같은 것이 전혀 아니다. 반대로 그 결핍은 풍요로 쉽사리 위장된다. 그리하여 근본주의는 결핍을 만병통치약 같은 몇 가지 신념 또는 신앙의 구호나 교조적 체계로써 해결할 수 있다는 강렬한 자기 최면적 의지를 동반한다. 최면에 걸린 자들에게는 끊임없는 자기동일성의 반복만이 유의미할 뿐이다. 탈주나 해체는커녕 건전한 해석이나 분별조차 기대하기 힘들다. 이는 이청준의 단편소설 '조만득씨'(『소문의 벽』, 열림원)의 경우처럼 자기 환상에 젖어 사는 사람을 제정신으로 돌려놓는 순간 곧장 죽어버리는 황당한 일이 발생하기도 한다. 그래서 섣부르게 교정하려 들거나 정공법으로 계몽하려는 수고 대신 더 나은 '근본'의 길을 대안으로 제시함으로써 딱딱한 '주의'를 부드럽게 이완시켜주는 딴청부리기 방식이 더 바람직한 담론의 전략일지 모른다.

성서의 근본, 예수의 근본

통상적으로 '근본'은 압축과 요약의 경제적 동기에서 비롯된다. 커다란 물체를 짜서 진액을 뽑아내듯, 성서의 가르침도 워낙 다양한 시대에 걸쳐 다양한 저자에 의해 다양한 동기로 쓰이고 전해진 탓에 양적으로 방대할 뿐 아니라 신학적 관점이 복잡할 수밖에 없다. 그래서 그것을 간단하게 정리하여 핵심을 단숨에 파악하려는 시도는 자연스러운 욕구다. 이미 널리 알려진 대로 구약성서의 근본을 10개 항목으로 정리하면 십계명이 나온다. 토라의 율법 정신은 물론이려니와 그것을 원리적으로 실험한 사사 시대와 왕조 시대의 역사적 전개과정에서도 많은 교훈이 이 계명을 중심으로 선회한 측면이 분명히 있다. 예언자들이 목이 터져라 외친 야훼의 말씀도 핵심이 저 계명에 걸려 있다. 그 열 개를 더 압축하여 세 개의 근본으로 만들면 미가 6:8의 다음 요절이 나온다. "사람아 주께서 선한 것이 무엇임을 네게 보이셨나니 여호와께서 네게 구하시는 것은 오직 정의를 행하며 인자를 사랑하며 겸손하게 네 하나님과 함께 행하는 것이 아니냐?" 이 아름다운 수사적 의문문은 하나님이 그 백성을 향하신 뜻이 '정의 실천', '인자 사랑', '하나님과의 겸손한 동행'에 있음을 매우 폭넓은 개념 속에 일깨워준다. 세 개도 너무 많아 가장 큰 계명 둘을 꼽아 '하나님 사랑'과 '이웃 사랑'을 교훈하는 토라의 구절을 더 압축한 '근본'으로 제시할 수도 있을 것이다. 예수도 실제로 이 두 개의 큰 계명을 강조하면서 그것을 영생의 선결 조건으로 암시한 바 있다.

그밖에 두 개도 너무 많아서 성서학자들은 성서의 근본 가르침을 찾아 단 하나의 핵심개념에 담아내고자 적잖은 노력을 기울여왔다. 이른바 '중심주제'가 무엇인가 하는 과제가 꽤 흥미로운 게임처럼 되풀이되어온 것이다. 그 노력의 결실로 제출된 근본원리는 '사랑', '의', '언약', '구원사', '해방' 등 다양하다. 여기서 이 모든 미덕이나 핵심원리의 주체는 당연히 하나님으로 인정된다. 하나님은 성서의 주인공이며 그만이 베풀고 드러내는 모든 것들이 그 백성들, 나아가 온 인류와의 관계에서 어떻게 전개되어갔는지가 핵심 관건이 된다. 이 가운데 어느 하나를 택해도 근본에 어울리지 않을 만한 것이 없다. 하나님의 사랑과 의는 늘 변증법적 긴장관계 속에 인간사회의 숭고한 덕목을 고양해왔다. 그것은 인간이 무지와 죄악 가운데 헤맬 때조차 '희망'의 이름으로 이 세상의 일상과 역사적 흐름 속에 지속되어왔으며, 무질서와 혼란 속에 폭력과 전쟁으로 얼룩질 때도 대안적 미래를 위한 지표로 되새김질되어왔다. 그래서 하나님과 그 백성 이스라엘 사이에 맺어진 언약이 견실하게 지향되는 곳에 구원사를 이루어나가는 동반관계의 수립과 갱신이 가능했고, 온갖 억압으로부터의 해방도 거듭 꿈꾸어졌다. 그것은

‘주의’라는 이념적 강조의 꼬리표를 달지 않았지만 근본의 반경을 틀 지을 줄 알았다. 나아가 그것이 배타적 선민주의의 이념이나 그 결정판인 시온주의 등의 경색 국면을 조성할 때도 열방을 향한 하나님의 개방된 선교 비전을 제시함으로써 근본이 본디 폐쇄적인 정체성을 고수하는 것이 아니라 팽창하는 하나님의 역사 속에서 미지와 미답의 세계를 향해 한없이 열려 있는 미래임을 깨우쳐주었다.

예수의 근본 역시 이러한 구약성서의 열린 신학적 지평에 잇닿아 있었다. 앞서 서술한 대로 그에게 영생을 위한 선결 조건으로서 가장 중요한 근본의 가르침은 하나님을 순정하게 사랑하고 이웃을 (최소한 자신만큼) 극진하게 사랑하라는 것이었다. 그것이 바로 하나님의 뜻이었고, 하나님 나라라는 신학적 지향 내지 은유 가운데 구현되어야 할 삶의 실상이자 궁극적 목표였다. 예수는 그것이 공허한 구호가 되지 않도록 근본의 문자적 강화에 힘쓰기보다 근본이 구체적으로 실천될 수 있도록 방법과 맥락에 충실했다. 그것은 가령, 빚진 자의 빚을 조건 없이 탕감해주는 것이고 제의적 형식주의를 깨고 소외된 변두리 백성이나 극악무도한 죄인까지도 하나님 나라의 품에 포용하고 잔치에 초청하는 것이었다. 나아가 이는 굶주린 자에게 먹을 것을 나누고 헐벗은 자에게 겉옷까지 내어주며 병든 자의 질고를 다스려 심신을 회복시켜줄 뿐 아니라 제도권의 승인을 거쳐 사회적 재활과 갱신이 가능하도록 이끌어주는 총체적이고 통전적인 구원의 사역으로 나타났다. 예수도 근본의 문자와 형식에 집착했다면 근본주의의 폐쇄성에 함몰했을지 모른다. 그러나 그는 더 나은 근본의 실질을 추구했다. 그것은 하나님의 가치관에 비추어 이 땅의 생명보다 위에 설 아무것도 없다는 확신으로 나타났다. 그 생명은 추상적인 것이 아니라 공대해야 할 구체적 존재였다. 하여 그는 유대교라는 당대의 종교가 '근본'을 딱딱하게 '주의'로 경색시켜 제 구실을 못하는 현실 가운데 그들의 근본주의를 넘어섬으로써 옹골찬 근본의 실질을 살려낼 수 있었다.

예수의 신학적 근본이 어떤 지향점을 보여주었는지는 가령 당시 유대교의 종교적 정체성의 지표라고 할 만한 할례와 안식일, 음식규례 등에서 그가 보인 태도 가운데 극명하게 드러난다. 유대인으로서 예수는 할례를 받았지만 그로써 자신의 우월한 종족적 위상을 배타적으로 시위하지 않았다. 그는 외려 할례라는 기준에 집착한 혈통적 아브라함의 자손 대신 하늘의 뜻을 준행하는 하나님의 가족을 추구했다. 예수는 안식일을 규범적 가치로서 무시하지 않았겠지만 안식일의 근본주의에 얽매이기보다 그것이 사람을 위해 존재하는 상식에 충실했다. 음식규례에 대한 입장 역시 마찬가지였다. 향유적 가치로서의 음식을 공동체의 나눔 가운데 맘껏 누렸지만 그로써 정결과 부정의 배타적 기준을 삼아 생명의 '근본'을 인위적 '주의'에 얽어매지 않았다. 이렇듯, 예수의 근본은 성서의 근본에 충실하되 그 근본의 궁극적 미래에 있었고, 생명의 실질적 향유를 겨냥한 실천적 자리에서 약동했다. 아마도 주장하는 주의로서의 근본이

고개를 드는 순간 그 근본의 알짜배기 실질이 무겁게 퇴색하리라는 점을 그가 잘 알았기 때문이었을 것이다.

재해석하고 갱신해야 할 '근본'

예수가 추구한 실질적 근본의 가치가 세계종교로서 기독교의 터전을 닦은 사실에 우리는 인색할 필요가 없다. 그러나 그 이후 예수의 신학적 가치가 안과 밖을 융통하는 제대로 된 근본의 길을 꿋꿋이 확대 재생산해나갔다고 장담하기 어렵다. 바다와 사막 같이 사위로 열린 세계종교의 토대는 교회의 제도화 과정과 맞물려 점차 근본을 경직된 틀 속에 가두기 시작했기 때문이다. 바울을 비롯한 초기 교회의 십자가 신학과 부활 및 재림 신앙, 이신칭의의 교리적 변증은 기독교의 옹골찬 근본을 세우고 그 토대 위에 신학적 정체성을 확립하기 위한 역사적 고투 가운데 발전해나갔다. 특히, 유대인 특수주의의 신학적 기득권이 여전히 강고한 마당에 힘들게 보편주의의 지평을 개척해나간 바울의 충실한 소명은 기독교가 역사 속에 세력을 얻어가는 것과 반비례하여 그 '역사'를 망실해갔다. 그렇게 자생적 운명의 신앙고백은 장식적 예전이 되어갔고, 생명의 원수를 극복하는 부활의 확신은 교회의 화려한 행사를 통해 점차 변혁적 동력을 상실해갔다. 그 틈새로 번진 것은 그리스도의 정체성에 대한 형이상학적 언어 게임, 삼위 하나님의 추상적 상호관계를 자리매김하기 위한 근본원리 등과 같은 각종 '주의'의 담론 세계였다. 그 가운데 권력의 자리를 두고 서로 밀고 당기는 힘의 논리가 신학담론의 지형을 주무르는 버릇이 싹텄다. 이와 함께 성서와 예수의 근본도 이행해야 할 일상의 과제이길 멈추고 표방하고 선언하며 그로써 정죄하고 옹호해야 할 이념적 기표로 굳어져갔다.

암흑기라 일컫는 중세를 거쳐 근세의 계몽이 전통화된 근본의 도그마들을 타격하기 시작할 무렵, 종교개혁 운동이 가톨릭 체제의 근본주의를 발본적으로 전복하려는 기치를 세우며 역사의 한 획을 그은 바 있지만, 거기서 근본주의의 유혹이 종말을 고한 것은 아니었다. 끊임없는 '~주의'의 꼬리표는 시대의 과제를 틈타 수시로 구호를 바꾸면서 제 나름의 근본을 시위하기에 분분했다. 성서주의, 은혜주의, 믿음지상주의, 개혁주의, 경건주의 등등의 이름은 이미 역사에 제 영광의 이름을 새긴 이래 그 근본의 잔영을 여태껏 더듬고 있다. 그것은 종래의 근본을 참신하게 재해석하고 그 의미를 갱신하려는 의욕으로 충일했지만 애당초 순연한 의도가 세월의 풍화를 견뎌내기란 쉽지 않은 일이었다. 전통화된 근본이 해석학적 탄력을 잃는 순간 그것은 쉽사리 배타적 도그마의 위용을 부리며 근본주의의 미끼로 전락하기 일쑤였기 때문이다. 그렇게 역사적 칼빈은 칼빈주의의 몇 가지 강령으로 형해화된 채 생명의 실질과 함께 근본의 실체를 놓치며 추락한 감이 짙다. 마찬가지로 웨슬리의 열정은 본래 역사적 실험의 도상에서 적잖이 파격적이었지만 그의 선교적 열매를 추수한 감리주의(Methodism)는 이후 뒷북치며 체제의 떡고물에 반색하는 형국이 아니었던가.

워낙 역사 속의 종파적 가지치기가 극심하여 혼란의 지형이 복잡다단한 터라 오늘날 이 땅의 신앙적 표준이 근본을 세우기에 열심을 내는 것 자체가 가상할 지경이다. 그러나 문제는 그것이 제각각의 따로국밥을 만들어 도토리 키재기의 우열 경쟁이나 철지난 정통시비로 날밤을 새우던 버릇을 잊을 만하면 되풀이하는 온갖 버전의 근본주의 놀음이다. 그것은 근본주의라는 말의 부정성을 은폐하면서 다른 용어로 위장하여 숱한 사이비 신학담론들 가운데 창궐하는 해프닝을 선보이기도 한다. 그러나 찬찬히 살펴보면 그것이 오래된 레코드판을 다시 트는 해묵은 근본주의의 항수라는 것을 알아차리기란 어렵지 않다. 특히 이즈음 위험과 공포의 심리적 밑천으로 기세를 부리는 정치적 풍조 가운데 내 '주의'가 아닌 것, 내 체험 바깥의 낯선 세계에 이질감을 내세워 손사래 치기 일쑤다. 내가 익히 알거나 들어온 언어적 문법과 다른 사유의 결 따위는 아무리 상식과 설득의 미덕을 갖추어도 다른 '주의'의 냄새가 난다는 이유로 왜장 치듯 박대를 당하는 현장이 많다. 아니면 더 노골적으로 정통의 기상을 강화하려는 의도로 더 날카로운 시선을 세우며 근본의 대적을 찾아 정죄해야만 속이 시원한 무리도 여전히 활보한다.

그러나 단도직입적으로 성찰하고 비평하자면, 역사의 때와 녹을 두려워해야 할 모든 근본은 당대의 시대정신과 만나 참신한 재해석과 함께 거듭날 때 선부른 '주의'와의 불화를 헤쳐갈 수 있다. 그것은 곧 예수의 어법대로 '너희들은 이렇게 들었지만… 나는 저렇게 달리 말한다'는 해석학적 전유의 결기를 전제로 한다. 따라서 우리는 기존의 사유체계를 근본적으로 뒤집으며 다르게 말하고 틀리게 조망하는 데서 모든 근본이 갱신되는 활로가 열리는 이치에 눈떠야 할 것이다. 그것은 근본으로 조용히 근본 되게 하려는 배려이면서 동시에 근본 중에 근본이신 하나님의 존재 앞에 최상의 해답을 얻어낸 연후에조차 모두가 허물 많은 인간임을 인정하려는 겸비한 자세일 터이다. 더 담백하게 말해 우리는 결핍된 존재임을 자각할 때 신앙적 근본주의는 물론 여타의 협애한 근본주의의 과잉을 발본적으로 성찰할 수 있으리라는 것이다.

성찰하고 폐기해야 할 '주의'

그렇다고 근본주의의 폭력적 위력을 만만히 보거나 업신여겨서는 안 될 일이다. 근본주의가 정치적인 세력을 키우면서 폭력의 소용돌이를 만들어내는 것은 그것에 흡착된 모방의 욕망 때문이다. 단순한 것일수록 더 질기게 욕망하고 간단한 구호일수록 폭력적 발화력은 크게 마련이다. 더구나 불나방이나 하루살이의 휘몰아치는 동선처럼 특정한 이념의 꼭짓점에 응집되는 모방의 욕망은 폭력의 악순환을 심화시키는 매개체라 할 만하다. 그래서 조지 부시는 이 세상의 사람들을 선과 악의 양분된 범주 속에 몰아넣고 묵시문학적 상상력에 근거한 단순한 확신만으로 어마어마한 전쟁을 치러내지 않았던가. 그것은 빈 라덴의 이슬람 근본주의와 흡사한 또 다른 끔찍한 근본주의의 얼굴을 보여준 바 있다. 선진국의 뛰어나다는 정보력도 해당 전쟁의 명분을 제공한 대량살상 무기의 부재로 인해 무기력한 추측으로 판명되지 않았던가. 그러나 여전히 근본주의는 오해와 추측을 징검다리 삼아 영역을 확충해나간다. 근본주의에 대한 더욱더 치밀한 성찰과 분석이 필요한 까닭이 여기에 있다.

가공할 만한 근본주의의 폭력성이 자못 섬뜩한 까닭은 그것이 평소에는 순진한 어린아이의 미소를 띠고 있기 때문이다. 요컨대 모든 종류의 근본주의 저변에는 '유치증'(infantilism)의 기질적 강박이 꿈틀거린다는 점에 유의해야 한다. 근본주의를 에두르고 있는 유치증의 실상은 제멋대로 생각하되 그 생각이 심사숙고의 자기 파탈이 되지 못하고 자기동일성의 반복에 그치는 데서 확인된다. 이는 일찍이 성숙한 사랑의 반대편에 서 있는 미숙한 신앙의 특징적 현상으로 사도 바울이 그 단면을 다음과 같이 드러낸 바 있다. "내가 어렸을 때에는 말하는 것이 어린아이와 같고 깨닫는 것이 어린아이와 같고 생각하는 것이 어린아이와 같다가 장성한 사람이 되어서는 어린아이의 일을 버렸노라"(고전 13:11). 말과 깨달음과 생각의 유치증은 거기에 포괄적 사랑과 상생의 지혜를 담을 여백이 없는 데서 비롯된다. 성찰적 여백이 없다는 점에서 근본주의는 일종의 완벽주의라 할 수도 있을 것이다. 그러나 완벽의 '벽'은 에누리 없이 딱딱한 고체라서 에누리가 풍성한 하나님의 마음을 헤아릴 줄을 모른다. 그래서 어린아이스러움이 여기서는 유치찬란할망정 전혀 미덕이 되지 못하는 것이다.

그 사실을 빤히 알면서도 근본주의에 쉽사리 휩쓸리는 까닭은 그것이 우민주의와 선동정치를 지향하고 있기 때문이다. 이로써 대중의 눈을 가리고 귀를 닫게 만드는 어리석음의 정치적 가치를 극대화하는 것이다. 세상이 복잡해질수록, 또 그 복잡한 세상에 사람들의 삶이 자주 치일수록, 단순하게 세상을 보며 진리의 정체를 몇 개의 근본주의 강령 속에 명징하게 제시하는 길은 빤한 우민주의적 의도에도 불구하고 세파에 시달리는 여린 마음의 일상을 설레게 한다. 알면서도 속아주는 건지, 속으면서 속이는 건지, 이 세상의 삶은 극소주의자들의 안목에 한없이 단순하게 비친다. 그러나 그 단순성이 기만적인 까닭은 복잡성의 실체에 대한 계몽적 인식과 맞물린 성숙한 초월이 아니기 때문이다. 복잡한 세상살이의 현실과 하나님에 대한 심오한 미지와 미답의 영역이 엄연한데도 그것이 마치 없는 것인 양 단순한 직통의 정석을 선전하는 것은 그 주체나 대상 모두에게 우민정치의 혐의를 지울 뿐이다. 실제로 근본주의는 맹렬하게 정치적이고 필사적으로 투쟁적이다. 그렇게 달려들지 않고서는 흔들리는 빈곤한 존재의 터전을 붙잡아둘 말뚝이 없기 때문이다. 근본주의를 내세우지만 그 속내는 불안의 근본을 살피지 못하고 어리석은 실존의 밑바탕을 깨치지 못한 채 설익은 신념의 성채에 갇혀 있으니 그렇게라도 살아 있음을 공공연히 선포하고 그 기운을 더욱 과장되게 떨치고 싶어하는 것이리라.

바로 그러한 이유로 근본주의의 '주의'는 폐기되어야 마땅하다. 몸뚱이는 어른인데 생각과 언어의 세계, 깨달음의 지평이 어린아이의 수준에 머물러 있다면 그것은 추하기 때문이다. 그것은 가식이고 위선이다. 그것은 오래 묵은 기만이며 성숙한 신앙의 걸림돌로서 곧 부정적인 추문이다. 하나님의 비의는커녕 제 실존의 내면 가운데 꾸준히 구하고 찾고 진지하게 두드리는 몸부림조차 만들지 못하기 때문에 그것은 동시에 앎의 포기이고 무지의 자맥질이며 결국 수구적 퇴행의 지름길이다. 근본주의가 결국 폐기되어야 할 운명인 이유가 바로 여기에 있다. 그것은 좋게 봐주면 인류의 삶이 남긴 귀찮은 흔적기관일 수도 있다. 누구나 퇴행적 유아기의 욕망은 내면의 무의식 속에 꿈틀거리기 때문이다. 그러나 그것이 말짱한 의식의 날개를 타고 뻔뻔스러운 얼굴을 드러낼 때, 더욱이 오늘날 점점 더 가열되는 신념 어린 폭력의 저변에 옹골찬 근본을 살리지 못하는 주의의 망령이 조금씩 출몰하는 시점에서, 근본주의는 모진 성찰의 하수구로 흘려버려야 할 독한 유산이 아닐 수 없다.

비사유의 강박을 넘어서

근본주의의 활성화는 사람들의 정신세계에 건강한 보수의

가치를 자생시키는 데도 해롭다. 인류의 정신문화 유산에서 성의껏 보존하고 지켜내야 할 가치들이 많은 터라 현상유지 차원에서라도 합리적 보수의 지분은 늘 필요하다. 역사를 거치면서 합의된 보수적 가치는 예컨대 애국애족의 마음이나 공동체적 삶을 함양하는 데 요긴한 각종 미덕을 견실하게 지탱해주는 역할을 수행한다. 그러나 근본주의는 보수적 가치를 특정한 도그마 속에 경색시켜 그것에 대한 자기 비판적 성찰의 통로를 봉쇄하면서 스스로 자멸하는 암적인 동인을 유발한다. 앞서 언표한 '비사유의 강박'이 보수의 체질개선을 저해하고 우리 사회를 뒷받침하는 합리적 보수의 근간을 어지럽히는 결과다. 다종다기한 형태의 근본주의가 역사 속에 남기는 유산은 그처럼 황량하다. 결국 자기의 파당적 의를 극단으로 밀어붙여서 마녀사냥을 일삼거나, 폭력적 신념으로 똘똘 뭉쳐 전쟁과 갈등을 양산하거나, 또는 외곬으로 세뇌된 집단의 세력화를 통해 사람들의 정신건강과 균형 잡힌 의식의 진보를 가로막는 것이다. 그것은 이 땅의 역사에서 세속화된 공산주의의 폭력적 전횡만큼 위험하고 수많은 희생의 피를 불렀던 군부독재의 비인간적 압제만큼 불량하다.

근본주의의 근본 병통인 비사유의 강박을 넘어서기 위해 우리는 문자로 표현될 수 없는 인간세계의 복잡성과 무수한 틈새의 에누리에 마음을 열어야 한다. 이 세상에 흑과 백으로 나눌 수 없는 다양한 가치와 사상이 있다는 사실, 나아가 그러한 다양성을 유발하는 만큼의 다채로운 사람살이의 양태가 엄존

한다는 사실에 생각의 물꼬를 터야 할 것이다. 생각하는 것에는 어린아이처럼 굴지 말고 어른이 되라는 것이 사도 바울의 권면 아니었던가. 그렇다면 기존의 생각과 함께 그것에 대해 비판적으로 생각하는 메타적 생각의 방법을 배워야 할 것이다. 그것은 자기의 생각이 얼마나 변덕스럽고 번잡한지, 그 생각을 추동하는 인간의 욕망이란 게 얼마나 복잡 미묘한지를 겸허히 인정하는 데서 갱생의 희망을 얻는다. 아울러 역사에서 배울 수 있어야 한다. 인류 역사가 범해온 수많은 시행착오의 가장 참담한 구석에는 꼭 근본주의식의 오판과 자가당착, 배타와 폐쇄의 폭력적 힘이 작동하고 있었기 때문이다.

끝으로 한국교회의 신앙적 패턴과 관련한 근본주의 지형에 한 갈래의 서늘한 조명이 필요하다. 한 종교사회학자의 진단대로 현재 한국의 기독교 신자 90%가 보수주의의 우산 아래 있고 그 신앙생활의 알짬이 상당 부분 근본주의의 세례를 받은 결과라면, 우리의 위장된 근본주의는 근본적인 성찰과 계몽의 시대적 당위 앞에 제 얼굴을 살필 줄 알아야 한다. 그 얼굴이 순정한 어린아이의 표정을 띠든, 노회한 몰골을 보이든, 우리는 근본주의의 망령 앞에 얼치기 사유의 버릇을 버려야 한다. 치밀한 분석이나 섬세한 해석의 진중한 노동을 배제한 천진하고 단순한 인습을 좋은 믿음, 순수한 열정으로 상찬해온 유치한 우민주의적 신앙행태를 청산해야 한다. 그 빈자리에 하나님의 태초와 종말에 경계 없이 넘나들던 자유의 기운을 일단 영접해 보시라. 그것이 당장 어려우면 우리의 신앙전통과 역사적 삶의 과정 가운데 보수되어온 더 나은 가치를 향한 희망의 싹을 다시 키워보시라. 거기서 우리는 하나님의 근본이 인간의 불안과 공포가 만들어낸 딱딱한 '주의'의 껍질을 벗고 이 세상의 뭇 생명을 향한 치열한 연민과 무한한 사랑으로 드러나는 광경을 목도할 수 있을 것이다. 아울러, 그 근본에 호흡을 맞춰 공명하는 우리 내부의 깊은 신학적 상상력과 인문학적 감수성의 촉수가 열리기 시작할 것이다.

21

예수,

종교다원주의 사회에서 신앙을 외치다

종교다원주의 사회의 혼란한 지형

캘리포니아 주 샌 안셀모의 제일장로교회 목사 조앤 위트는 9.11테러를 추모하는 주일예배 설교에서 이렇게 말했다. "나 자신이 장로교 목사로서 장로교의 전통을 존중하고 또 좋아하기도 하지만 예수가 장로교인이 아니었다는 사실도 인정해야 한다." 나아가 그는 하나님이 기독교인이 아니라는 사실도 용감하게 선포했다. 기독교인으로서 우리 신앙고백의 한계를 넘어서는 하나님의 존재를 인정한 것이다. 기독교인뿐 아니라 무슬림과 불교도, 힌두교도까지 챙기며 그들을 먹이고 그들의 땅에도 햇볕과 비를 내려주시면서 그들의 삶에 관여하시는 하나님의 우주적 은총까지 상상할 수 있어야 한다는 메시지였다. 그래서 더는 종교의 차이를 내세워 싸우지 말아야 한다는 말이다. 나는 그의 설교가 남긴 여운을 천천히 음미하면서 상식에 의거한 그의 메시지가 호소력 있게 들린 까닭을 생각해보았다. 그것은 자신이 속한 기관과 조직의 제도적 한계를 성찰할 수 있었던 자기비평의 능력 때문이었던 것 같다. 이처럼 자신의 절대가치를 상대화하는 이러한 상식이 우리 시대 우리의 교회에서는 예외적 목소리처럼 들린다. 많은 신앙인들은 오로지 한 가지 교리적 정통이 뭇 종교를 제압하고 정복할 때 자기 종교의 진리가 돋보인다고 생각한다. 이처럼 독선적으로 행동하는 것이 상식처럼 들리는 현실 가운데 우리는 살고 있다.

사실 전통적 기독교의 테두리 내에서 보면 성서의 핵심적 교리를 위시하여 거기에 기초한 우리의 신앙고백은 그 자체로 절대적이고 진리에 대한 열망도 무궁한 듯 여겨진다. 그러나 한 개인이나 집단에 속한 절대적 믿음이 모든 다른 사람에게 절대적인 권위로 동일하게 용납되어야 하나님의 절대에 값한다는 주장은 얼마나 무모하고 또 위험한가. 자신의 신념체계를 자기동일성의 폐쇄적 울타리로 만들고 거기에 모든 타자들을 균질화해야 직성이 풀리는 심리적 강박이 도사리고 있기 때문이다. 그러한 강박은 제국주의적인 선교의 열망으로 부풀려져 이 세상에는 예수의 이름을 앞세운 중세의 십자군이 부활하여 곳곳에 활개 치는 진풍경도 벌어진다. 그러나 선교적 열정이 무르익어 성숙한 자리에서 우리는 자기 자신도 회심시키기 어렵다는 사실 앞에 겸손해져야 한다. 하나님조차 자신의 도그마 속에 포로로 만들어야 시원하다면 "하나님으로 하나님 되게 하라!"는 종교개혁의 모토가 무색해지는 형국이 아닐 수 없다.

얼마 전 미국에서 선풍을 일으킨 랍 벨의 책 『사랑이 이긴다』(포이에마 역간)는 항간의 논란과 달리 지옥이 없다는 게 논지의 핵심이 아니다. 그는 도리어 지옥과 천국이 예수가 가르친 맥락에서 어떤 것이었는지를 매우 설득력 있게 설명해주고 있다. 이를테면 "천국은 모든 것이 제자리에 있는, 아무것도 필요하지 않고 결핍되지 않은 상태에서 오는 평화, 고요, 정적, 평온이면서 동시에 지금도 계속되는 이 세상의 창조에 참여하는 데서 오는 끝없는 기쁨"이기도 하다. 지옥 역시 이러한 관점에서 볼 때 교리적 내용이 옳은가 틀린가의 문제가 아니라 삶 속에서 쉼 없이 나타나는 분노, 탐욕, 무관심 등의 경험이다. 그도 그럴 것이 당시의 예수는 "이교도와 이방종교인들이 하나님을 믿도록 설득하려고 그들이 죽어서 불에 타는 일이 없게 하려고 지옥이라는 말을 사용하지 않았기" 때문이다. 그 대신 그는 "이 세상에서 하나님의 사랑을 보여주라고 하신 소명과 정체성에서 벗어나면 어떻게 되는지 경고하기 위해서 매우 종교적인 사람들을 향해 지옥을 말씀하셨다." 그러니까 예수가 실제로 이해한 지옥이 어떤 곳인지 또 천국의 실체가 어떠했는지 상식과 상상의 폭을 최대한 확대하여 그것들을 다시 정의하고 새롭게 적용하고자 했을 뿐이다.

이러한 기독교계의 대중지성이 주창하는 대로라면 종교다원주의는 신학적 이념이나 지향이라기보다 이미 우리 사회의 종교인과 비종교인이 서로 싸우지 않고 평화롭게 살아내야 할 역사적 삶의 환경이고 현실적 여건이다. 종교적 신앙인들은 단세포적 영성 속에 역사를 통틀어 수많은 죄를 저질러왔다. 사랑과 자비를 가르친 각 종교의 창시자들이 무색하도록 그들의 이름을 받들어 수행해온 각종 전쟁과 갈등은 거룩한 종교적 진리를 수호한다는 명분하에 엄청난 살상의 비극을 초래했다. 그렇게 2000년 넘는 역사의 교훈에도 아랑곳하지 않은 채 지금도 여전히 종교분쟁이 세계사의 풍향에 초미의 관심사가 되고 있다.

이 아이러니한 실상을 어찌할 것인가. 통합도 아니고 분쟁도 아니라면 상호 간의 이해와 평화로운 공존이 해답일 텐데 그 간명한 해법이 우리 시대 다종교 사회에서 수용되기가 어려운 현실을 어떻게 이해해야 할까. 종교는 인간 삶의 근본이 되는 가르침으로 보편적인 진리를 추구한다. 삶의 기본 이치와 윤리적 덕성에 관한 한 종교들 사이에 공통점이 많다는 말이다. 그러나 각 종교의 영적인 색깔이 연루되면서 사정은 점점 더 복잡해진다. 이와 관련해서 예수의 마음이 하해와 같이 넓었음에도 이교도의 세계는 무조건적 상찬의 대상이 아니라 반면교사와 같은 존재였다. 그렇다면 당시 유대교의 정통 외에 다른 종교에 대한 인식이 예수에게 있었던 것일까. 그 인식의 수준은 얼마나 심층적이었으며, 포용반경의 흔적은 또 어떻게 나타났는가.

역사적 예수와 유대교

전설상의 자료에 의하면 예수가 구도여행을 떠나 불교권의 인도까지 갔다는 이야기가 있지만 이는 역사적으로 검증할 수 있는 사실이 아니다. 사실의 범위 내에서 판단하자면 예수는 대부분의 생을 팔레스타인 내에서 살았고 그 언저리에서 활동했다. 복음서의 증거로 압축해볼 때 예수가 가장 멀리 여행한 곳은 페니키아 지역의 두로와 시돈이었고, 북쪽의 빌립보 가이사랴였다. 요단강 동편으로는 데가볼리 일대를 돌아다닌 기록이 있지만 제한된 자료로 인해 그 일대를 어디까지 섭렵했는지 가늠하기가 쉽지 않다. 그곳에서 예수가 이방인을 만나 소통한 적은 있어도 타 종교를 접촉해본 경험을 복음서는 보고하지 않는다. 예수가 태어날 때부터 스스로 경험하며 영향을 받은 종교는 단연 유대교였다. 당시 대중적 유대교는 모세의 토라전통에 근거하여 이스라엘 선민사상으로 무장하고 있었다. 특히 로마의 식민체제 아래서는 민족을 다윗의 영광스러운 전성시대로 회복시켜줄 메시아를 기다리는 종말론적 분위기로 팽배해져 있었다.

물론 제각각의 전통에 따라 유대교의 분파도 다양하였다. 팔레스타인 내에서 번성한 유대교의 세력으로는 대중적 영향력이 강한 율법적 성결주의자 바리새파가 있었고, 예루살렘을 중심으로 활동하면서 성전권력을 독차지한 사두개파와 대제사장 가문이 있었다. 특히 사두개파는 천사의 존재나 부활을 믿지 않았고 기록된 토라경전 이외에 구전 토라의 권위도 부인하였는데, 이는 이 모든 것을 믿고 긍정한 바리새파와 교리적으로 대조를 이룬다. 한편 성전의 타락을 개탄하면서 '의의 교사'에 이끌려 멀리 광야로 나가 별도의 공동체를 건설한 에세네파가 또 다른 유대교의 일각을 형성하고 있었다. 그들은 쿰란 일대를 중심으로 공동체 생활을 하면서 매우 엄격한 정결예법과 금욕주의의 전통을 중시하였고 메시아를 대망하는 종말신앙을 생활화하였다. 그런가 하면 이방인을 향한 비느하스의 창에 담긴 열정을 세력화하여 열정적인 대외세 투쟁을 주창한 젤롯당이 또 다른 행동주의 유대교 집단으로 활약하고 있었다. 이들의 종교적 색깔과 구별되는 정치세력으로 로마의 분봉왕으로 팔레스타인을 다스리던 헤롯당은 팔레스타인의 종교 정치적 역학구도에서 또 다른 입지를 선점하고 있었다. 당시의 신정정치 체제에서 종교와 정치는 엄격하게 분리되기보다 종교로 정치하고 정치로 종교적 권위를 분식하는 일이 당연시되었다.

예수는 이러한 통속적 유대교의 분포 지형 속에서 태어나 성장하였고 구약적 계시의 전통과 그 해석의 다양성이 각축을 벌이던 시대에 활동했다. 예수와 그의 주변 사람들에게 종교다원화는 현실과는 상관 없는 그림이었다. 그러나 예수가 특정 종교지도자의 범주로 규격화될 수 있는지는 의문이다. 그는 예의 유대교를 특징짓는 여러 분파의 일원으로 자신을 규정한 적이 없기 때문이다. 그렇다고 그가 신플라톤주의 계통의 헬레니즘 사상에 물꼬를 대고 토라를 재해석한 필론이나 요세푸스 등의 디아스포라 유대교를 따라 개화된 바깥의 계몽적 세례를 받은 것도 아니었다. 예수가 공생애를 시작하기 전 한때 구도자로 살았으며 그 기간에 에세네파의 일원으로 수련의 경험을 쌓았다는 것은 학계 일각의 추론적 상상일 뿐, 설득할 만한 근거 있는 주장은 아니다.

오히려 예수는 세례 요한의 종말론적 하나님 나라 운동에 긴밀하게 연대하면서 자신의 사역에 발판을 놓았다고 볼 수 있다. "회개하라. 천국이 가까이 왔다"는 예수의 메시지는 곧 세례 요한의 메시지를 반복한 것이었기 때문이다. 이 둘은 구약성서의 예언자 전통에 서 있는 것 같으면서 생활 스타일과 사역의 동선은 각기 달랐다. 세례 요한은 물로 세례를 줌으로써 이스라엘 백성을 갱생의 길로 선도하고 이로써 그들의 언약을 회복시키려는 대중각성운동의 방향으로 나갔다. 이에 비해 예수는 세례보다 하나님 나라의 복음을 비유 등의 이야기 방식으로 자세하게 가르치고 하나님 나라의 현실적 임재 차원에서 병자를 치유하는 데 초점을 맞추었다. 그는 나아가 묵시적인 인자 어록과 수난예고를 통해 자신의 메시아직에 대한 확신을 가지고 십자가로 자신의 운명을 마감하는 길을 택했다.

영생의 길을 묻는 사람에게 토라의 십계명을 준수할 것을 제시한 걸 보면 예수는 당시의 경건한 유대교 신자처럼 보이기도 한다. 그러나 모든 계명을 젊어서부터 다 지켰다는 사람에게 재산을 모두 팔아 가난한 자들에게 나눠주고 자신을 따르라고 요구한 걸 보면 단순한 유대교 신자는 아니었다. 그는 당시 대표적인 유대교 지도자로 대중적 영향력이 컸던 바리새인들과 사사건건 대립하고 불화했다. 그것은 예수가 당시의 종교적 정통교리와 실천규범에 대해 순응하고 이를 선점한 종파의 이해관계를 공유하며 거기에 동조하지 않았기 때문이었다. 예수는 토라의 전통을 수용하고 존중하되 그것을 과격하게 급진화하거나 새로운 시대의 지평에서 혁신적인 해석을 통해 삶의 일상적 실천을 강조하였다. 나아가 그 실천의 열매를 요구하였다. 그리하여 예수는 '주여, 주여' 하며 경건한 목소리를 반복하거나 귀신을 쫓아내며 기적을 행하거나 계명을 외형적으로 준수하는 차원을 넘어 '아버지의 뜻'대로 행할 것을 주문하였다. 이는 곧 하나님 나라와 의를 우선적으로 구하는 삶의 대의적 명분과 실천을 동시에 요구한 것이었다.

이렇듯, 예수는 유대교라는 제도권 종교와 특정 분파의 파당적 이해관계에 얽매이는 평범한 의미의 경건한 신앙인이 아니었다. 도리어 그는 제도권 종교의 위선과 타락을 꾸짖으며 성령으로 거듭난 자의 바람 같은 행보를 통해 하나님 나라의 대안을 추구했다. 가령, 산상수훈에서 예수가 '너희는 옛날부터 …라고 들었다. 그러나 나는 너희에게 …라 말한다'는 어투로 말했을 때 이는 기존의 형해화된 종교전통을 반복적으로 되뇌는 보수적인 태도와 정반대의 혁명적이고 전복적인 발화 방식이었다. 그것은 곧 정당하고 참신한 예수의 해석학적 태도를 시위하는 것이었거니와, 동시에 종교라는 체제의 외관이나 문자나부랭이식의 교설을 초월하는 자기 부인의 방식이기도 했다. 이처럼 예수는 기성 종교를 깡그리 소멸하기 위해 이 땅에 온 것도 아니었듯이, 그가 새로운 종교를 창설한 목적으로 주도면밀한 기획을 꾸민 것도 아니었다. 그는 자신의 치열한 삶으로써, 하나님 나라의 비유적 화두로써, 하나의 대안과 목표를 보여주고자 했다. 나아가 당시 왜곡된 체제에 억눌린 생명을 해방의 희망 가운데 견인하고 그들에게 이 세상의 현실과 함께 현실을 넘어가는 하나의 의미와 가치를 창출하고자 했다. 그것이 그에게 구원이었고 영생이었으며, 대속이었고 천국이었다. 이처럼 유대교를 향해 보여준 예수의 입장과 태도에는 다른 종교를 박멸하여 유대교의 정통성을 세우고자 한 바리새파 부류의 오만한 독선이 자리 잡을 틈새가 없다. 예수가 천국과 지옥을 말했을 때, 앞서 예시한 대로, 이방인과 이교도의 죄인됨을 고발하고 그들을 협박하기 위해 그런 것이 아니었다. 그것은 자체 내의 종교전통 내에서 위선과 기만의 자기모순에 빠진 딱한 지도자와 중생을 향해 목자로서 보여준 치열한 연민과 극진한 사랑의 발로였다.

정체성의 포용적 반경

예수의 부활사건을 체험한 제자들은 그의 승천 이후 하나님 나라 복음운동의 활로를 개척해야 했다. 그들은 다시 모였고 성령의 체험과 함께 온전히 영안이 열려 새롭게 거듭난 것으로 보인다. 겁 많고 연약했던 제자들은 강인해졌고, 핍박을 두려워하지 않는 강력한 믿음의 실천자로 재기하여 각처로 다니며 복음을 전했다. 그들의 발걸음과 목소리를 통해 하나님 나라의 선포자인 예수 그리스도는 그의 죽음과 부활과 재림의 소망을 중심으로 선포해야 할 핵심 메시지가 되었고, 예배의 대상으로 승화되었다. 제자들의 왕성한 선교활동으로 예루살렘에서 시작된 복음선교는 유대와 갈릴리로, 사마리아와 이방의 각처로 확산되어 로마제국의 땅 끝을 향한 질주에 가속도를 더했다. 다메섹 도상에서 부활한 예수를 만난 걸출한 선교사 바울의 활약으로 이방인 선교는 상당한 성과를 거두기 시작했다. 이제 유대교의 변방에서 하나의 종파 취급을 받던 '나사렛 당'의 '그 도'(*to hodos*)를 추종하는 사람들은 수리아 안디옥교회를 기점으로 '그리스도인'(*Christianos*)이라는 이름을 얻게 되었다. 물론 '그리스도교'(*Christianismos*)라는 공식적인 이름으로 유대교와 분리된 독립적인 종교로서의 정체성을 확보하게 된 결실은 1세기 말에서 2세기 중반에 걸쳐 점진적으로 이루어진 것으로 보인다. 하지만 이미 대세는 유대교 안에 동거하는 것이 아니라 유대교를 떠나 새살림을 차리는 쪽으로 기울어졌다. 세계의 가장 큰 종교세력으로 발전한 기독교는 그렇게 역사 속에 탄생하였다.

이왕 탄생하였으니 모든 존재하는 것의 필연적 이유에 부응하여 하나님의 역사적 섭리로 수용될 수 있었고, 또 이왕 하나님의 휘장 속으로 들어왔으니 살아남아야 했다. 탄생한 것이 성장하면서 살아남으려면 정체성이란 게 굉장히 중요하다. 그래서 낱개의 신약성서 문서들은 여러 차례 종교회의를 거치면서 취사선택되었고 정경의 규범으로 꼴을 갖추어갔다. 동시에 그리스도가 누구이며, 하나님과 성령의 관계는 어떠한지에 대한 교리적인 혼란과 논쟁을 거쳐 이른바 정통 시비의 터널을 통과해나갔다. 더구나 로마제국의 항복을 받은 기독교는 더 이상 소외된 변방의 종교가 아닌 중앙에서 위세당당하게 세상을 호령하는 종교로 발돋움했다. 그렇게 제도권의 중앙으로 진입한 기독교가 이후 교회사의 세계사적 흐름 속에 어떠한 영욕을 경험하며 전개되었는지의 추이는 기독교 역사와 교회사의 교과서에 실려 있는 그대로다.

오랜 역사 속에서 기독교가 타 종교와 만나면서 정복과 포용의 과정을 밟아갔는데, 포용반경의 문제와 관련하여 정체성 논쟁은 늘 있었다. 그것이 혼합주의(syncretism)로 흐르지 않을까를 경계하는 보수적인 목소리가 있었고 모든 종교 간의 공통분모를 살려 인류공영에 이바지해야 하는 쪽을 강조하는 진보적인 주장도 항존했다. 특히 우리나라의 기독교 역사에서 정체성 문제는 제도권 종교로서 자체의 생존문제와 연계되어 양보불가한 기독교 복음의 독특성과 고유성을 강조하는 쪽으로 토론이 선회하였다. 그러나 동시에 복음의 품이 하나님의 품처럼 넓은 점을 앞세우며 포용성의 과제를 논제로 삼는 주장도 견고하게 이어졌다.

예수가 정체성에 대한 완고한 입장을 드러낸 것은 그가 귀신을 쫓아낸 것에 대해 바리새인들이 바알세불에 들려 이런 일을 행한다고 비방한 상황에서였다. 그는 사탄이 사탄의 세력에 균열을 낼 수 없다는 '영적 자중지란불가론'을 내세워 예수의 치유활동을 비방하는 자들을 겨냥하면서 이렇게 말했다. "나와 함께 아니하는 자는 나를 반대하는 자요 나와 함께 모으지 아니하는 자는 헤치는 자니라"(마 12:30/눅 11:23). 여기서 이 말의 예봉은 타 종교를 지향하지 않는다. 이 말이 예수공동체의 견고한 정체성을 반영한다면 그 정체성의 논리는 귀신과 사탄의 공세에 주눅 들지 않는 담대한 생명 지향적 결기를 보여준다. 사탄이 아무리 위협하고 동조세력이 비방해도 생명의 치유와 회복을 통한 하나님 나라의 선포를 양보할 수 없다는 것이다. 아울러, 이는 예수의 하나님 나라 운동이 종교적 기득권자들의 공세에 맞서 역사 속에서 살아남아야 하는 절체절명의 사명을 염두에 두고 있다. 아무리 선한 동기로 출발한 사업이라도 그것을 지속하기 위한 조직으로 꾸려지고 나면 일단 살아남는 것이 관건이다. 개척교회의 현실이 그렇고 제도권 기독교와 그 범주 내의 수많은 교파와 교단도 마찬가지다. 따라서 정체성의 미덕이 있다면 그것은 타 종교를 비방하고 내치는 방향이 아니라 바깥의 부당한 비난과 공격에 대한 생존을 도모하며 애당초의 선한 동기를 지속 가능한 실천으로 펼쳐나가는 방향에 한에서 정당성을 띨 수 있다. 그런데 이즈음 대한민국의 기독교가 각 교단과 교파마다 내세우는 정체성 담론은 경직된 자폐주의와 오만한 배타주의에 휘둘리는 속성을 띠곤 한다. 나아가 성직의 윤리적 타락과 교인들의 우민화가 심해지고 교회의 대사회적 이미지가 추락하면서 내부에서부터 함몰될 위기에 처해 있다. 말씀의 계시와 권위를 강조하는 교회 내에서 말과 삶이 일치하지 않음으로 인해 이러한 모순이 생기는 건 아이러니가 아닌가. 자신을 지키기 위해 발끈하는 정체성 주장이 정체불명의 동기와 수상한 목적으로 인해 본연의 정체성을 외려 훼손하고 있는 형국이라니 얼마나 어리석은가.

이와 좀 다른 각도에서 요한복음이 전하는 다음의 어록도 마치 기독교가 다른 종교를 멸시하고 정복하는 것이 정당한 증거인 양 호도되어온 감이 짙다. "예수께서 이르시되 내가 곧 길이요 진리요 생명이니 나로 말미암지 않고는 아버지께로 올 자가 없느니라"(요 14:6). 이 말씀도 맥락을 무시하고 문자적으로 읽으면 영락없이 배타적인 독선의 메시지를 정당화하는 듯 보인다. 그러나 그 맥락을 집어넣으면 이 어록은 예수가 세상을 떠나기에 앞서 제자들에게 남긴 고별설교의 일부로 위로의 메시지를 담고 있다. 더 자세히 살피면 이 구절은 예수가 어디로 가는지 그 길을 묻는 도마의 질문에 대한 답변이다. 다시 말해 제자들과 예수의 돈독한 관계에 비추어 이 어록의 뜻이 새겨져야 한다는 것이다. 그렇다면 예수가 언급한 그 '길'은 이 세상의 삶을 마감하고 아버지께로 돌아가는 회귀의 여정에서 지금껏 보여준 예수의 모범이 바로 제자들이 본받고 따라가야 할 바람직한 삶의 길이라는 뜻이다.

예수가 선포한 그 길은 어떤 종교를 택하고 어떤 교파나 교단에 속했느냐에 따라 내세의 천당과 지옥으로 갈리는 길을 가리키는 것 같지 않다. 그것은 예의 맥락에 비추어 예수의 삶과 죽음에 정초하여 추구해야 할 하나님 나라의 길, 곧 믿음과 소망과 사랑의 길을 지시한다. 요한공동체의 종파주의적 색채가 가미되어 "나로 말미암지 않고는"이라는 과장적 수사가 들어갔지만, 그것이 과장이 아니라고 하더라도 핵심 메시지는 달라지지 않는다. 예수를 이미 따르던 제자들과 그 제자들의 제자들인 오늘날 우리 기독교도들에게 예수 이외에 어떤 다른 길을 상정할 수 있겠는가. 누구는 오지랖이 넓어 모든 세계종교의 창시자를 통합적으로 숭배하며 종합적(또는 혼합적?) 교훈을 따르기도 할 것이다. 그러나 이미 예수를 믿고 '따르는 이들에게 삶의 모범과 죽음의 상징적 표상은 예수 한 분이면 족하지 않을까 싶다. 그렇다고 부처와 모하메드, 또 그들을 따르는 종교인들을 굳이 폄하하고 비방할 이유는 없다. 나의 남편과 아내가 아무리 소중하다고 해서 남의 부인이나 남편을 괜스레 폄하하고 욕하지 않는 것과 마찬가지 이치다.

한 종교집단이 다른 유사한 집단과의 관계에서 정체성을 중시하면서 동시에 보여야 할 포용성의 반경과 관련하여 예수는 또 다른 맥락에서 이렇게 말씀하기도 하였다. "우리를 반대하지 않는 자는 우리를 위하는 자니라"(막 9:40). 예수의 이러한 열린 어록은 어떤 사람이 예수의 이름으로 귀신을 쫓아내면서 자기들을 따르지 않는 걸 보고 이를 금했다고 보고한 제자 요한의 말에 대한 응답으로 주어진 것이다. 여기서 예수와 제자들은 함께 움직이면서 나름의 조직을 갖춘 운동세력이었다. 그것은 기존의 유대교 종파도 아니었고 아직 새로운 종교도 아니었지만, 엄연히 한솥밥을 먹으면서 내부의 차별적인 정체성이 존재했던 그룹이었다. 그런데 이 그룹과 함께 행동하지 않으면서 독립적으로 예수의 이름으로 치유기적을 행하고 예수의 제자처럼 살던 익명의 존재가 있었다는 것이다. 요샛말로 하면 특정 종교의 전통에 따라 영적인 권위를 행사하고 선행을 실천하거나 하나님의 능력을 드러내면서 특정 제도권 종교나 교단, 교파의 틀에 매이지 않고 자유롭게 활동하는 '프리랜서' 제자들이 이런 경우에 해당된다고 볼 수 있겠다. 요한이 이를 금한 것은 정체성과 소속의식이나 이해관계의 맥락을 중시한 편당의 논리에 따른 입장이었을 것이다. 반면 그를 나무라듯이 말한 예수의 논리는 파당적 한계를 두루 초월하는 하나님 나라의 보편적 논리였다. 그와 같이 독립적인 사람이 예수 진영의 바깥에서 예수의 이름을 활용해도 이로써 자기 그룹의 활동을 적대하지 않는 것이 상식적 기대이다. 또 실제로 적대하지 않는다면 같은 편이라는 예수의 열린 자세를 여기서 엿볼 수 있다. 이렇듯, 예수는 소소한 차이와 당파의 논리를 넘어 제도권의 여러 종교는 물론 그 울타리 안의 선인과 악인을 두루 배려하고 먹여 살리시는 하나님의 무한과 영원을 내다보았던 것이다.

하나님의 무한과 영원을 향하여

대양에는 경계가 없다. 그 깊은 물속으로 모든 물고기들이 자유롭게 유영하면서 하나님의 무한을 닮아내고자 한다. 마찬가지로 지구를 벗어난 하늘과 우주에도 경계가 없다. 그곳은 그야말로 무한의 공간으로 펼쳐지는 까마득한 세상이다. 시간의 흐름 또한 무궁하게 영원을 향해 뻗어나가고 있다. 어디서 시작되었는지 가늠할 수 없는 태초와 어디서 끝날지 종잡을 수 없는 종말의 시점은 워낙 아득해서 늘 설명하려는 개념의 울타리를 한 걸음 먼저 빠져나간다. 다행히 하나님은 인간에게 이러한 바깥과 심연을 향해 무한과 영원을 떠올려볼 수 있는 상상력을 선물로 주셨다. 그래서 인간이 편협해질수록 그 상상의 미덕은 더욱 커 보인다. 머릿속에서나마 하나님을 닮을 수 있는 유일한 통풍구가 바로 그 상상의 틈새처럼 보이기 때문이다. 그도 그럴 것이 유독 지구의 인간만이 5000년 남짓한 역사의 자리에 경계선을 치고 우리 편과 너희 편을 가르고 갖가지 이념과 독선과 이해관계의 엇갈림 속에 아귀다툼을 계속해왔기 때문이다. 종교 역시 이러한 혐의에서 결코 자유롭지 못하다. 오히려 한술 더 떠 배타와 폐쇄의 장벽을 더 완고하게 드러낸 경우가 적지 않았다.

그 시절 예수가 장로교인이 아니었고 하나님이 오늘날 범상한 기독교인이 아니라면 교단과 종파들이 서로 잘났다고 옥신각신하는 행태는 이제 그쳐야 한다. 서로 존중하고 각자의 차이를 통해 배우려는 겸허하고 온유한 종교 본연의 기품을 되찾아야 한다. 예수가 각박하던 1세기 팔레스타인의 종교 지형에서 자기를 마녀사냥의 족쇄에 옭아매려는 정통 종교의 배타적 정죄 속에서 죽어갔음을 기억해야 할 것이다. 고대 인문주의와 계몽주의의 선봉장 소크라테스가 그랬듯이, 예수 또한 신성모독죄라는 맹랑한 종교적 혐의를 뒤집어쓰고 정치범으로 처형당했다. 이후의 역사를 통틀어 편협하고 타락한 권위주의 종교를 개혁해보려던 수많은 선구자들이 유사한 혐의로 고문당했고 죽어나갔다. 앞서 지적한 대로 종교적 갈등이 도화선이 된 대대적인 전쟁도 엄청나게 많았다. 거기서 애꿎은 파당적 논리에 휘둘려 희생과 헌신의 명분을 살리려다 이용당해 죽은 사람은 더 많았다. 2000년 역사의 교훈이 모자라서 또 이런 짓을 반복하려는 인간의 그 맹목적인 충성심과 열광주의는 얼마나 어리석고 또 가련한가.

오해하지 마시라. 나는 순전한 신앙심으로 오로지 신앙생활과 복음전파에 충실하게 매진하는 분들을 다그치고 있지 않다. 그들 덕분에 오늘날 기독교와 여러 다른 종교들이 생존하고 있다. 내 비평적 논의의 요지인즉, 종교다원주의 시대의 신앙생활은 서로 간의 차이에 대해 다소 민감해지고 갈등의 소지에 대해 좀 서늘해질 필요가 있다는 것이다. 차이를 즉각적인 차별의 조건으로 삼는 것이 우리나라의 유별난 풍토이지만, 거기엔 계몽 이전의 마녀사냥의 습성은 뚜렷할망정 자기성찰의 땀방울은 희박하다. 무한과 영원 속에 그저 상상될 뿐인 하나님은 우리 머리카락을 헤아릴 정도로 인간의 삶에 섬세하게 관여하시지만 인간의 종교적 교리보다 훨씬 더 크고 깊으시다.

우리는 다만 특정한 종교환경에서 태어나 자라고 그것을 삶의 문화로 여겨 평범하게 살아갈 뿐이다. 또는 극적인 계기로 회심하여 무의미한 삶의 습지를 옥토로 바꾸려 존재론적 한계 내에서 열심을 내며 기도하고 실천할 뿐이다. 그것이 모든 다른 자들에게 동일하게 적용되어 일사분란한 대오를 형성하는 것이 예수가 가르친 하나님 나라가 아니다. 그러니 주님의 뜻도 아니다. 이제 자기 신앙생활의 의지를 벼리고 세워 남들을 억압하고 타도하려는 순교적 열정의 과대망상은 삼가는 것이 좋겠다. 그것이 만유의 주님이 품은 일관된 뜻이라면, 그는 애당초 세상을 이렇게 복잡다단하게 만들지 않았을 것이다.

22

예수,

타락한 성전과 성직을 뒤엎다

'성전' 건축이란 허영

인간은 집을 짓는 존재다. 자기 몸을 편안히 눕히고 가족을 건사할 둥지가 필요하기 때문이다. 그래서 개인과 일가를 위해서도 집을 짓지만, 공동체의 목표를 위해 짓는 건축물도 있다. 그중에서도 거룩함의 외피를 입혀 짓는 건물을 '성전'이라고 한다. 불교 쪽에서는 '불사'란 표현을 사용한다. 이 말은 대웅전 등의 불전 건축 외에도 탑이나 불상, 종 등을 두루 아우르는 용어다. 개인에게 주택이 필요하듯 이러한 공용의 집짓기, 특히 공중예배를 위한 장소 마련이 왜 필요하지 않으랴. 그러나 우리 사회에서 이것이 특히 '문제'가 되는 이유는 엄청난 규모의 대형 건축공사로 나타나기 때문이다. 규모의 방대함과 화려함을 위해 쏟아붓는 재정이 수십억에서 수천억을 잡아먹는 대형 공사이기에 종교의 본질을 위반하는 측면이 종종 비판의 대상이 되곤 한다. 이로 인한 성도들의 헌금부담과 건축사업을 주도하는 목회자의 과시적인 허세가 질타의 대상이 되기도 하여 문제의 심각성이 크다.

성전건축에 몰두하는 교회 지도자의 심리는 일단 '좋은 것이 좋은 것'이라는 단순한 욕망의 발산이다. 여기에 큰 것이 좋고 새것이 좋다는 맹목적인 도착심리도 작용한다. 크게 지으면 하나님이 크게 채워주시리라는 빛바랜 성공신앙의 유혹도 강한 요인이 된다. 그것은 목회자의 세속적 성공을 뒷받침하는 외적인 증거로 둔갑하여 자나 깨나 기회만 닿으면 건축을 위해 열불을 내게 되는 것이다. 목회자들끼리 모이는 자리에서 교인 수와 일 년 예산으로 영력과 리더십이 검증되는 세태에서는 높은 첨탑을 자랑하는 웅장하고 근사한 예배당에 대한 자랑이 빠질 수 없다. 물론 대외적으로 표방하고 성도를 독려하는 명분은 하나님을 예배하는 아름다운 공간을 최적의 장소에 최고의 정성으로 만들어 바친다는 '봉헌'의 신앙이다. 이를 위해 구약성서의 성전건축과 이후 성전재건 사업의 이야기들이 성전건축 정당화의 증빙 구절로 인용되곤 한다.

그러나 구약성서의 성전은 신정통치 시대의 예배 공간으로 동물을 제물로 삼아 죽이고 피 흘리는 제의적 체계의 산물이었다. 예수는 당시 예루살렘의 성전을 '만민을 위한 기도의 집'으로 재정의함으로써 성전의 포용적 의미('만민')와 간단 소박한 의도('기도')를 강조하였다. 따라서 '성전'이란 개념은 아무리 후하게 살펴도 구약시대 유대교의 유산일 뿐, 신약시대 이후 기독교의 체제를 대표하는 개념이 되긴 어렵다. 예수 그리스도가 자신을 제물 삼아 단 한 번의 제사를 드림으로써 더 이상 희생제물을 바쳐야 할 필요가 없어졌기 때문이다. 이후 기독교는 회당과 가정을 장소 삼아 새로운 언약 가운데 부르심을 받은 자들의 모임(*ekklēsia*)인 교회 공동체로 발전하였다. 이에 따라 교회는 함께 모인 성도들이 그리스도의 부활을 기리고 이로 인해 찬양과 기도로 하나님께 감사하는 예배를 드리며 열린 교제와 소통 가운데 함께 기뻐하는 축제의 사건이 재현되는 자리가 된 것이다.

오늘날의 목회자들이 이런 기본적인 사실을 모르지 않을 터이다. 그런데도 성전이란 말을 고수하면서 남부럽지 않은 근사한 예배당 건축에 목매는 현상은 한국교회의 얄팍한 내실을 고스란히 반영하는 것이라 내심 곤혹스럽고 부끄럽기도 하다. 도올 김용옥 교수가 한국교회의 천박함을 비판하면서 "믿어라! 돈 내라! 집 짓자!"라는 세 마디로 요약하여 조롱한 적이 있었다. 그에 대한 복잡한 교회의 원한과 대중적 애증을 차치하더라도, 이 말은 독설 속에 날카로운 예언자의 메시지를 담아내고 있다. 이런 현실을 유지하며 방치한 한국교회가 입에 쓴 양약이라면 이처럼 타자의 바른 말도 겸허히 새기며 성찰하는 것이 좋겠다.

결국 성전건축은 허영과 허세의 산물인 경우가 많다. 하나님을 향한 순박한 신심의 발로란 점에서 '성전'이란 말에 집착하는 심정이야 일말의 동정을 살 수 있지만, 그 빤한 의도까지 수긍하기 어려운 것이다. 들리는 소문만 추려 봐도 이전에 성공한 '성전건축=교회 부흥'이란 도식은 이제 잘 통하지 않는 게 분명하다. 무리한 건축시공과 쥐어짜기식의 건축헌금 압박으로 교회재정이 파산상태에 놓여 있거나 이미 법정관리로 넘어가는 등 무리수의 대가가 심각하게 불거지고 있기 때문이다. 꼭 이렇게 극단적이지 않더라도 성전건축을 목표로 삼고 매진하는 여러 교회의 경우 비슷한 위기상황에서 교인들의 민심 이반이 심각한 곳이 적지 않다.

이렇게 공동체의 기반을 뒤흔들 정도로 위태로운 지경에서 구성원들의 마음이 갈가리 찢기고 예배와 섬김이란 교회의 본질을 훼손한다면 '성전'과 '건축' 이데올로기는 거의 우상숭배 수준으로 전락해버린다. 교회 부도와 부채의 악화로 인한 공동체의 해체는 수구적인 성전신앙의 퇴락을 보여주는 대표적인 증거다. 그것은 땜질로 처방할 대증요법의 차원이 아니라 신학적 근본치료가 필요한 부분이다. 하박국 선지자는 "오직 여호와는 그 성전에 계시니 온 땅은 그 앞에서 잠잠할지니라"(합 2:20)라고 말했지만, 하나님은 이 시대의 퇴락한 성전에 계시지 않을 게 확실하다. 이유는 분명하다. 하나님이 그렇게 무리수를 두어 만든 집에 거하는 게 너무 민망하기 때문이다. 하나님도 하나님다운 체면과 체통을 의식하지 않겠는가.

성직을 타락시키는 미혹

성전건축 스캔들로 인한 이데올로기의 퇴락이 한국기독교의 하부구조상 망신살이라면, 그것을 주도하는 특별한 인간과 직책으로서 성직의 타락은 상부구조의 망측함을 대변한다. 요즘 불경기로 모든 국가경제가 동결되는 마당에 교회 역시 그 영향을 받지 않을 수 없다. 또한 자본주의의 약육강식 논리와 양극화 현상으로 인해 영세한 교회는 문을 닫을 수밖에 없는 현실 속에 교회매매라는 말세적 증상까지 기승을 부린다고 하니 이처럼 지독한 성직의 타락이 따로 없을 지경이다. 마치 중세기의 성직매매 추문이 다시 반복되는 듯한 타락상이다. '성직'이란 말 속에 '거룩함'(聖)의 수식어를 붙여주는 것은 일반 대중이 본받을 만한 모범에 대한 기대를 반영한다. 이러한 기대를 통해 성직자가 세속의 명리와 권세 따위에 초연한 채 고고한 기품으로 세속에 찌든 사람들에게 반성과 위로와 격려의 거울이 되기를 바란다.

물론 '만인사제설'이 개신교의 독특한 교리적 전통을 이루고 있고, 이 또한 성서적 근거를 가지고 근대적 가치를 지향한다. 따라서 성직의 테두리를 굳이 배타적이고 폐쇄적인 옛적의 통념에 국한시킬 필요는 없다. 모든 사람들이 동일한 신앙고백으로 하나님을 섬기고 직업을 통해 이 세상의 시민들에게 성실하게 봉사한다면 그들 모두 성직자라고 불러도 무방하다. 그럼에도 불구하고 교회의 말씀 봉사자들을 특정하게 호칭하고 목회의 전문분야를 맡겨 일정한 급여로 사례하는 데에는 나름의 이유가 있다. 영적인 지도자로서 그들을 신뢰하고 존경하고 싶은 뜻을 그렇게 드러내고자 하는 것이다. 그러한 기대는 인간의 연약함에서 비롯되는 것이지만 대체로 순수한 것이고 교회 공동체의 질서를 세우기 위해 필요한 측면도 있다. 더구나 그러한 '기대'는 대개 평범한 수준의 것으로 상식을 존중하고 때로 상식 이상의 언행으로 혼미한 인생길의 안내자가 되어달라는 주문이다. 그러나 그 '기대'가 사회적 물의를 일으키는 등의 상식 이하의 행동으로 돌아온다면 그 실망은 이루 말할 수 없을 지경이다. 우리 사회는 그런 교회 내의 실망을 종종 목격하면서 탄식을 내뿜고, 탄식은 때로 분노를 낳기도 한다. 요새는 그런 탄식과 분노조차 관성이 되어 냉소와 자조 속에 변해가는 세태의 종말론적 징조를 우려하는 분위기다.

성직을 타락으로 몰아세우는 미혹은 인간의 보편적인 미혹과 별로 다를 바 없다. 그것은 성직의 권위로 주변의 사람들을 두루 유익하게 하지 못한 채 자신의 욕망을 개인의 사특한 탐욕으로 물들이면서 불거지는 사태다. 한국의 설교자들이 자주 입에 담는 '육신의 정욕과 안목의 정욕과 이생의 자랑'에 대한 비판이 자신들의 삶의 밑자리에서 철저한 내성의 대상으로 다루어지지 않는 것이다. 세속에 이런 것들을 매개로 탐욕이 들끓듯이, 성직의 체계 속에도 이런 탐욕의 입자들은 우글거린다. 구체적으로 적시하자면 재물과 명예와 권력의 욕심이 덫이 되어 그들의 발목을 잡는 것이다. 더구나 거룩한 권위를 하나님과 이웃을 위한 섬김의 은사로 삼기보다 남을 억압하고 약자 위에 군림하며 심지어 폭력을 가하는 행태는 타락한 성직의 악질적인 행패라 할 수 있다. 이러한 욕심과 타락상은 하나님을 향한 거룩한 야망의 종교적 포장으로 덮여 좀처럼 깨놓고 성찰하지 못한 채 그 체계의 내부로 침식되면서 곪아터지기 일쑤다. 그래서 종교지도자의 성직 속에 그것의 추태를 비추는 거울이 실종되는 딱한 사태가 종종 발생한다.

생각해보라. 가족과의 인연도 끊고 산속에 면벽수도의 결기로 들어앉아 날마다 '색즉시공'(色卽是空)의 이치를 되뇌는 승려들이 곤봉을 들고 폭력사태를 일으키는 장면은 항간의 기대에 비추어 얼마나 비현실적인가. 이들 종교의 지도적인 인사들이 특정 자리나 이익이 몰리는 곳에 자기 지분을 챙기려고 암투를 벌이는 장면이란 세속의 장바닥 민심에 비추어 봐도 추한 몰골이다. 기독교 목사들이 돈을 써서 각종 기관과 단체의 감투를 차지하려 발버둥치고 그것이 발각되어도 부끄럼을 모른 채 뻔뻔스러운 면상을 여기저기 들이대는 사태는 또 어떤가. 가톨릭교회 역시 쉬쉬하는 성직비리가 적지 않은 것으로 알려져 있지만 중앙집권적 통제의 치밀한 작업을 통해 능란하게 봉쇄되고 있을 뿐이다. 이처럼 타락한 성직이 난무하는 현실에서 성직 종사자들은 지금이 욕망의 전성시대라 할지라도 그 욕망을 풀어주며 누리는 것 이상으로 욕망을 반성하는 영적 수련이 절실한 형편이다. 아무리 애써도 미혹은 불가피하다. 머리 위로 지나가는 새를 제어할 수단이 인간에게는 없다. 성직자 역시 마찬가지다. 그러나 미혹을 마냥 환영하거나 거기에 긴장 없이 함몰하는 것과 공세를 견제하며 자신을 견실하게 살피려는 자세는 많이 다르다. 성직의 타락을 깊이 반성하면서 그 위상을 바로 세우기 위해 자신을 곧추세워 그 정도의 차이를 만드는 일은 쉽지 않다. 그렇지만 이 희망 없는 세대에 조용한 자기혁명은 어려운 만큼 절박하다.

성전을 허물고, 종말론적 긴장으로

예수가 오늘날 교회건축의 현장을 찾아온다면 만감이 교차할 것이다. 돌 위에 돌 하나 남지 않고 다 허물어지리라고 예언한 예루살렘 성전의 종말을 이미 역사가 보고하고 있는데도 건물로서의 성전에 집착하는 지극히 인간적인 열심에 일말의 연민을 표할 것도 같다. 당시 예수의 눈에 비친 예루살렘 성전은 종교장사꾼들의 무대에 불과했다. 그는 타락한 성전을 '강도의 소굴'에 비유하면서 그의 생애를 통틀어 처음이자 마지막으로 폭력을 행사했다. 예수의 예언자적 상징 행동 속에 우리는 이 시대의 성전이 자리할 대안적 매체를 엿볼 수 있다. 오늘날 교회의 성서적 모델은 굳이 구약시대의 사례를 찾는다면 단 하나뿐인 성전이 아니라 회당체제에서 찾아야 한다. 회당은 주전 587년경 바빌론의 침략으로 성전이 파괴된 이후 흩어진 백성이 팔레스타인 안팎의 여러 지역에 대안적 공동체로 건립하기 시작한 예배와 교통의 자리였다. 그것은 성전에 비해 거대하지도 화려하지도 않았다. 성전이 중앙집권적이었다면 회당은 지방분권적이었다. 성전이 유대종교의 최고 기관으로서 배가 불렀다면 회당은 경제적인 살림조차 소박했다. 성전이 절대적인 권위를 발휘하면서 타락의 길에 들어섰다면, 회당은 대화와 소통의 열린 기관으로서 기독교가 출범하면서 교회의 모태가 되었다. 기독교 복음이 왕성하게 전파되는 주후 1세기 유대인 사회에서 일부 회당은 친(親)그리스도파와 반(反)그리스도파의 동거와 공존 체제였다. 그러다가 점차 유대교 회당체제에서 기독교도들이 출교당하면서 주된 모임의 장소가 집을 지닌 '가정'으로 옮겨가게 된 것이다.

예수는 주로 회당과 그 바깥의 가정집, 그리고 야외에 머물렀다. 특히 안식일에는 회당에서 그의 주된 활동이 이루어졌다. 거기서 예수는 성서를 낭독했고 말씀을 선포했다. 이 세상의 가난한 자, 병든 자, 억눌린 자들의 해방을 예고하는 메시아 사역의 메시지가 그 자리에서 공표되었다. 그뿐 아니라 예수는 회당에서 병든 자를 고치고 예수의 참신한 권위를 수상하게 여긴 적대자들과 논쟁을 벌였다. 안식일 이외의 날들에는 경우에 따라 마을 공동체의 여러 가지 공동 관심사를 아우르는 목적의 회합이 있었을 것으로 추측된다. 이 '회당'(*synagōgē*)이란 말 자체가 바로 그렇게 함께 모이는 회합의 의미를 담고 있다. 장소로서의 실용성이란 견지에서 회당은 이처럼 예수의 사역기간뿐 아니라 예수 이후의 선교활동에도 그 하부의 토대로서 적잖은 효력을 발휘하였다. 유대교 내 각기 상이한 입장의 치열한 교통과 논쟁의 창의적 열매라는 측면에서도 종교건물로서 지닌 회당의 공동체적 기여도가 인정된다.

그러나 회당 역시 하나의 건물일 뿐이었다. 건물 하나로서 하나님을 독점할 수도, 그 하나님의 존재와 활동 전모를 대변할 수 없었다. 나아가 회당 건물이 새로이 등장하는 미래의 보편적 교회의 표상이 될 수도 없는 노릇이었다. 특히 예루살렘 중앙에 우람하게 들어선 성전 건물은 하나님의 영광을 드러내기는커녕 그 영광을 가리는 애물단지로 변질되어 있었다. 그만큼 건물의 용도는 내부의 병폐로 인해 본래적 기능을 상실한 채 퇴락한 상태였던 것이다. 그것은 결국 중앙에 대한 권력의 집중에 따른 반사효과로 과잉의 후광을 누려왔을 뿐이었다. 따라서 예수의 시선에 비친 성전의 실체는 또 다른 종류의 회칠한 무덤에 불과하였다. 헤롯이 그 성전을 재건하고 확장하면서 무슨 생각을 품었을까. 자신의 일가가 독점한 권력의 과시에 따른 허영과 허세의 건축공사에 얼마나 많은 백성의 노동이 희생되었을까. 주전 587년에 이어 주후 70년에 발생한 성전의 또 한 차례 파괴와 퇴락은 필연적인 결과였다. 그렇게 무너져야 허망함을 깨닫게 되는 어리석은 역사의 우상은 오늘날도 반복되고 있지만 말이다.

몇 년 전 국보 1호 남대문이 분노한 노인 하나 때문에 홀라당 불타버린 재난을 기억하는가. 얼마나 많은 사람들이 그 사건을 둘러싸고 말들이 많았던가. 숱한 통곡과 애도의 행렬 속에 조시와 제사상까지 등장했다. 이 불경한 사태를 초래한 원흉을 소급시켜 정치와 사회의 심장부를 뒤집어버리는 열기를 발산하면서 하나의 '신드롬'을 형성하기도 했다. 이로 인해 600년 동안 무심하게 방치되어 있던 남대문은 죽음과 함께 만민이 우러러보는 인격이 되고 거의 신격이 되어버렸다. 그때 나는 한 잡지의 기고문을 통해 '불탄 숭례문의 신학적 재구성'을 시도하면서 이 사건을 주류와 상이한 시각에서 중앙집권적 욕망이 불타버린 사건으로 규정하였다. 대한민국의 정치경제적·사회문화적 중앙인 수도 서울 한복판에 위치한 문화재의 지정학적 위상과 함께 일제시대에 부여된 국보 1호라는 상징적 가치가 없었다고 해도 이러한 전 국민적 애도의 행렬이 있었겠느냐는 것이 내 논평의 요지였다. 이 문화재가 강원도나 전라도의 후미진 구석에 위치하여 450호쯤의 국보 번호를 부여받았다고 해도 그렇게 요란한 풍경이 연출되었겠느냐는 것이다. 이처럼 성전의 광휘를 부여받은 모든 중앙의 건축물은 돌 위에 돌 하나 남지 않은 채 결국 먼지로 돌아갈 무한과 영원의 종말론적 전망 속에 서늘하게 담금질되어야 한다. 2000년 전 예수 시대의 예루살렘 성전이 그렇게 도태되는 과정에 지금은 이슬람교의 성전으로 변모하여 엉뚱한 금칠을 뒤집어쓰고 있지 않은가. 문화재가 역사적 기억의 흔적으로 왜 소중하지 않으랴만 문화재 사랑은 신학과 별도의 기준으로 은근해야 한다. 남대문 600년의 역사란 게 영원의 시간대에서 얼마나 희미한 흔적인지 신앙의 눈으로 본다면 인정하지 않을 수 없을 것이다.

성직의 세속적 트임과 초월적 갱신

성전의 재구성이 필요하듯이, 성직의 탈각도 필요하다. 성전 이데올로기의 해체와 함께 소박한 예배공간의 모색이 긴요하듯이, 독점적 성직 이데올로기의 신학적 반성과 함께 근본적 재인식이 필연적인 난국에 우리는 봉착해 있다. 성직의 아우라가 과잉 유통되는 체계의 안팎에서 그 독점적 가치를 강변하는 이들의 목소리는 예나 지금이나 늘 불온하고 불순하다. 그것은 결국 '나는 거룩하니까 거룩하다'는 식의 자기동일성을 반복하는 방식으로 권력을 확장해나간다. 머리 깎고 승복을 입은 자가 세속을 초탈한 듯한 몸짓으로 심오한 선문답을 주고받는 자리에서 아무리 성스러운 언어와 행동을 보일지라도 그 하부구조는 세속의 체계가 보장한 울타리 안에서 존립할 수 있을 뿐이다. 세속의 장삼이사들도 다 아는 이 평범한 이치를 성직의 울타리를 보호막 삼아 거룩함의 풍모를 자랑삼는 당사자들만 모른다면 이 얼마나 허망한 풍경인가. 성직의 퇴락이 성전의 타락과 맞물려 굴러가는 세태 속에서 한쪽의 장치라도 끊어주어야 회복의 희망이 생길 것이다.

그것은 먼저 세속사회의 본질을 뚫어보고 그 세속과 함께 세속을 넘어 우주의 무한과 영원의 시간을 내다보는 지혜와 함께 가능해진다. 이 모험의 구도적 여정에서 출발점은 일단 거룩함의 세속적 트임을 모색하는 담대한 작업이다. 세속의 부조리를 정직하게 보고 자신이 가탁한 성직의 울타리도 더 넓은 세속의 울타리 안에서 작동하는 이치를 꿰뚫어보는 통찰이 요청된다. 더 구체적으로 말해, 자본제적 전일성의 세상에서 교회와 성당과 불당의 운영과 온갖 거룩한 사업들이 어떻게 자본과 만나 회통하고 있는지, 또 이러한 뫼비우스적 담합 체계가 어떤 성서적·신학적 논리로 정당화되면서 성전 이데올로기와 성직의 아집 근성을 공고히 하고 있는지 분석적인 비평이 필요한 것이다. 그 이후에 다시 소박한 초월을 꿈꾸면서 물질자본으로 도배된 웅장한 성전이 아닌 곳에서 도리어 참신하게 하나님의 거룩한 현존을 체감하고 경배의 옷깃을 여미는 장소를 개척해야 한다. 바로 그 장소를 통해 우리는 제 욕망의 바깥에서 꿈틀거리는 낯선 타자들을 만날 수 있다. 나아가 그들과의 만남은 성직이 거듭난 자리에서 성전과 무관하게 성령의 약동을 발견하는 미세한 통로가 될 것이다.

바울은 유명한 아레오바고 설교를 통해 계몽 이후의 신앙적 관점에서 하나님과 성전의 관계를 이렇게 진술했다. "우주와 그 가운데 있는 만물을 지으신 하나님께서는 천지의 주재시니 손으로 지은 전에 계시지 아니하시고 또 무엇이 부족한 것처럼 사람의 손으로 섬김을 받으시는 것이 아니니 이는 만민에게 생명과 호흡과 만물을 친히 주시는 이심이라"(행 17:24-25). 하나님이 한 시절 인간의 손으로 지은 성전 안에 계시는 것처럼 말씀하신 까닭은 인간의 지극한 정성에 응답하는 하나님의 겸손하신 성의의 발로였다. 그러나 결핍이나 아쉬움을 모르는 하나님은 인간의 정성이 타락하여 자기 자신을 과시하려는 거룩함의 정치적 횡포 앞에서는 '이제 그만 되었다'라고 말씀하실 듯하다. 하늘로 머리 삼고 이 땅을 발등상 삼기도 부적절한 마당에 무슨 대단한 건물이 하나님을 담아낼 수 있단 말인가.

우리의 빈곤한 신학적 상상력으로 말미암아 역사적 한계 수명이 종료된 성전 이데올로기가 여전히 21세기 한국사회에서 활개를 치고 있다. 이러한 구태의연한 신학의 온상에서 퇴락한 성전의 음덕을 힘 입어 오늘날 타락한 성직은 여전히 목청을 높이고 있다. 이제 그만 되었으니 성직의 예복을 벗고 세속으로 나가 눈을 열어 세상의 이치를 다시 살펴야 한다. 그 세속적 트임의 전복적 자세가 외려 구원의 역설이 될 수 있으리라. 세속의 한복판 욕망의 중앙에서 먹고 마시고 떠들며 웃고 우는 화상들의 애환에 일말의 연민이 느껴지면 다시 텅 빈 마음의 곳간에 하나님을 만난 첫사랑의 시절을 새겨보라. 성속의 경계가 해체된 그 소박한 삶의 자리에 풋풋하게 솟구치던 초월의 기상을 채워보라. 타락으로 넘어가는 간극이 잠깐이듯, 초월의 틈새로 새롭게 갱신되는 순간도 금방이다.

23

예수,

신학의 여백을 그리다

기차에서 글쓰기

기차에서 글을 쓴다. 이것은 매우 불편하다. 무궁화호 열차에는 노트북 받침대도 없다. KTX가 조금 더 편리한데, 스피디한 미끄러짐의 감각에 몸을 실어 자판을 두드리는 손가락과 거기 전이되는 내 심리적 자리는 그리 편하지만은 않다. 차창 밖의 풍경은 신속히 등장했다가 잽싸게 사라진다. 얼핏 포착되는 순간의 점묘(點描)들은 기억을 남기지 못한 채 이내 스러져간다. 그렇다. 기차 안에서 글 쓰는 손가락의 감각에는 순간을 살아가는 생의 절박한 종말의식이 스며들어 있다. 찰나에 나타났다가 금세 사라지는 저 바깥의 풍경처럼 우리네 인생은 순간을 살아간다. 그 순간에 깃든 의미와 무의미의 천태만상을 충분히 느낄 새도 없이, 밋밋한 일상의 반복 가운데 우리 생명은 소진해간다. 그나마 기차 안에서 글을 쓰는 특이한 경험은 그 소진되는 순간의 생명 감각에 종말론적 긴장을 부여해준다. 그래서 사뭇 진지하게, 절박한 심사를 추스르며 모니터를 채워나간다.

아직 현시되지 않은 생의 비의와 비밀이 제발 이 행간에 계시적으로 나타나길 고대하면서 말이다.

기차 안에서 글을 쓰면서 우려내는 종말론적 생의 감각은 이 시대 하나님의 제반 초상을 성찰하는 하나의 비유적 우화로 확대할 만하다. 흐르는 차창 밖의 풍경은 그 기원을 숨긴 채 의식 속의 흐릿한 잔해로 쌓여간다. 그것은 역사의 면면한 흐름이 남긴 잔해의 유비적 상관물이다. 아울러, 그 역사 속의 인간들이 하나님을 만나면서 남겨온 신학적 담론의 잔해도 그 언저리에 쌓여간다. 숱하게 의미화하고 그 의미의 체계를 내세워 고백하고 표현해낸 한시적 실존의 바깥! 그 절대치가 우리가 가끔 '신'이라고 부르고 더 자주 '하나님'이라고 칭하는 바로 그 불멸하는 희망의 대상이다. 그런데 그 하나님은 우리의 의식과 언어를 매개로 역사 속에 실로 다채롭게 나타났다. 주로 인간의 신앙고백이나 신학적 탐구의 대상으로 끈끈하게 역사 속에 생존해왔다. 역사의 진폭이 격렬할 때 신이 혹 죽은 것은 아닐까 싶어 그의 역설적 죽음을 선포하기도 하고, 오래전부터 '잠자는 신'의 이미지를 만들어 그의 존재와 행태를 비꼬기도 하였다. 그러나 그 시련에도 불구하고 우리의 하나님은 면면히 생존하여 여전히 이 세상의 덧없는 생명들에게 영원의 꿈을 선사하고, 온갖 문제 덩어리의 인간사회에 궁극적인 해결사로 거듭 호출되곤 한다.

흔들리며 지나가시는 하나님

기차 안에서 글쓰기의 비유는 요지부동의 하나님조차 흔들리게 만든다. 비유 자체보다는 그 비유에 개입하는 내 의식이 그런 감각을 선사하는 것일 게다. 절대 타자로서 하나님의 현존은 어떨지 몰라도 절대자의 관념은 차창 밖의 미끄러지는 풍경만큼 현란하게 역사를 통해 변신해왔고, 여러 모양으로 진화해온 것이 사실이다. 가령, 야곱의 고향에서 부족신으로 만나주시던 하나님은 벧엘이라는, 아직 이름을 얻지 못한 미지의 공간에서 미지의 신인 양 생소하게 야곱을 꿈속에 불러내지 않았던가. 그런 그 하나님이 모세에게 '스스로 존재하는 자'라는 모호한 이름으로 나타나 이스라엘의 지파공동체를 선도한 이야기는 아직 그 미래의 보편적 구원사가 개화하기 이전 단계에 민족신으로서의 위상을 드러내는 듯하다. 그 이후로 구약성서의 하나님은 신약성서를 통해 예수 그리스도 안에서 성육한 '말씀'이란 개념 속에 또 다른 정체성을 얻었고, 마침내 만유의 주로서 우주적·초월적 권능을 떨치기에 이르렀다. 요나에게 니느웨의 앞 못 보는 생명들의 타자적 가치를 선포하신 하나님은 이제 선인과 악인에게 햇볕을 주시는 사랑의 '아버지'로 계시되더니, 바울에 이르러 만유 위에서 만유 가운데 만유를 통일하시는 만유의 하나님으로 등극한 것이다.

이 모든 하나님 이해의 내력은 종합정리식 신학적 인식의 틀에서 무난하게 유통된다. 그 이해를 선취하여 각종 고백의 어휘들은 이미 신앙 실천의 현장에서 마치 구호처럼, 강령처럼 저러한 하나님의 진보적인 이미지들을 숱하게 내뱉는다. 그런데 그것이 역사의 순간에 포착된 하나님의 한 프로필이라는 점은 종종 망각된다. 그러다 보니 하나님에 대한 온갖 휘황한 고백적 언어들이 우리의 고착된 신 관념 속에 얼마든지 화석화된 잔해로 남을 수 있다는 점을 솔직하게 인정하지 못한다. 그래서 오늘날 신에 대한 논란은 묘연한 심해의 어둠 속에 갇혀 어지럽게 허우적거린다. 똑같이 하나님을 입에 담아도 제각각 믿는 신이 다 따로 있는 것처럼 보인다. 그 신의 뜻은 늘 충돌하고 착종되며 인간의 욕망이란 옷을 입고 현란하게 인식론적 인정투쟁의 볼모가 되기도 한다.

자족적인 존재로서 이 시대의 하나님은 적잖이 시달리는 듯하다. 새벽부터 수많은 목소리들이 불러대면서 이런저런 소원을 들어달라며 간구의 기도를 올린다. 절대 자유의 기품을 자랑삼아야 할 그분이 온정 어린 사랑의 여린 가슴으로 그 자녀들, 백성 뒤치다꺼리하느라 너무 분요해 보인다. 인간사회의 계급적 당파성과 온갖 이념적 편견으로 인해 하나님의 지형이 많이 분열된 것이 현실이다. 아니, 하늘에서는 통합되는데 땅의 현실에 개입하기만 하면 늘 하나님은 기괴하게 변신할 것을 강요당한다. 저마다의 이해관계에 동원되면서 파열된 모자이크의 지형을 만들곤 하기 때문이다. 길희성 교수가 어느 글에서 잘 지적했듯이, 하나님과의 관계에서 인간의 고질적인 병통은 그 하나님을 순연하게 놓아주질 못해 안달하는 데 있다. 이미 생명의 잠재력 가운데, 자동의 섭리(*automatē*) 가운데, 그 생명을 잘 생존시켜 행복한 생활로 꾸려나갈 만한 씨앗을 다 심어주었는데도 말이다. 그 결과는 참 송구스럽다. 하나님은 기원을 숨긴 채 역사의 잔해 속에 멀리 떠밀려가고, 차창 밖의 순간적 풍경처럼 변덕스러운 존재로 새겨지기 때문이다. 더러는 일회용품처럼 소비되는 것 같기도 하다. 인간의 간절한 호소에 잔심부름을 해대는 청부업자나 해결사 이미지를 벗어나지 못하기 때문이다.

너무 잘 알아서 문제

물론 하나님은 이러한 왜곡된 신 이해의 잔해로부터 멀찌감치 초월한 상태로 그 본연의 위상을 늘 가꾸고 있으리라 믿는다. 다정이 병이라서 구질구질한 세상만사와 인간들이 저질러놓은 온갖 부조리의 현장을 품고자 마음을 쓰시는 다른 한편의 관심을 놓지 않으면서 말이다. 하나님이 사랑하는 이 '세상'(*kosmos*)은 총체적이고 통합적인 게 분명하다. 독생자를 희생제물로 삼을 만큼 간절했다는 이 세상의 범위는 폐쇄적인 울타리 안의 특정인들의 천국을 지향하지 않는 것 같다. 심지어 자연의 은택과 각종 사회적 복지 역시 외면상 표방하는 특별한 파당적 강령이나 교리적 체계를 기준으로 가려 베풀어지지 않는 게 확실하다. 그런데 오늘날 교회 안에서 선포되고 교육되는 하나님의 지평은 매우 편협하고 자가당착의 폐해를 양산하는 측면이 없지 않아 보인다. 공중예배의 기도에서 하나님은 해당 교회의 이해관계를 대변하며 복을 주기보다 또 다른 높은 신에게 복을 빌어주는('축복'해주는) 존재인 양 먼 옛날의 부족신보다 못한 대접을 받는다. 개교회의 울타리 안에 속한 이들의 안녕과 현실적 필요, 조직의 융성을 위해 충실하게 관리하며 이바지해야 할 존재로 묘사되기 일쑤이기 때문이다. 예배를 통해 베풀어주실 은혜와 축복의 의례적 간구를 지나 교회 내의 각종 부서들을 한 바퀴 돌고 마침내 말씀의 사자에게 입혀주셔야 할 권능의 두루마기를 호소하면 기도 끝이다. 더러 추상적인 대상으로 '나라와 민족'이 하나님의 관심사로 포착되기도 한다. 우리나라가 부강해지고 민족이 태평해지길 구하고 남북을 통일시켜달라는 애절한 소원이 보태지기도 하지만, 어쩐 일인지 하나님은 이 대목에서 여전히 침묵하신다.

그처럼 담담한 침묵에도 불구하고 외관상 하나님에 대한 우리의 수사학적 확신은 하늘을 찌르고도 남을 정도이다. 하여 우리의 교회들이 하나님을 말하고 고백하거나 전할 때 그 하나님을 너무 잘 알아서 곤혹스러워지는 과잉확신의 문제가 적지 않다. '과잉확신'이라니? 이는 형용모순 아닌가? 확신은 어차피 신념의 절대치 속에서 단단하게 뭉쳐야 확신이 되는 것이니 말이다. 그렇게 뭉쳐지지 않으면 확신이 될 수 없으니, 확신을 두고 과잉이니 결핍이니 하는 건 논리적 모순이라 볼 수도 있겠다. 그러나 형식논리를 넘어 역설의 세계에 입문해보면 확신도 확신 나름이라는 생각이 든다. 화끈한 걸 좋아하는 민족의 기질과 통하는 건지 아닌지 잘 모르겠지만, 누구나 열심 있는 성도들은 하나님을 확실하게, 나름의 확신을 가지고 말할 때 훌륭한 신앙인이 되는 것으로 굳게 믿고 있는 형국이다. 그러나 이성으로 계몽되지 않은 진리에의 확신과 하나님에 대한 열정은 (바울 사도 이래로 꾸준히 지적되었듯이) 매우 위험한 함정을 내포하고 있다. 간단히 말하면, 많은 경우 그런 확신이 자신의 욕망과 하나님의 뜻을 동일시하기 쉽기 때문이다. 좀더 신학적 분위기로 말하면, 그런 확신 속에는 기차의 차창 밖으로 지나가는 풍경 한 컷을 기억 속에 붙잡아두려는 무모함이 도드라지기 때문이다. 말을 바꾸면, 이런 확신의 대부분은 미래로부터 오시는 하나님의 미지의 영역에 대한 배려와 성찰이 누락되어 있다는 것이다.

내가 목적지에 도착하기 전까지 차창 밖은 변함없이 신속히 미끄러지면서 그 풍경을 바꾸어간다. 마찬가지다. 시간의 흐름과 역사의 변천 속에서 하나님이 어떻게 당신의 얼굴을 바꾸시면서 자신의 역동적인 모습을 드러내 오셨는지 알 만한 사람들은 다 알고 있지 않은가. 일점일획도 변함없음의 이미지와 어제나 오늘이나 영원히 동일하신 불변하는 신의 이미지를 우리 하나님께 고루하게 뒤집어 씌워서는 곤란하다. 그것은 끝까지 신실하게 책임지시는 모습을 부각시키고 있을 뿐이다. 어떻게 신실한지, 어떻게 책임지시는지에 관련된 역동적 다양성을 외면해서는 안 되는 것이다. 미래는 온갖 무지의 영역이다. 미래학자들이 내다보는 세상의 그림은 간명하지도 확실하지도 않다. 이런저런 예견과 선지적 통찰들은 우리의 현실에 근거한 비관적 전망이나 희망사항일 경우가 많다. 언제 어떤 돌발적 계기로 이 땅의 진로와 운명의 향방이 어떻게 틀어질지 아무도 장담할 수 없는 불투명한 미래 속에 우리 하나님의 감추어진 비밀이 있다. 그 비밀을 인정한다면 우리는 이제 하나님에 대한 동어반복적 확신의 수사학은 좀 절제해야 한다. 대신 미래로부터 다가올 미지의 신, 우리의 인식체계 속에 여전히 감감한 무지의 대상으로서 하나님의 서늘한 세계에 눈 떠야 한다.

익숙한 데서 반짝이는 이물스러운 타자들

물론 확신의 미덕은 분명하다. 의로우신 하나님에 대한 확신을 지니지 못하고서는 우리는 이 세상의 불의와 맞서 싸울 수 없다. 질서의 하나님에 대해 확신하지 못하면 온갖 부조리와 무질서에 대항할 수 없다. 그렇게 흔들리지 않는 불굴의 의지는 거친 세상의 사이비 담론이 창궐할수록 더욱 절박한 현실적 필요가 된다. 그러나 그것은 하나님을 향한 한 가지 필요한 인식의 관점이자 표현방식일 뿐, 충분하거나 유일한 루트는 아니다. 흔들리지 않아야 싸울 수 있듯이, 또한 부단히 흔들리며 몸부림쳐야 자신의 그 확신의 층층면면을 섬세하게 반성할 수 있기 때문이다. 흔들리면서 멀리 퍼져 나갈 때 민들레 홀씨처럼 단 한 가지 중심이 지독한 폭력임을 깨우칠 수 있고, 주변에 버려진 수많은 공간의 무의미함이 하나님의 소외된 '타자성'이었음을 발견할 수 있다. 예기치 않은 순간의 기미와 함께 변두리에서 출현하는 하나님의 생경한 타자적 속성은 굳이 미래를 상상하지 않아도 이미 지난 과거에서 충분히 확인된다.

성서에서 하나님은 역사의 주축을 세워나가는 것처럼 보이는 강대국의 중심에서 위엄을 부리며 등장하지 않았다. 그는 동산의 아담과 하와에게 창조생명의 향유적 가치를 부여하였고, 인간의 실낙원 이후 노아의 가족, 아브라함의 가족과 같이 영세한 개인과 가정을 불러 언약을 맺으셨다. 이스라엘에게 제공된 약속의 땅은 '젖과 꿀'의 풍요한 이미지 뒤편으로 더 넓은 척박한 광야를 숨기고 있었다. 그 땅에 자리 잡고 살아간 백성은 강대국의 틈바구니에서 숱하게 시달리면서 고난의 진창을 겪어낸 약소민족에 불과했다. 요셉은 고작 해골로 출애굽의 대열에 동참할 수 있었으며, 모세 같은 최고 지도자도 느보산의 미완성 여정 가운데 하나님의 뒷모습만을 흘깃 보았을 뿐, 결국 이방 땅 변두리의 한 많은 존재로서 아쉬움을 달래야 했다. 수많은 선지자들의 행로 역시 자신이 믿고 알던 하나님을 낯선 이방의 땅에서 타자로 다시 만나며 당혹스러워한 것을 성서는 잘 보여준다. 예수의 하나님 나라 운동은 예루살렘이라는 종교적 중심도 아니고 로마라는 정치적 중심도 아닌, 갈릴리의 낯선 타자적 공간에서 신학적 장소성과 역사적 진정성을 획득했다.

성서 이후의 역사는 서구 중심의 기독교 역사만이 전부가 아니었다. 서구 기독교 중심의 세계관이 허물어지면서 하나님의 창조세계는 지구촌의 다방면으로 확산되어 감추어진 하나님의 비밀을 드러내기 시작했다. 동양의 유구한 역사와 아프리카, 아메리카의 토착 문화와 종교, 그밖에 서구 기독교의 세계관으로 포착되지 않는 사상의 작은 타자들이 각지에서 다채롭게 출현하기 시작한 것이다. 특히 근대 식민화의 아픔을 겪으면서 그들이 경험한 기독교 복음은 이른바 '아래로부터의 계시'를 풍성하게 확대시키는 하나님 이해의 또 다른 지평을 개척해온 것이 사실이다. 그 가운데 각기 다른 종교의 교의체계로 표현되어온 이질적인 언어와 문화들이 부대끼면서 이른바 토착화의 전통을 구축했고, 그로부터 하나님은 새로운 문화의 옷을 입고 다양한 언어로 지상의 인간들과 소통할 수 있게 되었다. 신대륙의 발견과 새로운 문화의 충격은, 가령 근현대사를 통틀어 마치 인간의 개념을 앵글로색슨 백인 중심에서 천차만별의 계통으로 확산시켰듯이, 하나님에 대한 이해 역시 무궁한 재구성을 가능하게 했다. 그리고 그 역사와 문화는 여전히 현재진행형의 창조적 생성을 지향하면서 하나님의 미래와 함께 아직 결실하지 못한 미지의 세계로 활짝 열려 있다.

자연만물은 어떠한가. 그 또한 책과 인간세계 바깥에서 하나님을 참신하게 이해할 수 있는 무궁한 자료 아닌가. 욥의 고난이 다다른 극점에서 폭풍 가운데 나타나 계시하신 하나님처럼, 무작위와 우발성의 현신인 대자연이야말로 가장 위대한 하나님의 잠언이 아닌가. 그만큼 끝없이 변화하는 자연은 내내 하나님의 침묵을 닮아 저들끼리의 불변하는 경계를 만들어 요란을 떨지 않으며 언제나 태연하다. 물론 자연의 태연함이 무기물의 덤덤한 냉담이 아닐 테다. 그 내부의 수많은 사연을 감추고 있는 지구생명과 우주생명은 유기체적 생존의 진통 가운데 하나님의 뜻을 삭이면서 온전히 담담하게 처신하는 지혜를 터득한 것이다. 천지불인(天地不仁)의 이치를 온 몸으로 체현하면서 대낮에 따스하고 한밤에 서늘해지는 창조의 섭리에 순응하며 생명의 꼴을 갖추고 고유한 몫의 존재성을 이루어내고 있지 않은가. 존재의 자족적 값어치만큼 모자란 듯 존재하며 냉큼 사라질 줄 아는 대자연은 얼마나 자연스러운가. 바람에 빗대어 묘사된 성령의 동선이 하나님이 운신하고 활동하는 방식이라면, 여전히 무지의 밑바닥에서 감감한 삼라만상의 자연이야말로 하나님의 표정을 읽어낼 수 있는 충만의 심연이 아니겠는가.

미지의 신을 고대하며

오늘도 햇살은 반짝이며 그 친숙한 온기를 전한다. 하행선의 기차는 다시 진동하면서 차창의 잔설들이 햇살과 만나 발하는 환한 찰나의 빛을 가로지른다. 거꾸로 뒤집어보면 여전히 낯선 이 존재의 환경들, 아무리 화끈한 대답으로 모든 의문에 견고한 확신을 제공해도 수상하기만 한 이 생명의 생태적 조건들, 그 틈바구니에 끼인 내 의식은 무의식을 벗 삼아 다시 내가 믿고 고백해온 신의 뒷모습을 응시한다. 그 뒷모습을 억지로 뒤돌려 앞모습으로 바꾸어놓은 신의 형상은 고역스러운 표정으로 상상된다. 거기에 수많은 대중들의 입술을 빌어 온갖 찬사를 동원하고 얼굴을 분칠하거나 값비싼 물질로 덧입힌 장식적인 신의 현실이 송구스럽게 느껴지는 것은 나만의 과민반응일까.

있는 그대로 미지의 비밀 가운데 희미한 하나님의 뒷모습이 서늘하다면 억지로 그 얼굴의 정체를 까발려 확정해놓으려는 인간의 탐욕적인 몸부림은 안쓰러운 열기로 뜨겁다. 계몽되지 않은 열정의 도가니에서 벌어지는 온갖 자기중심적인 하나님 담론과 예전적 향연은 몰골로서의 하나님을 부추기기에 송구스럽다 못해 더러 가증스러운 모습으로 비치기도 한다. 우리는 이제 그런 하나님에게서 작별할 때가 되었다. 욕망의 체계에 포박해놓은 만들어진 신의 망상을 털어버리고 이제 하나님을 자족적인 당신, 미지의 타자로 놓아주어도 좋겠다. 물론 인간의 생명은 변함없이 가엽고 하나님의 긍휼은 여전한 기대사항이다. 그러나 그 가운데서도 그것을 쟁취하는 악다구니로서는 하나님을 하나님답게 놓아드리는 경건의 예법을 갖추기 어렵다는 생각이 든다. 하나님이 인간의 결핍을 채우는 도구적 매개가 될 수 없는 것이다. 다시 우주의 저편에서 도래하는 미지로서의 하나님이 그립고 더욱 고대되는 이유가 여기에 있다.

나는 내 신학이 특정한 체계 속에 포박된 고체가 아니라 생수처럼 갈 길을 내며 흐르는 길 위의 신학이길 꿈꾸어왔다. 그 신학의 실천적 동력으로 나는 인간세계와 자연만물의 인문적 지형 가운데 땀 흘리는 내 발바닥 밑에서 약동하는 견결한 명상의 에너지를 벗삼아왔다. 그래서 내 첫 번째 수상집 제목을 『발밑의 명상, 길 위의 신학』(한들)이라 이름 지었다. 그 이후 몇 년이 또 덧없이 흘러도 내 길 위에 내가 떠올리고 묵상하는 하나님의 얼굴은 여전히 뒷모습일 뿐이었다. 연약한 믿음으로 인해 때로 씩씩하게 힘주어 하나님을 말할 때조차 침묵 가운데 응시하는 그 시선은 언제나 내 등덜미에 꽂힐 뿐, 정면의 황홀한 얼굴은 언제나 침묵의 베일에 가려져 있었다. 그래서 또 한 시절의 여정에 달구어진 사색이 묶여져 두 번째 수상집으로 나왔을 때 그 제목은 『하나님의 뒷모습』(이레서원)이 되었다.

이 두 제목 사이의 곡절이 내가 고대하는 미래의 하나님, 미지의 신에 대한 변명이 될 것이다. 그 변명에 일말의 진정성이 있다면, 우리는 더 이상 하나님을 인간적 자기동일성의 포로로 만들지 않도록 노력해야 한다. 그 노력은 섬세한 신학적 성찰과 함께 우리 신앙을 미래로 활짝 열어놓는 겸손한 자기 비움의 결단으로 나타나야 한다. 여기서 가장 치열한 비움은 자신의 확신까지 비워내는 것이다. 그때 하나님은 미지의 신으로서 태곳적 은총의 감수성 가운데 우리의 딱딱하고 뻔뻔해진 의식을 두드릴 것이다. 순간이며 영원이신 당신의 은밀한 동선까지 전혀 낯선 타자의 언어와 표정 가운데 얼핏 내비치며 감질난 숨바꼭질이 다시 시작될 것이다. 자본과 권력에 찌든 체계의 신이 아니라 들판의 잔설 위에 반짝이는 찰나의 빛 속에 그 신은 우리의 하나님으로 다시 당신의 존재를 맨 처음처럼 참신하게 계시하실 것이다. 역사의 장구한 경험 아래에 깔리는 잔해의 광야 가운데 그 하나님은 우주가 운행하는 포즈로, 또는 당신의 개미가 뒷다리를 긁는 세밀한 감각으로 당신의 담담한 행보를 마지막처럼 후련하게 선보이실 것이다.

예수, 한국사회에 답하다

우리 시대의 23가지 쟁점과 성서적 해법

1쇄발행_ 2012년 2월 12일
6쇄발행_ 2015년 10월 22일

지은이_ 차정식
펴낸이_ 김요한
펴낸곳_ 새물결플러스
편 집_ 왕희광·정인철·최율리·박규준·노재현·최정호·최경환·한바울·유진·권지성
디자인_ 이혜린·서린나·송미현
마케팅_ 이승용
총 무_ 김명화·최혜영
영 상_ 최정호

홈페이지 www.hwpbooks.com
이메일 hwpbooks@hwpbooks.com
출판등록 2008년 8월 21일 제2008-24호
주소 (우) 07214 서울특별시 영등포구 양평로 11, 5층(당산동 5가)
전화 02) 2652-3161
팩스 02) 2652-3191

ISBN 978-89-94752-15-0 03230
책값은 뒤표지에 있습니다.